KB158876

HTML5 중심의 CSS3와 자바스크립트

박경배 지음

21세기사

PREFACE

HTML5는 인터넷의 발전과 함께 2014년 국제 표준으로 자리매김하면서 웹 개발자들에게 보다 편리하고 효율적으로 웹 문서를 제작할 수 있도록 하였다. 과거부터 HTML을 배웠던 사람이라면 브라우저마다 각기 다른 사용법과 기술로 인해 혼동을 느꼈을 것이다. 위상이 커진 구글이나 마이크로소프트사가 W3C의 권고를 받아들여 HTML5 표준을 따른다는 것이 우리 모두에게 행복이고 축복임을 느낀다. 이젠 더 이상 버전이 다른 HTML을 배울 필요가 없다는 것이 얼마나 다행스러운 일인가?

HTML5의 사용법은 매우 간단하다. 우리가 워드프로세서를 하듯이 간략한 HTML 문법 몇 가지만 배우게 된다면 누구나 쉽게 웹 문서를 작성할 수 있다. 웹 문서의 스타일을 풍부하게 해주는 CSS 역시 사용법은 어렵지 않다. CSS의 중요한 몇 가지 기능들만 이해한다면 누구나 웹 화면 설계를 할 수 있을 것이다. 1,2장의 HTML을 이해하고 3,4장의 CSS3를 습득하게 된다면 디자인이 아름다운 문서를 만들 수 있을 것이다.

HTML5 그리고 CSS3와 떨어질 수 없는 관계에 있는 것이 자바스크립트이다. 자바스크립트는 컴퓨터에 관심 있는 독자들은 한번 정도 들어 보았을 것이다. C언어와 같은 프로그램 언어이지만 C언어 만큼 어렵지 않고 HTML에서만 작동하는 기생 프로그램이다. 어렵지 않고 방대하지 않은 자바스크립트 언어이지만 컴퓨터의 언어에 대해 이해할 필요는 있다. 자바스크립트 없이 인터넷 문서를 만들 수 있지만 자바스크립트가 없다면 일반적인 책과 같이 사용자들은 웹 문서를 읽는 기능 밖에 할 수 없을 것이다. 사용자들이 흥미를 느끼고 역동적인 웹 문서를 제작하기 위해서는 자바스크립트가 필수이다. 6장에서 9장까지의 내용은 자바스크립트의 내용이다. 프로그램언어이지만 기초적인 수준의 프로그램으로 이해하기 쉽도록 간단한 예제와 원리 위주의 예제를 수록하였다. 조금만 관심을 가지고 실습을 한다면 누구나 자바스크립트에 대해 이해하게 될 것이다.

이 책이 나오기까지 많은 인내심과 편집에 도움을 준 가족들에게 고마움을 표현하며 책의 출판에 도움을 주신 이범만 사장님과 21세기사 출판사 관련 분들께 진심으로 감사드린다. 끝으로 이 책을 통하여 많은 독자 여러분이 HTML5중심의 CSS3와 자바스크립트를 이해하고 나아가 다양한 응용분야를 접복한다면 4차 산업혁명에 걸 맞는 기술을 습득하게 될 것이다.

Web3D 사이트 : http://swcyit.net

2020년 겨울의 문턱에서
저자 박경배
E-mail: gbpark@yit.ac.kr

CONTENTS

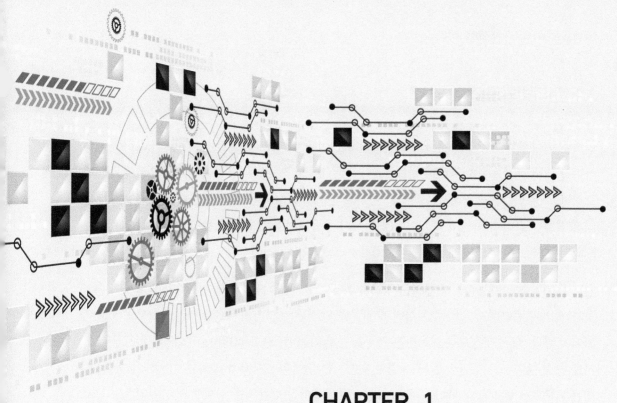

CHAPTER 1

HTML

1.1 인터넷의 원리와 역사*

인터넷을 이용한다는 것은 구글의 크롬(Chrome)이나 마이크로소프트사의 에지(Edge)를 사용하여 인터넷 문서들을 탐색하여 정보를 얻는 것이다. 인터넷을 이용하여 웹브라우저에 정보를 표시하고 정보를 얻기 위해서는 특정한 형식의 문서로 작성되어야 한다. 인터넷 문서는 HTML의 형식을 이용하여 만들어지고 서버에 저장되며 클라이언트가 해당 문서를 요청하면 서버는 요청된 문서 또는 정보를 제공하는 서비스를 하고 있다.

인터넷 서비스가 가능하기 위해서는 정보를 저장하고 제공하는 서버(Server)가 필요하며 사용자가 서버에 접속하기 위해서는 서버의 위치를 알려주는 인터넷 주소(IP:Internet Protocol)가 있어야 한다. 서버의 정보를 이용하는 사용자를 클라이언트(Client)라 하며 클라이언트들이 인터넷 문서 형태로 이루어진 정보를 얻기 위해서는 웹브라우저(Browser)를 이용해야 한다. 서버는 HTML(HyperText Markup Language)로 이루어진 웹문서를 통하여 클라이언트의 웹브라우저에 정보를 제공한다. 서버와 클라이언트가 서로 통신하기 위해서는 통신규약이 필요하며 이러한 통신규약을 프로토콜(protocol)이라 한다. 웹 문서의 정보교환을 위한 프로토콜을 HTTP(HyperText Transfer Protocol)이라 하며 통신 프로토콜과 인터넷 주소를 총칭하여 URL(Uniform Resource Location)이라 부른다.

인터넷이 작동하는 절차는 그림 1-1과 같이 4단계로 이루어진다.

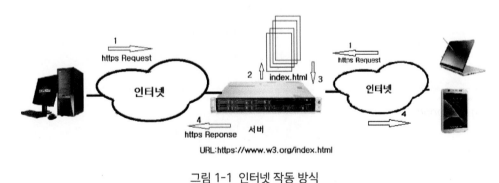

그림 1-1 인터넷 작동 방식

---

* 가상현실을 위한 HTML5 & Web3D, 박경배, 21세기사

1. 웹브라우저가 설치되어 있는 클라이언트 컴퓨터나 스마트폰에서 URL을 이용하여 서버에 요청(https Request)을 한다.
2. 클라이언트로부터 https 요청을 받은 서버는 정당한 요청인지 확인한다.
3. 서버는 클라이언트가 요청한 웹문서가 자신에게 있는지 검색한다.
4. 해당문서를 찾으면 서버는 응답(https Reponse)으로 클라이언트에게 웹문서(index.html)을 보내게 된다. 만약 클라이언트가 요청한 html 문서가 없다면 error.html 문서를 클라이언트에게 보내주어 해당 문서가 없음을 알려주게 된다.

일반적으로 클라이언트들은 https://www.w3.org와 같이 인터넷 주소만 웹브라우저에 입력을 한다. 그 이유는 대부분의 서버들이 index.html을 첫 페이지 이름으로 설정하였기 때문에 클라이언트들이 해당 문서를 생략해도 디폴트(default) 문서로서 index.html을 보내준다.

인터넷의 개념을 처음 도입한 사람은 인터넷의 아버지 혹은 효시라 불리는 팀 버너스 리(Tim Berners-Lee)이다. 1989년 유럽의 핵물리학 기구인 CERN에서 팀 버너스 리는 연구자들 간에 문서 공유의 목적으로 월드 와이드 웹(World Wide Web: 간단히 W3라 부름)개념과 신조어를 만들었다. WWW의 핵심은 서버(httpd)와 최초의 클라이언트 웹브라우저(WorldWideWeb) 프로그램이며 웹 문서를 생성하기 위해 1991년에 하이퍼텍스트 링크 기능을 가진 문서 형식인 HTML를 사용하였다. 이는 현재 사용하는 인터넷(Internet)의 근간이 되었으며 HTML ver1.0이 되었다.

인터넷 개념인 WWW가 개발되기 전에는 컴퓨터는 단순히 과학적인 연구 목적 혹은 사무용의 독립적인 형태로 사용되었지만 인터넷의 개발로 시간과 공간의 제약을 받지 않고 정보를 이용한다는 점에서 그 파급효과는 엄청난 것이었다. 사회적으로 상업적인 효과가 매우 컸기 때문에 많은 회사들은 인터넷 시장을 선점하기 위한 웹브라우저 및 HTML 개발에 앞 다투어 뛰어들기 시작하였으며 2000년 까지는 꾸준히 발전하게 되었다.

표 1-1 HTML의 버전과 특징

년도	버전	특징
1989	팀버너스-리 WWW 제안	HTML을 적용한 웹 제안
1991	HTML	HTML 개발
1993	HTML+	W3Consortium 창시 넷스케이프 브라우저(Netscape) 출시
1995	HTML2.0/3.0	인터넷 익스플로러 브라우저 출시
1997	HTML3.2	W3C(Consortium) 공식 승인
1999	HTML4.01	W3C(Consortium) 공식 승인
2000	XHTML1.0	W3C(Consortium) 공식 승인
2008	HTML5 Draft	WHATWG
2012	HTML5 Living 표준	WHATWG
2014	HTML5 표준	W3C 표준안 확정

출처: https://www.w3.org/History.html

1991년부터 꾸준히 논의되었던 브라우저는 1993년 그래픽 형태의 최초 웹브라우저 넷스케이프 브라우저가 출시되면서 시장의 관심은 뜨거워졌으며 이에 경각심을 가진 마이크로소프트사는 인터넷 익스플로러를 1995년 출시하였다. 이외에도 구글과 애플사가 독립적인 웹브라우저를 만들면서 W3C의 위상은 약해지고 각 대기업들은 독자 노선을 걷기 시작했다. 거대한 인터넷 망이 구축되면서 엄청난 양의 데이터를 처리하기 위해서 HTML의 새로운 기능이 추가되어 성능향상이 되기 시작하였으나 W3C의 표준방향이 아니라 각 기업의 웹브라우저는 독립적인 길을 걷기 시작하였다. 표 1-1에서 보듯이 1999년 HTML4.01 이후에는 2000년에 XHTML1.0이 발표되고 2012년까지 표준으로 공표되지 못하였다. 다양하고 많은 양의 자료를 처리하기 위해서는 HTML의 표준이 지속적으로 개발되었어야 했음에도 불구하고 각 웹브라우저 회사들은 자신들에게 유리한 부분들을 고집하면서 브라우저 간에 호환되지 않는 문제점이 발생하였다. 약 10여 년간의 공백을 거치며 2008년 비공식적인 그룹인 WHATWG(Web Hypertext Application Technical Working Group)을 중심으로 HTML5의 개발이 이루어졌다.

웹브라우저의 사용률은 그림 1-2에서 보는 바와 같이 2012년 말에서 2020년 까지 웹브라우저의 세계시장 점유율을 보면 2012년 이후 점유율이 30% 이상이었던 구글의 크롬은 2020년에 거의 66%에 달하고 있다. 파란색의 익스플로러는 과거 65% 이상에 달하던 점유율이 우리가 잘 사용하지 않는 다른 미명의 웹브라우저 점유율 보다 낮다. 마이크로소프트사는 20015년부터 익스플로러의 개발을 포기하였고 차기 버전으로 Edge 브라우저를 출시하였으나 아직은 2.8% 정도로 사용률이 미비하다할 수 있다.

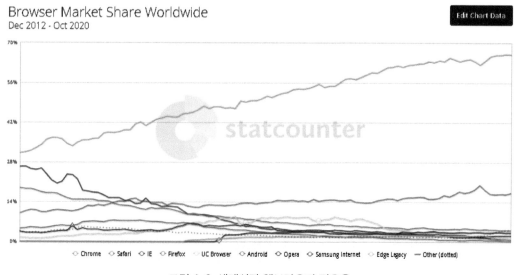

그림 1-2 세계시장 웹브라우저 점유율

출처: qs.statcounter.com

그림 1-3은 2020년 국내 사용자의 웹브라우저 종류에 따른 시장 점유율을 나타낸 것이다. 세계 시장에서의 웹브라우저 점유율과 마찬가지로 구글 크롬 브라우저 사용이 70%이상을 차지하고 있다. 이러한 이유 중에 하나는 구글의 크롬이 HTML5의 표준을 가장 적극적으로 적용하고 있고 동영상을 포함한 다양한 미디어를 지원하고 있다. 익스플로러 브라우저의 경우 마이크로 소프트사에서 개발을 포기하였음에도 불구하고 국내에서는 14.4%가 사용하고 있다. 국내에서 아직 익스플로러를 사용하는 이유는 정부 기관의 서버나 은행권의 홈페이지가 익스플로러를 기준으로 만들어 졌기 때문에 쉽게 익스플로러를 포기하지 못하고 있다. 그러나 익스플로러는 2015년 개발을 포기한 상태이기 때문에 보안상의 문제점뿐만 아니라 html5를 지원하지 않기 때문에 사용하지 않는 것이 좋다.

그림 1-3 한국의 웹 브라우저 이용률

출처:한국인터넷진흥원

표 1-2는 표준 HTML5를 얼마나 수용하였는가를 웹브라우저의 종류에 따라 테스트하여 점수를 나타낸 것이다. 같은 브라우저라도 각기 다른 버전이 있기 때문에 버전에 따라 점수는 달라질 수 있다. 555점 만점에 크롬 브라우저는 528점을 획득하였으며 초기에 HTML5를 적용하였기 때문에 다른 브라우저들 보다 수용도가 가장 높다. 다음 순위로는 오페라(Opera) 브라우저가 518점을 기록하였다. 마이크로소프트사의 Edge는 492점으로 나타나고 있다. 얼마전 까지만 해도 377점을 기록한 것으로 보아 마이크로소프트사는 Edge의 HTML5 수용도를 높이는 것에 집중한 것으로 보인다. 아쉽게도 애플의 사파리(Safari)는 다섯 개의 웹브라우저 중 가장 낮은 점수를 기록하고 있다. 애플 운영체제를 사용하는 컴퓨터는 어쩔 수 없이 사파리를 사용하겠지만 HTML5의 수용도를 좀 더 높여야 할 것이다.

표 1-2 웹브라우저 별 HTML 수용점수(555점 만점:버전)

웹브라우저	Chrom(66)	Opera(45)	FireFox(59)	Edge(492)	Safari(11.1)
HTML 수용점수	528	518	491	492	471

출처: html5test.com

1.2 HTML5 특징*

1.2.1 HTML5의 디자인 원칙

2012년 WHATWG의 표준에서 시작하여 2014년 10월 W3C에서 공식 표준안으로 확정된 HTML5는 많은 시간과 노력 끝에 다양한 회사에서 제공하는 웹브라우저 구현에 대한 상세 스펙(specification)을 제공함으로써 다수의 웹브라우저 개발사들이 적극 참여하고 있다. 과거의 HTML 버전과의 호환성을 유지하면서도 향후 추가될 기능들에 대해서도 정확한 사용이 가능하도록 되었다.

HTML5를 이용하여 웹 문서를 만들기 위해서는 CSS3와 javascript와 같은 서브프로그램의 도움을 받아야 한다. HTML5는 클라이언트들이 보게 될 내용 즉 콘텐츠(contents)를 다루는 것이고 CSS3는 웹문서의 형식인 디자인을 다루는 것이다. 또한 정적인 HTML5 웹문서에 동적인 태그로서 상호작용을 하기 위해서는 javascript를 사용하지 않을 수 없다.

CSS3를 이용한 웹문서의 디자인은 HTML5의 태그 사용에 많은 영향을 주었다. CSS3를 이용하여 웹 문서의 디자인이 가능한 기능은 기존 HTML 태그에서 삭제하거나 기능을 변경하기도 하였다. HTML5가 추구하는 디자인 원칙은 호환성과 보편적 접근성이다.

■ 호환성

HTML5 이전 버전들의 HTML에서 제작된 콘텐츠들도 문제없이 사용가능하도록 이전 기능을 최대한 지원하며 기존 기능을 재사용할 수 있도록 한다. 이를 위하여 HTML5가 지원되지 않는 이전 버전의 브라우저에서도 이용 가능해야 하며 각 웹브라우저에서 독립적으로 가능한 기능들을 통합하여 공통적으로 사용가능해야 한다.

■ 보편성 접근

혁신적인 내용을 추구하기보다 발전의 측면에서 전 세계의 언어 지원 및 웹 접근성을 보장하도록 한다.

---

* 가상현실을 위한 HTML5 & Web3D, 박경배, 21세기사

1.2.2 HTML5 기능

HTML5의 이전 버전들은 텍스트 이외의 다양한 멀티미디어 정보를 처리하기 위해서 ActiveX 와 같은 플러그인(Plug-In) 기능을 사용하였다. 플러그인 기능은 초보자들이나 웹브라우저의 사용에 있어서 자동으로 필요한 외부 프로그램들을 설치하고 실행하기 때문에 편리하고 유용한 점이 있으나 악의적인 프로그램들마저도 자동으로 설치되어 악성 바이리스 등이 실행되는 매우 큰 문제점이 있다. 특히 국내에서 사용 점유율이 높은 익스플로러가 공인인증서 등을 설치하기 위해 플러그인 기능을 사용함으로서 보안에 취약한 점이 있었다.

국제 표준기구나 웹브라우저 개발사들은 플러그인 기능을 제한하였으며 국내에서도 플러그인을 사용하지 못함으로써 익스플로러의 사용빈도는 점차 줄어들었으며 크롬 웹브라우저의 점유율을 높이는 계기가 되었다. HTML5에서는 플러그인 없이 다양한 장치에서 이미지나 동영상 매체를 재생할 수 있도록 하고 있으며 사용자의 편리성을 추구하고 있다.

다음은 HTML5의 새로 추가된 다양한 기능이다.

■ <audio>,<video> 다양한 멀티미디어를 재생하기 위한 기능

HTML5 이전 버전에서는 오디오나 비디오 같은 다른 형식의 매체를 웹에서 재생하기 위해서는 <object>나 <embed> 태그 등을 사용하여 웹브라우저 개발사 마다 지원 형식이 다른 코드를 지원하며 ActiveX 플러그인을 통하여 재생하도록 했다. 웹 페이지를 개발하는 개발자의 측면에서 object, embed 코드를 새로 생성해야 하는 등 개발자에게 큰 부담을 주었으며 클라이언트의 입장에서도 어떤 프로그램이 설치되는지 알 수 없다. HTML5에서는 외부 프로그램 코드의 연동 없이 새로운 매체 태그 등을 추가함으로써 플러그인을 사용하지 않고도 CSS3와 javascript의 API를 통해 다양한 웹 서비스를 제공할 수 있다.

■ 웹 문서 디자인을 위한 CSS3 완벽지원

웹 문서의 화면을 배치하고 디자인하기 위해서는 CSS와 같은 스타일을 통한 디자인 요소의 지원이 필수이다. 웹 문서의 화면 구성, 요소의 배치, 투명도 조절 및 텍스트, 박스 그림자와 같은 다양한 효과를 완벽 지원한다.

■ 다양한 시멘틱(semantic) 태그 추가

HTML5 이전 버전에서는 웹 화면의 구현은 문서의 헤더(header), 메뉴링크(navigation), 콘텐츠(contents), 바닥글(footer) 등을 <div id="header"> 형식으로 분할하여 화면을 디자인 하였다. 이러한 구현은 무의미하고 막연했던 내용들로 나타났으며 PC 뿐만 아니라 스마트폰과 같은 다양한 매체의 형식에 어울리지 못하였다. HTML5에서는 다음과 같은 시멘틱 태그를 추가하여 제공한다.

- <header> : 문서의 머리글을 나타낼 때 사용.
- <footer> : 문서의 바닥글을 나타낼 때 사용.
- <nav> : 문서의 하이퍼링크 메뉴에 적용.
- <section> : 문서의 영역으로 문서 구조를 구성하는 H1~H6와 함께 사용
- <article> :   뉴스기사와 같은 독립된 콘텐츠를 표시
- <aside> : 주요 콘텐츠 이외의 참고 콘텐츠를 구성할 때 사용
- <figure> : 그림이나 비디오의 캡션을 표시할 때 사용

■ 로컬저장소(Web Storage) 및 웹 데이타베이스

한번 접속한 웹사이트 서버의 정보를 클라이언트에 저장할 수 있도록 로컬 저장소를 지원하고 있다. 각 브라우저별 저장소의 개념인 Session Storage를 통하여 세션의 개수나 용량의 제한도 없으며 스크립트 객체의 복사본을 저장하여 사용가능하도록 기존 쿠기의 단점을 보완하였다. 클라이언트 저장소를 관계형 데이터베이스처럼 사용하여 데이터를 체계적으로 저장할 수 있으며 표준 SQL 질의를 통해 데이터에 접근할 수 있다.

■ Drag & Drop

웹페이지 내부 또는 외부 객체를 웹 페이지로 드래그(Drag), 드롭(Drop)이 가능하다.

■ 파일 어플리케이션 인터페이스

웹 어플리케이션에서 클라이언트 PC의 파일을 접근할 수 있는 어플리케이션 인터페이스를 제

공한다. 그러나 보안상 문제로 허가된 영역의 파일만 접근 가능하다

- **오프라인 API(Application Program Interface)**

인터넷에 연결할 수 없는 오프라인 환경에서도 웹 서버를 사용할 수 있는 오프라인 애플리케이션을 제공한다. 클라이언트에 캐시(cashed)된 파일 목록을 정의하고 이 파일들을 인터넷 연결 없이 볼 수 있으며 캐시된 파일을 업데이트도 가능하다.

- **위치기반 애플리케이션**

Geolocation API를 통하여 웹브라우저가 실행되는 장치의 지리정보 및 위치정보를 제공함으로써 현재 위치를 파악할 수 있다. 또한 모바일의 경우 진행방향 및 진행속도 정보를 얻을 수 있다.

- **2D/3D 그래픽**

<canvas> 추가하여 이 영역 내에서 2D 도형이나 선 등을 그릴 수 있으며 도형의 변화, 전환 등을 통하여 애니메이션 효과를 구현할 수 있다.

canvas 3D(WebGL)를 통해 3D 객체를 생성할 수 있으며 애니메이션도 가능하다. 이는 향후 우리가 배우게 될 Web3D와 유사한 측면을 갖고 있다. WebGL은 웹 표준그래픽 라이브러리로서 오픈 라이브러리이다. WebGL은 별도의 플러그인 없이 하드웨어 가속되는 3D 그래픽을 생성할 수 있다.

- **양방향 통신 웹소켓(WebSocket)**

웹브라우저와 웹 서버간 양방향 통신이 가능한 API를 제공한다. 기존의 웹브라우저에서 서버의 데이터는 폴링(polling) 방식으로 받아 왔으나 웹 소켓을 이용하여 푸시(push)형 양방향 데이터 통신이 가능하다.

1.2.3 변경된 요소 태그

HTML5의 호환성 및 보편성 원칙아래 HTML5는 이전 버전들의 태그를 대부분 수용하였으나 CSS3의 확장으로 불필요한 태그는 삭제했으며 요소의 의미를 제공하는 시멘틱 태그 등 새로 추가된 태그들도 있다. 삭제된 태그들의 대부분은 사용도가 거의 없거나 CSS3로 요소의 처리가 가능한 태그들이다.

■ 추가된 태그

- <hgroup> : h1~h6의 헤더 그룹을 지정
- <time> : 날짜, 시간을 표시 local-time은 지역 날짜 시간을 표시
- <canvas> : 2D/3D 그래픽 지원
- <output> : 자바스크립트의 연산 결과 등을 표시
- <audio> : 음악재생을 위해 사용 .mp3 또는 .ogg 형식을 지원
- <movie>: 동영상 재생을 위해 사용 .mp4 또는 .ogv 형식 지원

■ 확장된 태그

- <b> : 문자열 강조뿐만 아니라 제품명의 키워드와 같이 일반적인 강조 목적에 사용
- <address> : 연락처 정보와 관련된 콘텐츠 부분을 알 수 있음
- <a> : href 속성 없이 사용하면 링크의 위치만 표시되는 'placehoder link'를 나타냄
- <menu> : 툴바와 콘텍스트(Context) 메뉴용으로 변경
- <i> : 문자의 흘림체뿐만 아니라 음성, 분위기, 분류명, 생각, 선박명 등을 표현할 때 사용
- <hr> : 단락 수준의 주제 바꿈

■ 삭제된 태그

HTML5에서 삭제된 태그들은 거의 사용하지 않거나 CSS3로 처리가 가능한 태그들이다. 스마트폰과 같은 모바일의 활성화로 화면의 분할을 의미하는 <frameset> 요소는 더 이상 사용하지 않는다.

또한 <font>,<strike>,<frame>,<noframe>,<basefont>,<big>,<center> 태그들은 CSS3로 처리 가능하기 때문에 더 이상 사용하지 않는다. <isindex>,<acronym>,<applet> 그리고 <dir> 태그들은 거의 사용하지 않기 때문에 삭제된 태그이다.

1.3 HTML5의 태그와 사용법

1.3.1 Notepad ++ 설치와 사용법

- notepad++ 설치

HTML은 인터넷을 위한 웹페이지를 생성하기 위한 하이퍼텍스트 마크업 언어(HyperText Markup Language)를 의미한다. HTML의 가장 큰 특징은 태그(<>,</>)의 쌍으로 이루어져 있으며 앞의 태그(<>)를 시작태그라 부르며 뒤의 태그(</>)를 끝 태그라 한다. 웹 문서 안에는 수많은 태그의 쌍으로 이루어져 있기 때문에 웹 문서를 만들기 위해서는 HTML 전용편집기가 필요하다. 메모장이나 워드 편집기를 사용해도 되지만 태그의 쌍을 입력하기에는 비효율적이다. 따라서 웹문서를 작성하기 위해서 Visual Studio, Notepad++ 그리고 EditPlus와 같은 프로

그림 1-4 Notepad++ 다운로드

그램 전용편집기를 사용해야 한다. 향후 학습을 진행하기 위해서는 보편적으로 사용되고 있는 Notepad++를 사용하여 html 문서를 작성하는 방법에 대해 설명한다.

Notepad++을 설치하기 위하여 그림 1-4와 같이 http://notepad-plus-plus.org 사이트에 접속한 후 "Download" 메뉴를 클릭한다.

그림 1-5와 같이 32비트 버전과 64비트 버전의 notepad++ 프로그램을 볼 수 있다. 이중 자신의 PC 환경에 맞는 프로그램을 클릭하여 다운로드 받는다. 만약 자신의 PC 사양을 알지 못한다면 윈도우 화면의 찾기 도구에서 "제어판"을 입력한다. 제어판 화면에서 제어판 → 시스템보안을 클릭하고 여러 옵션 중 "시스템" 항목에서 "컴퓨터 이름보기"를 선택하면 윈도우 버전과 함께 프로세서 종류, 메모리 크기 그리고 시스템의 종류에서 32비트인지 64비트인지 확인할 수 있다.

그림 1-5 notepad++ 버전

Notepad++를 다운로드 받은 후 안내에 따라 설치를 하게 되면 그림 1-6과 같이 notepad++ 편집기를 사용할 수 있다.

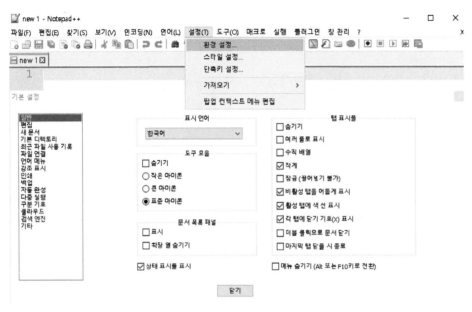

그림 1-6 환경 설정

■ notepad++ 환경 설정

notepad++ 편집기를 이용하여 html 문서를 효율적으로 작성하기 위해서는 notepad++의 환경 설정을 해야 한다. html 문서의 특징은 <>,</>의 쌍으로 이루어져 있기 때문에 쌍으로 이루어진 특수문자들에 대해 자동으로 입력되게 다음 단계에 따라 환경 설정 한다.

1단계 설정 메뉴

그림 1-6과 같이 설정 메뉴에서 환경 설정을 클릭 한다.

2단계 자동 완성

기본 설정 화면에서 그림 1-7과 같이 자동 완성 메뉴를 클릭하고 빨강색 박스의 자동 삽입 항목에서 html 닫기 태그 부분을 체크하여 저장한다. 이 부분이 체크되면 문서 편집에서 쌍으로 되어있는 문자를 입력할 때 앞부분의 문자만 입력하면 끝부분의 문자는 자동으로 입력되어 문서 편집에 매우 효율적임을 알 수 있다.

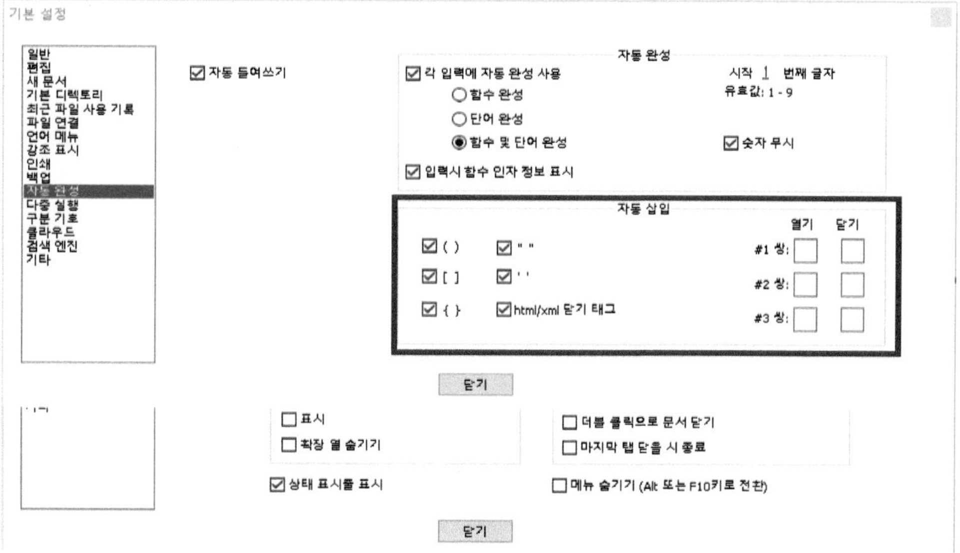

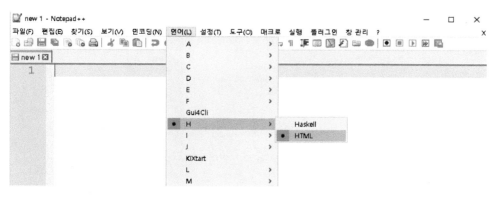

그림 1-7 자동 삽입

3단계 언어 설정

자동 완성 기능이 설정되었다면 간단한 html 문서를 작성하는 방법은 그림 1-8과 같다.

그림 1-8 언어 설정

notepad++은 html 문서뿐만 아니라 다양한 프로그램언어를 지원한다. 따라서 문서를 편집하기 전에 본인이 작성하는 문서의 언어를 그림 1-8과 같이 언어 메뉴를 선택한 후 표시되는 서브메뉴에서 H 항목을 클릭하고 HTML을 선택해야 한다. HTML 언어를 선택해야만 html 태그의 자동 완성 기능이 적용된다. 파일을 작성 후 저장하기 위해서는 파일 메뉴에서 "다른 이름으로 저장" 메뉴를 클릭하여 저장하며 이때 그림 1-9의 빨강색 박스와 같이 .html 파일 형식으로 자동 지정된다.

그림 1-9 html 파일 저장

위와 같은 과정이 번거롭다면 그림 1-9a과 같이 기본 설정 화면에서 "새문서" 항목을 설정하고 기본언어를 "HTML"로 변경하면 새 문서를 열 때마다 문서의 기본언어는 html 문서로 선택된다.

그림 1-9a 기본언어 설정

- 실행하기

notepad++을 이용하여 작성된 html 문서를 실행하기 위해서는 그림 1-10과 같이 실행 메뉴에서 설치된 웹브라우저를 선택하면 된다. 따라서 실행하기 위해 외부에 있는 파일을 클릭하여 실행할 필요가 없이 편리하게 사용할 수 있다. 그림 1-10에서는 세 개의 파일이 열려 있는 것을 확인할 수 있다. new1, new2는 파랑색 디스크 색상으로 표현되고 있으며 ex1-1은 빨강색 디스크 색상으로 나타나고 있다. 파랑색 디스크 색상은 편집이 완료된 상태를 나타내며 빨강색은 아직 편집 중인 상태를 나타낸다. 빨강색 디스크 색상으로 표현된 경우에는 반드시 저장을 해야만 파랑색 색상으로 변경되므로 파일을 실행할 때 주의해야 한다.

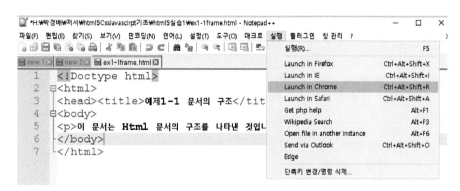

그림 1-10 실행하기

최신 버전의 Notepad++은 실행 메뉴를 클릭해도 "Launch in IE"나 "Launch in Chrome"을 볼 수 없다. 따라서 따로 실행할 웹브라우저를 등록해야 하므로 다음 절차에 따라 등록해 보자.

1단계 실행 메뉴 클릭

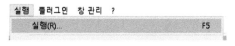

그림 1-10a 실행메뉴

2단계 실행할 명령 입력

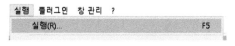

그림 1-10b 실행 메뉴 클릭

3단계 경로 찾기

실행할 프로그램을 찾기 위해서는 그림 1-10b의 파란색으로 나타난 버튼을 클릭하여 실행 프로그램을 선택해야 한다. 크롬 브라우저의 위치는 아래와 같이 C 드라이브의 Program Files(x86) 폴더에 있는 구글 폴더이다. 해당 경로를 따라 들어가면 그림 1-10c 처럼 Chrome 폴더의 하위 Application 폴더에 있는 chrome.exe를 선택한다.

```
"C:\Program Files (x86)\Google\Chrome\Application\chrome.exe"
```

그림 1-10c chrome.exe 파일 선택

4단계 환경 변수 입력 후 저장

chrome.exe를 등록 후 한 칸 띄고 $(FULL_CURRENT_PATH) 환경 변수를 등록한다. 환경 변수의 의미는 현재 파일을 chrome.exe로 실행하기 위한 명령이다.

그림 1-10d 환경변수 등록

5단계 단축키 등록

1-10d에서 저장 단추를 누르고 1-10e와 같이 단축키와 "크롬 실행"이름을 등록한다.

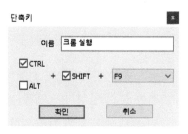

그림 1-10e 단축키 등록

6단계 실행메뉴가 등록된 것을 그림 1-10f에서 확인할 수 있다.

Open file in another instance	Alt+F6
Send via Outlook	Ctrl+Alt+Shift+O
크롬 실행	
단축키 변경/명령 삭제...	

그림 1-10f 실행메뉴 등록

1.3.2 HTML의 구조

HTML 문서 구조를 이해하기 위해서 예제 1-1을 Notepad++ 편집기로 작성하고 예제1-1.html
파일로 저장하자. html문서의 확장자는 .html이다.

예제 1-1   예제 1-1 HTML 문서의 구조

```
<!Doctype html><!-- html5 헤더 -->
<html> <!-- 문서시작 -->
<head><title>예제1-1 문서의 구조</title></head> <!-- 문서 정보 -->
<body> <!-- 본문 시작 -->
<p>이 문서는 Html 문서의 구조를 나타낸 것입니다.</p>
</body>
</html>
```

예제 1-1은 가장 기본적인 HTML5의 문서 구조이다.

가장 첫줄의 <!Doctype html>을 제외하고는 <html></html>. <head></head>, <title> </title> 그리고 <body></body> 태그의 쌍으로 이루어져 있으며 태그(<>)로 html 태그들을 나타낸다. 이 태그들은 html5의 핵심 태그들로서 웹문서를 만들기 위해서는 반드시 사용해야하는 태그들 이다. 따라서 위의 기본 태그들을 기본 틀로 구성하여 예제들을 만들면 효율적으로 문서를 만들 수 있다. 실행한 결과 화면을 그림 1-11에서 보면 브라우저의 탭 제목에 '예제1-1 문서의 구조'라고 표현되어 있다. 이것은 "<title>예제1-1 문서의 구조</title>"의 부분으로 <title>태그는 웹브라우저의 탭 제목을 표현하는 기능을 한다.

```
<head><title>예제1-1 문서의 구조</title></head> <!-- 문서 정보 -->
```

<!Doctype html>은 Html 문서의 타입 종류가 html5임을 나타낸다. 문서 타입을 DTD 라고 하며, DTD(DOCTYPE or Document Type Definition)는 문서상 최상단에 선언한다. 문서 타입이 필요한 이유로 HTML5 이전 버전 즉 HTML4, XHTML과 구분되어야 하기 때문이다. 문서 타입에 따라 마크업 문서의 태그(element)와 속성(attribute) 등을 처리하는 기준이 되고 이것은 유효성 검사에 이용된다.

HTML4 버젼의 경우 문서의 타입은 다음과 같이 긴 코드로 정의되어 있다.

```
<!DOCTYPE HTML PUBLIC "-//W3C//DTD HTML 4.01 Transitional//EN"
"http://www.w3.org/TR/html4/loose.dtd">
```

<html>태그는 html 문서의 시작을 알리며 문서의 끝에 </html> 끝 태그가 놓인다.

<head>태그는 html 문서의 정보를 담고 있다. 예제 1-1에서 <head>태그 안에 <title>태그 하나만을 사용했지만 부가적인 문서의 정보를 추가할 수 있다. 정보를 추가하기 위하여 <meta>태그를 사용하며 <meta> 태그는 문서 작성자, 문서의 언어, 문서의 키워드 등을 포함하여 웹 문서의 정보를 나타낸다.

<title>태그는 그림 1-11과 같이 웹 브라우저의 탭(tab) 제목을 나타낸다.

<body>태그는 웹브라우저의 작업창에 표시될 내용을 포함한다. 작업창에 사용자들이 볼 수

있는 정보를 표현하기 위해서는 다양한 html 태그들이 사용된다. html 태그들은 대소문자를 구분하지 않으며 대소문자를 구분하지 않아도 에러가 발생하지 않는다.

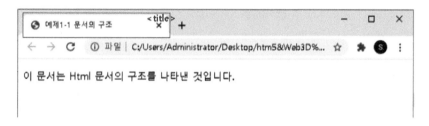

그림 1-11 html 문서 태그

html 문서에서 실행 결과로 나타나지 않는 설명문을 표시할 경우가 있다. 설명문은 html 태그 요소들과 달리 결과 내용이 실행되지 않고 개발자들이 문서 개발의 참고용으로 사용하는 주석문이다. 문서 안에 설명문 표시는 방법은 다음과 같이 <!-- 설명문 -->으로 표시한다.

<!-- 설명문은 다른 태그 요소와 유사하게 태그(<)로 시작하여 !--를 사용-->

🗐 TIP 인터프리터 vs 컴파일러

html 문서는 인터프리터(interpreter) 언어이다. html 문서는 영어를 사용하여 구현되기 때문에 컴퓨터가 html 문서를 실행하기 위해서는 컴퓨터는 자신이 이해할 수 있는 기계어로 변환해야 한다. 프로그램 언어에 있어서 Java나 C와 같은 언어로 구현된 프로그램은 실행을 하기 위해서는 .exe파일 형태의 실행파일로 변환해야 한다. exe파일은 execution의 약어이며 기계언어로 변환된 형태이기 때문에 인간이 알 수 없는 2진 형태의 코드이다. 프로그램을 실행하기 위해서 기계언어로 변환하는 것을 컴파일(Compile)이라 하고 변환하는 것을 컴파일러(compiler)라 한다.

컴파일된 파일과 달리 html 파일은 실행하기 위해서 한 번에 기계언어로 변환하는 것이 아니라 실행할 때만 한 줄 단위로 기계언어로 변환하여 실행한다. 이처럼 실행 전에는 언제든지 문서의 내용을 볼 수 있고 라인 단위로 실행하는 프로그램을 인터프리터 언어라 한다. 인터프리터 언어의 장점은 수정과 편집이 용이한 반면에 실행속도가 느리다는 단점이 있다. 컴파일된 프로그램은 속도가 빠르지만 수정하기 위해선 원본 파일을 수정한 후에 컴파일러를 통해서 기계언어로 변환 후 실행해야 하기 때문에서 수정, 편집이 불편한 점이 있다.

1.3.3 〈meta〉 태그

메타 <meta> 태그는 키워드, 저작자, 사용언어 등 시스템과 사용자에게 웹 문서의 정보를 제공하기 위해 사용한다. <title>과 마찬가지로 <head>안에서 사용하며 표 1-3과 같이 4가지의 속성을 이용하여 웹 문서의 정보를 제공한다.

<meta charset="utr-8">은 한글을 사용하기 위해서는 반드시 삽입해야 한다. 영어와 한글은 표현하는 방식과 메모리 할당이 다르기 때문에 한글을 영어 코딩 방식으로 표현하면 인간이 알수 없는 기계언어로 표현된다. 이 밖에도 name, http-equiv, content 등을 사용한다.

표 1-3 메타태그

속성	값	기능
name	application-name	웹 사이트의 이름
	author	문서의 저작자
	description	문서에 대한 설명
	keywords	문서의 키워드
http-equiv	content-type	문서의 인코딩
	default-style	대체 스타일시트 선언
	refresh	문서의 새로 고침 추가
content	텍스트	http-equiv나 name의 속성
charset	문자셋	문서의 표현 언어

예제 1-2는 <meta>의 속성을 이용한 예제로서 실행 결과에서는 보이지 않지만 그림 1-12에서와 같이 실행 결과 화면에서 오른쪽 마우스 버튼을 클릭한 후 소스보기를 클릭하면 <meta> 정보들을 볼 수 있다.

```
<meta charset="utf-8">   // 한글 표현
<meta name="keyword" content="HTML CSS Web3D">  // 키워드
<meta name="author" content="박경배">  // 저자
<meta name="description" content="html5&CSS3&javascript 강좌"> //내용
```

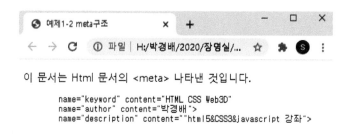

그림 1-12 메타정보 보기

예제 1-2   **메타태그**

```
<!Doctype html>
<html>
<head>
<title>예제1-2 meta구조</title>
<meta charset="utf-8">
<meta name="keyword" content="HTML CSS Web3D">
<meta name="author" content="박경배">
<meta name="description" content="html5&CSS3&javascript 강좌">
</head>
<body>
<p>이 문서는 Html 문서의 &lt;meta&gt; 나타낸 것입니다.</p>
<pre>
    name="keyword" content="HTML CSS Web3D"
    name="author" content="박경배">
    name="description" content="html5&CSS3&javascript 강좌">
</pre>
</body>
</html>
```

※ 주의: <meta charset="utf-8">를 사용하지 않으면 한글이 아닌 특수 기호들이 나타난다.

<와 >는 "<"와 ">"기호를 나타내기 위한 방법이다. html은 <>태그로 이루어졌기 때문에 태그 기호를 나타내기 위해서는 특수기호를 사용해야 한다. lt는 less than의 축약형이며 gt는 greater than의 약자이다.

1.3.4 문단 태그

표 1-4는 웹 문서에 줄 바꿈 표시가 되는 문단 태그를 나타내었다. 예제 1-3의 프로그램은 문단 관련 태그를 코딩한 것으로 <p> 태그는 한 문단을 표현하기 위해 사용된다. <p>를 사용할 때마다 줄 바꿈이 발생하며 다음 문단은 한줄 띄고 나타난다. <b>태그는 줄 바꿈이 일어나는 것은 <p>와 같지만
 태그는 한 줄을 띄지 않고 줄 바꿈만 일어난다. <pre>태그는 웹 편집기에서 표현한 형식 그대로 나타난다. <hr> 태그를 사용하여 웹문서에 수평선을 삽입할 수도 있다. 실행결과를 그림 1-13에서와 같이 문단태그를 적용한 결과를 볼 수 있다.

표 1-4 문단태그

태그종류	기능
⟨p⟩	한 줄 띄는 기능. Pharagraph
⟨br⟩	줄바꿈 기능. Break
⟨pre⟩	편집기에서 표현한 그대로 웹문서에 표현. Pre-formatted.
⟨hr⟩	수평선을 표시. Horizontal

예제 1-3   **문단태그**

```
<!Doctype html>
<html>
<head>
<title>문단태그</title>
</head>
<body>
<p>p태그는 Pharagraph를 뜻하며 한줄 띄고 줄 바꿈</p>
<br>br태그는 Break를 의미하며 줄 바꿈
<pre>Pre태그는
    pre-formatted를 의미하며
    편집기에서 표현한 그대로 표시

</pre>
 <hr>hr태그는 horizontal로서 줄 긋기 표시
```

```
    </body>
</html>
```

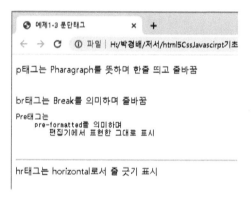

그림 1-13 문단 태그 실행결과

1.3.5 문자태그

문자를 표현하기 위한 다양한 태그를 표 1-5에 나타내었으며 각 태그의 기능을 설명하였다. 문
자태그에서 <i>, <em>태그는 흘림체를 표현하기 위해 사용하며 <b>, <strong>은 굵은 글자체
를 적용하여 강조체로 사용한다. 두 태그들은 적용한 결과를 보면 모두 기능이 유사함을 확인
할 수 있다. 수학의 식에서 많이 사용하는 윗 첨자와 아래 첨자는 <sup>와 <sub>를 사용하여
표시한다. 또한 실행결과를 그림 1-14에 나타내었다.

표 1-5 문자태그

태그종류	기능
〈i〉	흘림체. italic
〈b〉	강조체. bold
〈code〉	프로그램 코드체
〈strong〉	강조체
〈em〉	강조체. emphasized
〈sup〉	윗첨자. superscript
〈sub〉	아래첨자 subscript

```
<i> 흘림체 italic </i>
<b> 강조체 bold</b>
<u> 밑줄문자 underlind</u>
<strong> Strong 강조체</strong>
<em> 흘림체 emphasized</em>
<code>프로그램 코드 code</code>
100<sup> superscript</sup>
Log<sub> 10superscript</sub>
```

예제 1-4   문자태그

```
<!Doctype html>
<html>
<head><title> 문자태그</title>
<meta charset="utf-8">
<meta name="keyword" content="HTML CSS Web3D">
<meta name="author" content="박경배">
<meta name="description" content="html5&CSS3&javascript 강좌">
</head>
<body>
 <p><i> 흘림체 italic </i> </p>
 <p><b> 강조체 bold</b></p>
 <p><u> 밑줄문자 underlind</u></p>
 <p><strong> Strong 강조체</strong></p>
 <p><em> 흘림체 emphasized</em> </p>
 <p><code>프로그램 코드 code</code></p>
 <p>100<sup> superscript</sup></p>
 <p>Log<sub> 10superscript</sub></p>
</body>
</html>
```

그림 1-14 문자 관련 태그

1.3.6 헤딩(Heading) 태그

문단의 제목 등 주제의 헤드라인 기사를 쓸 경우 <hn>태그를 사용한다. n이 포현하는 숫자는 1~6까지이며 <h1>태그가 가장 큰 크기의 문자로 나타나며 굵은 글씨체로 표현된다. 일반적 크기의 문자는 <h4>이다. 예제 1-5에 대한 결과를 그림 1-15에 나타내었다.

예제 1-5   heading 태그

```
<!Doctype html>
<html>
<head><title>헤딩(heading)태그</title>
<meta charset="utf-8">
</head>
<body>
<h1>h1:p태그는 Pharagraph를 뜻하며 한줄 띄고 줄바꿈</h1>
<h2>h2:br태그는 Break를 의미하며 줄바꿈</h2>
<h3>h3:Pre태그는   </h3>
<h4>h4:pre-formatted를 의미하며</h4>
<h5>h5:편집기에서 표현한 그대로 표시</h5>
<h6>h6:heading 6</h6>
</body>
</html>
```

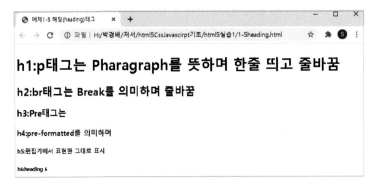

그림 1-15 heading 태그

- 특수문자

html 문서에서 태그(<>)를 웹 문서에 표현할 필요가 있으며 태그를 나타내기 위해서는 특수문자를 사용해야 한다. 표 1-6은 특수문자의 종류와 이를 표현하기 위한 방법을 나타낸 것이다. 특수문자는 &(ampersand)로 시작하여 ;로 끝난다. 는 스페이스바와 같은 역할로 공백문자를 삽입한다.

표 1-6 특수문자 표시하기

특수문자	표시방법	설명
		공백문자
〈	&lt;	less than
〉	&gt;	greater than
&	&amp;	ampersand
"	&quot;	이중따옴표
'	&apos;	단일따옴표
¢	&cent;	센트
£	&pound;	파운드
¥	&yen;	엔화
€	&euro;	유로화
©	&copy;	저작권
®	&reg;	등록권

예제 1-6   특수문자 표시하기

```
<!Doctype html>
<html>
<head><title>특수문자표시하기</title>
<meta charset="utf-8">
</head>
<body>
 <p> 공백문자     </p>
 <p> less than &amp;lt;</p>
 <p> greater than &amp;gt;</p>
 <p> ampersand &amp;</p>
 <p> " 이중따옴표  &amp;quot;</p>
 <p> ' 단일따옴표   &amp;apos;</code></p>
 <p> ¢ 센트  &amp;cent;</p>
 <p> 유로 &amp;euro; &euro;</p>
 <p> © &amp;copy; &copy;</p>
 <p> ® &amp;reg; &reg;</p>
</body>
</html>
```

1.3.7 〈img〉

■ 이미지 경로

HTML 언어는 초기에는 문자만을 이용하여 정보전달의 목적으로 개발된 언어이다. 인터넷의 발달로 문자이외의 다양한 매체(사운드, 이미지, 그래픽, 동영상)를 이용한 정보전달이 효과적이기 때문에 이와 관련된 태그를 삽입할 필요성이 생겼다. 문자와 함께 이미지는 html 문서에서 많이 사용하지만 이미지는 문자와 다른 속성으로 표현되기 때문에 이미지는 문서에 직접 삽입하여 표현하지 않는다. 이미지를 html 문서에서 표현하기 위해서는 그림 1-16과 같이 해당 이미지의 위치를 알려주는 경로만 지정해 주면 된다.

1
https Request
이미지
src
2
index.html
3
인터넷
4
https Reponse
서버
URL:https://www.w3.org/index.html

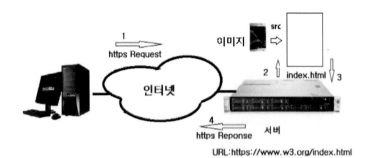

그림 1-16 이미지 표시 방법

해당 경로에 해당 이미지가 있으면 서버는 이를 포함하여 클라이언트에게 전달하게 된다. 경로가 포함된 웹 문서에 이미지를 삽입할 경우 주의할 점은 해당 이미지의 경로를 정확히 기입해야 한다. 만약 웹 문서에 이미지가 표현되지 않는다면 경로 지정이 잘못되었거나 이미지가 없는 경우가 대부분이다.

이미지의 속성은 html과 다르기 때문에 html 문서는 html 폴더에 저장하고 이미지 파일들은 img폴더에 저장하는 습관을 들이는 것이 좋다.

그림 1-16a은 html 폴더와 img 폴더가 같은 폴더 안에 위치한 것을 나타내고 그림 1-16b는 html폴더 안에 img 폴더가 위치한 것을 나타낸다.

그림 1-16a의 경우처럼 html 폴더에 있는 img.html이 img 폴더에 있는 image.png 이미지를 참조할 경우 이미지의 경로는 ../img/image.png 가 된다. ../ 경로는 상위 폴더를 의미한다.

그림 1-16b의 경우는 자신의 하위폴더에 img 폴더가 있으므로 이미지의 경로는 img/image.png로 설정하면 된다. 만약 경로가 잘못 지정되면 이미지는 나타나지 않는다.

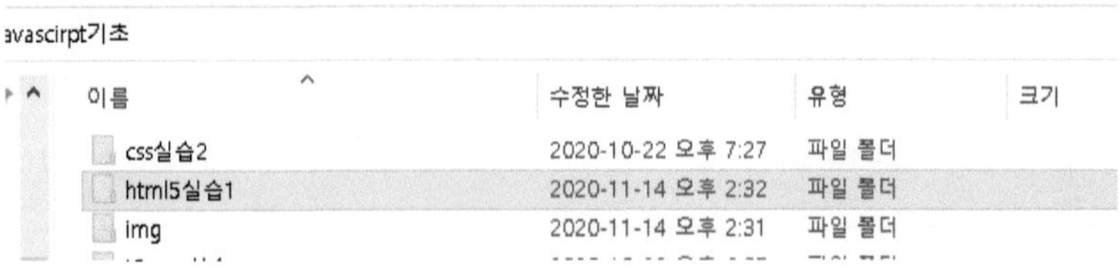

avascirpt기초
이름
수정한 날짜
유형
크기
css실습2
2020-10-22 오후 7:27
파일 폴더
html5실습1
2020-11-14 오후 2:32
파일 폴더
img
2020-11-14 오후 2:31
파일 폴더

그림 1-16a

그림 1-16b

■ 이미지 파일 형식

이미지는 문자와 비교하여 많은 용량을 차지하므로 웹문서를 작성할 경우 이미지 형식을 잘 선택해야한다. 과거 대다수의 이미지는 BMP(BitMap Pixel)형식으로 제작되었으나 파일의 용량이 커 인터넷 문서에 포함할 경우 속도의 저하를 초래한다. 이에 JEPG(Jointed Expert Picture Group)에서 JPG 압축 이미지를 만들어 사용하고 있다. JPG 이미지는 BMP 파일보다 약 1/20 정도의 크기를 갖는다. 일반적으로 웹 문서에 사용되는 이미지 파일 형식으로 JPG, PNG 그리고 GIF가 있다.

■ 이미지 속성

표 1-7은 웹문서에 이미지를 삽입하기 위한 이미지 태그와 <img>태그가 갖고 있는 속성을 나타낸 것이다.

표 1-7 이미지태그

태그종류	속성	기능
	src	이미지 경로 표시
	alt	이미지 설명문 (이미지가 표시 되지 않으면 출력되는 문자)
	width	이미지의 가로크기
<img>	height	이미지의 세로크기
	loading	• 이미지 로딩 방식 • eager:모든 이미지표시 • lazy: 사용자가 볼 수 있는 일정 이미지만 표시(속도증가)

지금까지의 태그들은 단순히 태그 요소만을 나타내었지만 이미지 파일은 문자와 다른 속성이기 때문에 다음과 같이 웹문서에 이미지의 경로를 src(source) 속성을 이용하여 포함해야 한다.

```
<img src="../img/web3d.png" alt="Logo Web3d" width="150px" height="150px">
```

alt(alternate)의 속성은 사용자가 이미지에 마우스를 올려놓으면 출력되는 문자나 이미지가 표현되지 않을 경우 출력되는 문자를 표시한다. 이미지가 표시되지 않은 대부분의 경우는 해당 위치에 이미지가 없는 경우나 삭제된 경우이다. 위의 예에서 이미지의 경로는 현재 파일의 위치에서 이미지 파일의 위치는 상위폴더(../)로 가서 이미지폴더(img)에 가면 web3d.png 파일이 있다는 것으로 그림 1-16a 경우에 해당된다.

현재 폴더의 하위폴더인 img 폴더에 이미지가 있다면 그림 1-16b처럼 src="img/web3d.png"로 표시해야 한다. 이 밖에도 절대경로를 사용하여 표현하는 방법이 있고 웹 사이트의 그림 위치를 지정하여 나타낼 수도 있다.

이미지의 크기는 width와 height를 이용하여 설정한다. 이미지 크기의 일반적인 단위는 px(pixel element)를 사용하며 이미지의 크기를 설정한다. 만약 width와 height의 속성을 사용하지 않으면 이미지는 원본크기로 나타난다.

웹문서에 표시할 이미지가 많으면 웹문서의 로딩 되는 속도가 현저히 줄어든다. 압축된 형태의 jpg나 png파일을 사용하더라도 문자와 비교했을 때 여전히 문서의 용량이 크므로 속도가 느려지게 된다. 따라서 웹문서의 속도를 조절하기 위해 loading 속성을 이용한다. 기본 값은 eager로서 포함된 이미지를 모두 표시하며 lazy 속성 값을 사용하면 현재 페이지 중 사용자가 보려고 하는 부분의 이미지만 로딩 함으로써 문서의 로딩 속도를 향상 시킬 수 있다.

또 다른 편법으로 썸 네일(thumb nail) 이미지를 사용하는 방법이 있다. 썸 네일 이미지는 이미지의 크기를 엄지 손톱만큼 작게 만들어 웹 문서에 표현하고 사용자가 이미지를 클릭했을 경우에만 원본 크기의 이미지로 나타내는 방법이다. 이미지의 크기를 대폭 축소함으로써 문서의 로딩 속도를 줄일 수 있다.

예제 1-7 이미지태그

```
<!Doctype html>
<html>
<head>
    <title>예제 1-7 이미지태그</title>
</head>
<body>
<img src="Logo.png" alt="현재폴더와 같은 위치" width="150px"
    height="150px" loading="eager"> <!-- 현재폴더 -->
<img src="img/Logo.png" alt="하위폴더" width="150px" height="150px"
    loading="eager"> <!-- 하위 폴더 -->
<img src="img/LogoWeb3d.png" alt="하위폴더" width="150px" height="150px"
    loading="lazy"> <!-- 하위폴더 -->
<img src="../LogoWeb3d.png" alt="상위 폴더 위치" width="150px" height="150px"
    loading="lazy"><!-- 이미지 로딩 실패시 alt 값 출력 -->
</body>
</html>
```

예제 1-7은 이미지 태그의 속성을 이용하여 4개의 이미지를 표현한 것이다. 4개의 이미지를 웹문서에 삽입하기 위해서 src 속성을 이용하여 Logo.png파일의 경로를 지정하였다. 그림 1-17에 프로그램의 실행 결과를 나타냈으며 해당 경로에 이미지가 없을 경우는 alt의 값이 나타난다.

첫 번째 이미지 파일의 위치는 현재 파일의 위치와 경로가 같다. 예제 1-7을 ex1-7.html이라 가정한다면 ex1-7.html과 Logo.png 파일은 같은 폴더에 있어야 한다.

두 번째 파일의 위치는 현재 파일의 하위 폴더(img/Logo.png)에 있음을 알 수 있다. 세 번째 이미지 파일은 현재폴더의 하위폴더인 img폴더에 있는 또 다른 img/LogoWeb3d.png 파일이 된다.

네 번째 이미지의 경우 표시하려던 이미지가 해당 위치에 이미지가 없으면 그림과 같이 alt의 속성 값인 "하위 폴더 위치" 문자가 표시된다.

그림 1-17 이미지 태그를 이용한 이미지 삽입

예제 1-8은 <img>의 width와 height 값에 따른 이미지의 표현 방식을 나타낸 것이다. width와 height 값을 설정하지 않으면 원본 이미지 크기로 나타난다. 또한 width와 height 값 중 하나만을 나타낼 수도 있다. 세 번째 이미지에서는 그림 1-18과 같이 이미지의 경계선을 border 속성 값을 사용하여 나타내었으며 단위는 px을 사용한다.

- 첫 번째 이미지는 높이 값만을 적용   height="150px"
- 두 번째 이미지는 폭 만을 적용   width="150px"
- 세 번째 이미지는 크기 값 없음
- 네 번째 이미지는 폭과 높이 값 모두 적용   width="150px"   height="150px"

예제 1-8   이미지크기

```
<!Doctype html>
<html>
<head>
    <title>이미지크기</title>
    <meta charset="utf-8">
    <meta name="keyword" content="HTML CSS Web3D">
    <meta name="author" content="박경배">
    <meta name="description" content="html5&CSS3&javascript 강좌">
</head>
<body>
<img src="LogoWeb3d.png" alt="현재폴더와 같은 위치" height="150px" loading="eager">
<img src="img/Logo.png" alt="현재폴더의 하위 폴더" width="150px" loading="eager">
<img src="img/LogoWeb3d.png" border="5px" loading="eager">
```

```
<img src="LogoWeb3d.png" alt="현재폴더와 같은 위치" width="150px"
    height="150px" loading="eager">
</body>
</html>
```

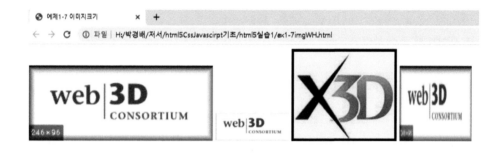

그림 1-18 이미지 크기조절

1.3.8 〈a〉 하이퍼링크 태그

하이퍼링크는 HTML 문서의 핵심으로 웹 문서라면 반드시 포함되어야 할 태그이다. 하이퍼링크 태그는 〈a〉 태그로서 anchor의 약자이다. 〈a〉 역시 이미지 태그와 마찬가지로 하이퍼링크 속성을 정의한 후 값을 부여해야만 의미가 있다.

표 1-8 하이퍼링크태그

태그종류	속성	기능
〈a〉 anchor	href	외부 사이트 링크 〈a href="https://www.w3.org"〉
		내부 파일 링크 〈a href="web.html"〉
		같은 문서 내에서의 특정 위치 링크〈a href="#web3d"〉
		이메일 링크 〈a href="mailto:gbpark@yit.ac.kr"〉
	target	_self : 기본 값으로 현재 창에서 링크처리
		_blank : 새창 또는 새탭에서 링크처리
		name : iframe에 할당된 이름(name)의 창으로 처리
	download	웹브라우저의 설정에 상관없이 링크된 대상을 다운로드

표 1-8과 같이 <a>는 href, target 그리고 download 속성이 있으며 각 기능별로 세분화 되어 있다. 먼저 href의 4가지 속성에 대해 예제를 통해 알아보자. href는 hyperlink reference의 축약형으로 외부사이트를 링크, 내부 파일을 링크, 현재 페이지 안에서 특정 위치의 링크 그리고 이메일을 링크하는 방법이 있다.

1. 외부 사이트를 하이퍼링크

```
<a href="https://www.web3d.org" target="_self">웹3D</a>
```

실행화면에서 "웹3D" 문자를 클릭하면 하이퍼링크된 "https://www.web3d.org" 사이트로 연결이 되는데 target="_self"이므로 현재창의 화면이 바뀌게 된다. 하이퍼링크된 문자의 특징은 파랑색 문자에 밑줄로 표시된다.

2. 내 컴퓨터내의 문서 하이퍼링크

```
<a href="ex1-4img.html" target="_blank">예제1-4 이미지태그</a>
```

내 컴퓨터내의 문서 "ex1-4img.html"를 target="_blank"에 의해 새로운 브라우저 창이 열리며 "ex1-4img.html" 문서가 표시된다. 이미지의 표현 방식과 마찬가지로 내 컴퓨터 안에서 파일의 경로를 정확히 입력해야 표시된다. 그렇지 않다면 "페이지를 찾을 수 없다"라는 에러 메시지를 보게 될 것이다.

3. 메일 하이퍼링크

```
<a href="mailto:gbpark@yit.ac.kr">메일보내기</a>
```

"메일보내기" 문자를 클릭하면 메일 주소 gbpark@yit.ac.kr로 연결이 되는데 이때 컴퓨터 내에 메일 전송 프로그램이 지정되어 있어야 한다.

4. 현 페이지내의 특정 위치 하이퍼링크

현 페이지내의 특정 위치로 이동하기 위해서는 **<a href="#up">**의 형식으로 지정한다. 특정 위치는 "#"을 이용하여 "up" 이름을 가진 위치로 이동하라는 명령이다. 예제 프로그램의 상단에 **<p id="up">**이 있다. id="up"으로 위치를 설정했기 때문에 "맨위로" 문자를 클릭하면 id=up인 위치로 이동하게 된다.

이러한 방법을 책갈피(bookmark)라 하는데 책갈피의 효과를 이해하기 위해서는 한 페이지의 내용이 길수록 그 기능을 알 수 있다. 예제 1-9 프로그램에서는 내용이 많지 않아 한 페이지 내에 모든 내용을 표시할 수 있기 때문에 책갈피를 클릭해도 변화를 감지할 수 없다. 만약 브라우저 창을 가장 작게 줄인 상태에서 "맨위로" 문자를 클릭하면 화면이 맨 위로 이동하는 효과를 볼 수 있다. 책갈피에서 사용하는 id는 identify의 약어로서 CSS에 태그 요소를 선택하기 위해 사용되는 선택자 중 하나이다. id에 대해서는 CSS3의 내용에서 다시 언급한다.

예제 1-9 하이퍼링크 프로그램을 실행한 결과를 그림 1-19에서 볼 수 있다. 하이퍼링크된 문자는 기본적으로 파랑색 문자에 밑줄이 있으므로 해당 문자를 클릭하면 연결된 사이트로 이동하여 문서의 변화를 볼 수 있다.

그림 1-19 하이퍼링크

```
<p id="up">외부 사이트 하이퍼링크</p>   // 맨 위로 문자를 클릭하면 이 위치로 이동
<a href="https://www.web3d.org" target="_self">웹3D</a> // 웹사이트 하이퍼 링크
<p>내부 문서 하이퍼링크</p>
<a href="ex1-4text.html" target="_blank">예제1-4 이미지태그</a>
<p>메일보내기</p>
<a href="mailto:gbpark@yit.ac.kr">메일보내기</a>   // 메일
<pre> ..... </pre>  // id 효과를 보기 위해 무의미한 간을 삽입
<p>내부 문서에서의 북마크</p>
<a href="#top">맨 위로</a>
```

예제 1-9   하이퍼링크

```
<!Doctype html>
<html>
<head>
<title>예제 2-9 하이퍼링크</title>
<meta charset="utf-8">
<meta name="keyword" content="HTML CSS Web3D">
<meta name="author" content="박경배">
<meta name="description" content="html5&Css3&javascript 강좌">
</head>
<body>
<p id="top">외부 사이트 하이퍼링크</p>
<a href="https://www.web3d.org" target="_self">웹3D</a>
<p>내부 문서 하이퍼링크</p>
<a href="ex1-4text.html" target="_blank">예제1-4 이미지태그</a>
<p>메일보내기</p>
<a href="mailto:gbpark@yit.ac.kr">메일보내기</a>
<pre>
  ⋮
</pre>
<p>내부 문서에서의 북마크</p>
<a href="#top">맨 위로</a>
</body>
</html>
```

예제 1-10은 이미지에 하이퍼링크를 적용한 예제로서 그림 1-20과 같이 이미지를 클릭하면 연결된 사이트나 문서로 이동을 하게 된다. 첫 번째 이미지는 웹사이트의 하이퍼링크, 두 번째 이미지는 내 컴퓨터내의 문서와 하이퍼링크 되었으며 세 번째 이미지를 클릭하면 메일 전송 프로그램과 연결된다. 이미지의 경우는 문자의 경우처럼 파랑색의 문자나 밑줄로 그어진 모양은 볼 수 없다.

```
<a href="http://www.web3d.org">          // 이미지 웹사이트 연결
    <img src="LogoWeb3d.png" width="150" height="150px">
<a href="ex1-4text.html">                // 이미지 내 문서 연결
    <img src="img/Logo.png" alt="하위폴더" width="150px" height="150px"></a>
<a href="mailto:gbpark@yit.ac.kr">       // 이미지 메일 연결
    <img src="img/LogoWeb3d.png" width="150px" height="150px"></a>
```

그림 1-20 이미지 하이퍼링크

예제 1-10   이미지 하이퍼링크

```
<!Doctype html>
<html>
<head>
<title>예제1-10이미지하이퍼링크</title>
<meta charset="utf-8">
<meta name="keyword" content="HTML CSS Web3D">
<meta name="author" content="박경배">
<meta name="description" content="html5&Css3&javascript 강좌">
</head>
<body>
```

```
<a href="http://www.web3d.org">
    <img src="LogoWeb3d.png" width="150" height="150px"></a>
<a href="ex1-4text.html">
    <img src="img/Logo.png" alt="하위폴더" width="150px" height="150px"></a>
<a href="mailto:gbpark@yit.ac.kr">
    <img src="img/LogoWeb3d.png" width="150px" height="150px"></a>
</body>
</html>
```

1.3.9 ⟨table⟩

웹 문서에 테이블을 삽입하기 위해서는 <table> 태그 요소를 사용한다. <table>의 하위 태그로는 테이블의 제목을 표시하기 위한 <caption></caption>이 있으며 테이블의 줄(row)을 만들기 위한 <tr></tr>이 있다. <tr>의 수에 따라 줄의 개수가 정해진다. <tr>의 하위 태그로 <th>와 <td>가 있으며 줄의 칸(column) 수를 정의할 수 있다. <th>는 테이블 최상단의 헤더를 표시하기 위해 사용되며 강조체로 표시된다. <td>는 칸의 수를 만드는데 경우에 따라 아랫줄과 병합(rowspan)하거나 다음 칸과 병합(colspan)할 수도 있다.

표 1-9 테이블태그

태그종류	기능
⟨table⟩	테이블 태그 border의 속성으로 테이블 경계선 설정
⟨caption⟩	테이블 제목 만들기
⟨tr⟩	테이블 줄 만들기
⟨td⟩	테이블 칸 만들기 colspan, rowsapn 속성
⟨th⟩	테이블 헤더로서 강조체로 표시됨

예제 1-11 <table>에서는 4×3 크기의 테이블을 만든 것으로 그림 1-21에서 웹 문서에 삽입된 표를 확인할 수 있다.

그림 1-21 테이블 만들기

<table>의 경계선 속성으로 border=1을 표시하였는데 border의 속성을 지정하지 않으면 테이블 경계선이 보이지 않게 된다. <caption>은 테이블 제목을 표시한다. 4개의 줄을 만들기 위해 4개의 <tr>을 사용한다. 가장 윗줄의 <tr>에서는 3개의 칸을 만들기 위해 3개의 <th>를 사용했으며 <th>는 굵은 강조체로 표기되는 특징이 있다.

두 번째 줄부터는 데이터를 입력하기 위해 <td>태그를 칸의 수에 맞게 3개씩 입력한다.

```
<table border="1">                                                      //테이블 헤더
    <caption>Table1.HTML&amp;X3D</caption>                              //테이블 제목
        <tr><th>HTML5</th><th>CSS3</th><th>Web3D</th></tr>              //줄과 테이블 제목
        <tr><td>Contents</td><td>Design</td><td>Scene</td>             //줄과 데이터
        <tr ><td>colspan</td><td>rowspan</td><td>병합</td></tr>         //rowspan, colspan
        <tr><td>1</td><td>2</td><td>3</td></tr>
</table>
```

예제 1-10　테이블태그

```
<!Doctype html>
<html>
<head>
<title>예제1-10 테이블태그</title>
<meta charset="utf-8">
<meta name="keyword" content="HTML CSS Web3D">
<meta name="author" content="박경배">
```

```
<meta name="description" content="html5&Css3&javascript 강좌">
</head>
<body>
<table border="1">
    <caption>Table1.HTML&amp;X3D</caption>
        <tr><th>HTML5</th><th>CSS3</th><th>Web3D</th></tr>
        <tr><td>Contents</td><td>Design</td><td>Scene</td>
        <tr ><td>colspan</td><td>rowspan</td><td>병합</td></tr>
        <tr><td>1</td><td>2</td><td>3</td></tr>
</table>
</body>
</html>
```

표를 만들 경우 예제 1-11에서처럼 줄을 합치거나 칸을 합칠 경우가 종종 필요하다. 줄을 합치기 위해서는 <td>안에서 줄의 확장 개념으로 rowspan 속성을 사용한다. rowspan="2"를 하게 되면 바로 아래에 있는 칸과 병합이 이루어진다. 만약 span의 값을 증가시켜 3을 하게 되면 3개 줄의 칸이 모두 하나의 줄로 병합되게 된다. 줄이 아니라 칸을 병합시키고자 한다면 colspan 속성을 이용한다. colspan="2"가 되면 다음 칸과 병합되어 두 개의 칸은 하나의 칸으로 된다. colspan 값을 3으로 하게 된다면 세 개의 칸이 하나의 칸으로 병합된다. 그림 1-22에서 rowspan과 colspan이 적용되어 병합된 결과를 확인할 수 있다.

colspan의 경우 같은 <tr>내에서 <td>의 수가 줄어들게 되며 rowspan의 경우는 다음 줄에서의 <td> 수가 줄어든다. 그림 1-22를 보면 세 번째 줄의 첫 번째 <td>는 colspan을 사용했으며 두 번째 <td>는 rowspan을 사용했다. colspan과 rowspan의 사용여부에 따라 표의 모양이 달라질 수 있으니 주의 깊게 확인하기 바란다.

```
<!--colspan결과 td2개-->
<tr><td colspan="2">colspan</td><td rowspan="2">rowspan</td></tr>
<tr><td>1</td><td>2</td></tr> <!--rowspan의 결과 <td> 2개  -->
```

예제 1-11 테이블 병합

```
<!Doctype html>
<html>
<head>
<title>예제1-7 테이블태그</title>
<meta charset="utf-8">
<meta name="keyword" content="HTML CSS Web3D">
<meta name="author" content="박경배">
<meta name="description" content=html5&Css3&javascript 강좌">
</head>
<body>
<table border="1">
    <caption>Table1.HTML&amp;X3D</caption>
        <tr><th>HTML5</th><th>CSS3</th><th>Web3D</th></tr>
        <tr><td>Contents</td><td>Design</td><td>Scene</td>
        <!--colspan결과 td2개-->
        <tr ><td colspan="2">colspan</td><td rowspan="2">rowspan</td></tr>
        <tr><td>1</td><td>2</td></tr><!--rowspan의 결과 <td> 2개-->
</table>
</body>
</html>
```

그림 1-22 테이블 만들기

테이블의 크기를 조절하기 위해서는 이미지와 마찬가지로 width와 height 속성을 이용한다. 테이블의 크기 단위는 px을 사용하지만 %을 이용하여 나타낼 수도 있다. %는 웹브라우저의 화면 크기에 따른 비율을 표현한 것이다.

예제 1-12에서와 같이 <table width="50%">를 적용하면 그림 1-23과 같이 브라우저 크기의 50%에 해당하는 테이블이 생성된다. 브라우저의 크기가 변하면 테이블의 크기도 일정 비율로 변하게 된다.

```
<table border="1" width="50%">
```

예제 1-12의 결과인 그림 1-23과 같이 테이블 안의 줄이나 칸의 크기도 각각 다르게 적용할 수 있다. 예제에서 첫 번째 줄의 높이 height를 100px로 정의하였고 두 번째 줄의 높이는 50px로 정의하여 각기 줄의 높이가 다른 표를 만들 수 있다.

```
<tr height="100px">
<tr height="50px">
```

예제 1-12   테이블 크기조절

```
<!Doctype html>
<html>
<head>
<title>예제1-12 테이블크기조절</title>
<meta charset="utf-8">
<meta name="keyword" content="HTML CSS Web3D">
<meta name="author" content="박경배">
<meta name="description" content=html5&Css3&javascript 강좌">>
</head>
<body>
<table border="1" width="50%">
    <caption>Table1.HTML&amp;X3D</caption>
        <tr height="100px">
        <th width="100px">HTML5</th><th>CSS3</th><th>Web3D</th>
        </tr>
        <tr height="50px"><td>Contents</td><td>Design</td><td>Scene</td>
        <tr><td colspan="2">colspan</td><td rowspan="2">rowspan</td></tr>
        <tr><td>1</td><td>2</td></tr>
```

```
</table>
</body>
</html>
```

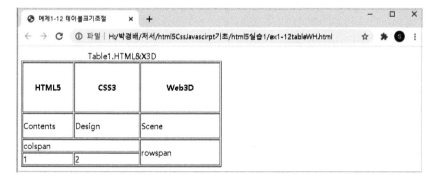

그림 1-23테이블 크기조절

과제

1. 클라이언트가 html 문서를 획득하는 과정을 설명하시오.

2. html5의 기능에 대해 설명하시오.

3. html5 문서의 구조를 설명하시오.

4. 문단 태그를 사용하여 웹 문서를 작성하시오.

5. 문자 태그를 사용하여 웹 문서를 작성하시오.

6. 이미지 태그를 사용하여 폴더의 위치가 각기 다른 3개의 이미지를 나타내시오.

7. 하이퍼링크를 사용하여 외부사이트, 내 문서, 같은 문서 안에서의 이동을 표현하시오.

8. 특수 문자들을 웹 문서에 표현하시오.

9. 테이블 태그를 사용하여 다음 표를 만드시오.

테이블 만들기

영화 순위					
	관 객 수				비고
서울	1	100000	5000	300	
	2	1000	500	30	
	3	100	5	22	
경기	5	14999	10446	2233	합

참고 사이트

1. https://ko.wikipedia.org/wiki/HTML5

2. https://developer.mozilla.org/ko/docs/Web/HTML/HTML5

3. https://en.wikipedia.org/wiki/World_Wide_Web

4. https://www.w3.org/

5. https://www.britannica.com/topic/World-Wide-Web

6. https://www.w3schools.com/html/html_forms.asp

7. https://developer.mozilla.org/ko/docs/Glossary/World_Wide_Web

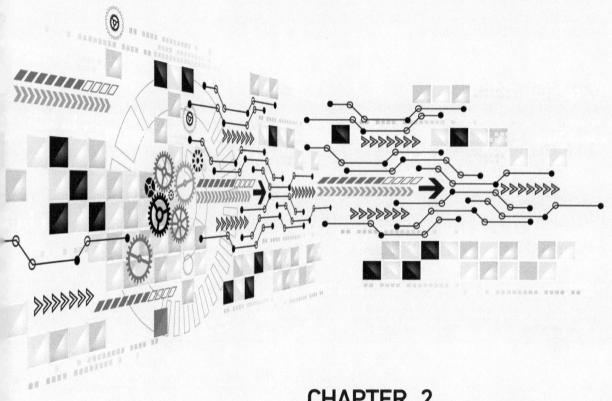

CHAPTER 2

입력 양식과
서버 구축하기

2.1 입력 요소

2.1.1 〈form〉 요소*

<form> 태그 요소는 서버가 클라이언트로부터 정보를 얻기 위해 사용되는 태그로서 홈페이지에서 회원 가입을 할 경우 ID, Password 등을 입력 받기 위해 사용된다. 표 2-1에 <form> 태그의 다양한 입력 형식 태그들을 나타내었다.

표 2-1 폼 태그

태그종류	기능
〈form〉	action="서버파일.jsp" method="get/post"
〈input〉	text, radio, checkbox, submit, button, file, password, reset etc,.
〈select〉	〈option〉을 사용하여 여러 태그 중 선택
〈textarea〉	여러 줄의 문자를 입력받기 위해 사용 rows와 cols 속성
〈button〉	마우스로 클릭할 수 있는 버튼 타입
〈fieldset〉	〈form〉안의 데이터를 그룹화하기 위해 사용
〈legend〉	〈fieldset〉태그의 그룹 제목으로 사용
〈datalist〉	〈input〉요소의 정의된 option 리스트를 정의
〈output〉	계산의 결과를 표시하기 위해 사용
〈label〉	여러 form 요소를 정의하기 위해 사용
〈option〉	select 요소의 여러 요소 중 하나를 표시하기 위해 사용
〈optgroup〉	drop-down 목록에서 관련된 그룹을 지정하기 위해 사용

<form>의 속성으로 action과 method가 있다. action은 클라이언트가 보내온 데이터를 처리하기 위한 서버의 프로그램을 지정한다.

method는 클라이언트에서 서버로 데이터를 전송할 때 암호화하여 전송할지 평문으로 전송할지를 결정한다. method의 방식으로는 GET과 POST방식이 있다. GET 방식은 해당 URL에 덧

---

* 가상현실을 위한 HTML5 & Web3D, 박경배, 21세기사

붙여 평문으로 전송되며 전송문자의 길이는 제한 받는다. POST 방식은 ID나 Password와 같이 다른 사람들이 볼 수 없도록 암호화하여 전송할 때 사용된다. 전송 용량에 상관없이 사용할 수 있다.

2.1.2 〈input〉/〈label〉

〈input〉 타입은 예제 2-1과 같이 문자나 버튼과 같이 다양한 입력 형식과 방법으로 사용자로부터 입력을 받기 위해 사용한다.

예제 2-1에서 폼 태그의 action으로 서버의 text.jsp를 설정하였으며 전송방식은 암호화 방식인 POST로 설정하였다. 사용자로부터 전달받은 입력 데이터는 서버의 "text.jsp"에 의해 처리된다.

```
<form action="text.jsp" method="post">
```

〈label〉은 다양한 〈input〉에 대한 정의를 설정하기 위해 사용한다.

```
<label for="fname">이름:</label>
```

〈input type="text"〉인 경우 사용자의 키보드로 문자를 입력 받을 수 있으며 입력 받는 문자의 길이는 size 속성을 사용하여 설정할 수 있다. size="10"인 경우 10개의 문자만을 입력 받는 것이 아니라 10자 이상의 문자를 입력받을 수 있으나 사용자에게 보이는 문자의 개수 크기가 10이 된다. id나 name 속성을 사용하여 〈input〉를 정의할 수 있으며 css 선택자를 사용하여 요소에 접근하기 위한 수단으로 사용된다.

```
<input type="text" id="fname" name="fname"><br>
```

〈input type="password"〉인 경우 text와 같이만 사용자가 입력할 때 입력한 문자는 보이지 않고 ● ● ● ● ● ● ● ● 처럼 암호화 되어 처리된다. 따라서 사용자가 입력한 내용을 다른 사용자들이 볼 수 없다.

```
<label for="lname">암호:</label>
<input type="password" ><br>
```

<input type="radio">와 <input type="checkbox">인 경우 사용자는 마우스로 클릭해서 원하는 항목을 선택할 수 있다. value 속성으로 화면에 문자를 표시한다.

<input type="button">은 화면에 버튼이 표시되며 마우스로 클릭할 수 있다.

```
라디오버튼:<input type="radio" value="남성">
체크박스:<input type="checkbox" value="남성">
버튼:<input type="button" value="Click Me!"><br>
```

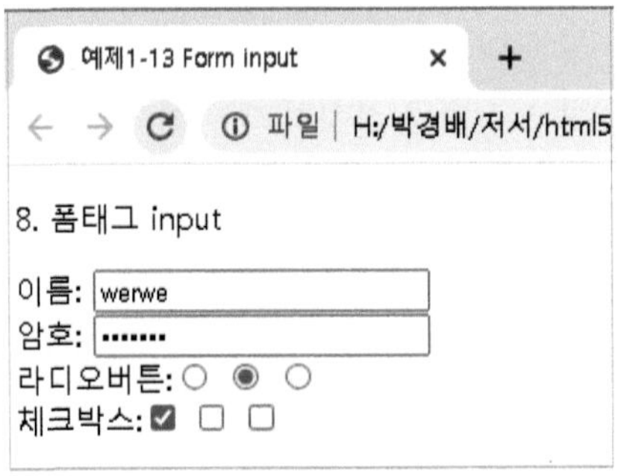

그림 2-1 <input type>

예제 2-1   **폼태그-input**

```
<!Doctype html>
<html>
<head>
    <title>예제2-1 Form input</title>
    <meta charset="utf-8">
    <meta name="keyword" content="HTML CSS Web3D">
    <meta name="author" content="박경배">
    <meta name="description" content=html5&Css3&javascript 강좌">
```

```
</head>
<body>
<p>8. 폼태그 input </p>
<form action="text.jsp" method="post">
  <label for="fname">이름:</label>
  <input type="text" id="fname" name="fname"><br>
  <label for="lname">암호:</label>
  <input type="password" ><br>
  라디오버튼:<input type="radio" value="남성">
  <input type="radio" value="여성">
  <input type="radio" value="아동"><br>
  체크박스:<input type="checkbox" value="남성">
  <input type="checkbox" value="여성">
  <input type="checkbox" value="아동"><br>
  </form>
</body>
</html>
```

<input>의 또 다른 형식을 예제 2-2에 표현하였다. <form> 요소의 연관된 데이터를 그룹화 하기 위해 <fieldset>을 사용한다. <fieldset> 요소의 제목은 <legend>를 사용하여 나타낸다.

```
<fieldset>
    <legend> 회원정보:</legend>
```

내 컴퓨터내의 파일을 찾아보기 하려면 input type="file"로 설정하면 그림 2-2와 같이 "파일선택" 버튼이 생성되며 버튼을 클릭하면 내 컴퓨터의 파일 탐색기가 나타난다.

```
<input type="file" name="file">
```

<input type="image">는 버튼을 설정된 이미지로 표시한다. 클릭하면 action과 연결된 서버 파일로 전송된다.

```
<input type="image" src="img/Logo.png" width="40" height="20"name="image">
```

<input type="search">는 사용자가 검색할 단어를 입력할 수 있는 입력창을 생성하며 입력된 문자는 사용자가 "submit" 버튼을 클릭하면 실행된다.

```
찾기:<input type="search" name="search">
```

"hidden" 타입은 사용자에게 보이지 않는 입력 형태이지만 웹 개발자들이 클라이언트의 정보 등을 얻기 위해 사용한다.

```
<input type="hidden" name="hidden">
```

"submit"는 버튼의 형태로 <form>요소의 입력된 내용을 서버로 전송하기 위해 사용되며 "reset" 버튼은 사용자의 입력한 내용을 초기 상태로 되돌린다.

```
<input type="submit" value="submit">
<input type="reset" value="reset">
```

그림 2-2에 예제 프로그램의 실행결과를 나타내었다. fieldset과 legend 요소에 의해 한 그룹으로 편성된 것을 경계선을 통해 확인할 수 있다. file버튼과 이미지 버튼 그리고 찾기 검색 창을 확인할 수 있다.

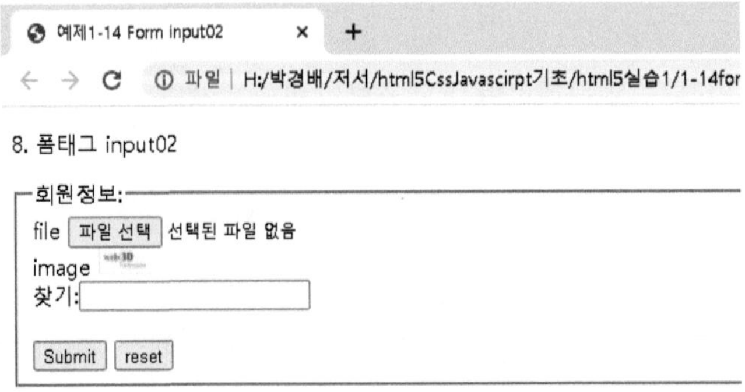

그림 2-2 image/file input

예제 2-2	폼태그-input type02

```
<!Doctype html>
<html>
<head>
    <title>예제2-2 Form input</title>
    <meta charset="utf-8">
    <meta name="keyword" content="HTML CSS Web3D">
    <meta name="author" content="박경배">
    <meta name="description" content=html5&Css3&javascript 강좌">
</head>
<body>
<p>8. 폼태그 input </p>
<form action="text.jsp" method="post">
  <fieldset>
    <legend>회원정보:</legend>
    <label for="fname">file</label>
    <input type="file" name="file"><br>
    <label for="image">image</label>
    <input type="image" src="img/Logo.png" width="40" height="20"name="image"><br>
    찾기:<input type="search" name="search"><br>
    <input type="hidden" name="hidden"><br>
    <input type="submit" value="submit">
    <input type="reset" value="reset">
  </fieldset>
  </form>
</body>
</html>
```

2.1.3 〈select〉, 〈textarea〉

<select>는 <option>을 이용하여 다수의 항목을 표시하고 이중 하나를 선택하기 위해 사용한다. 그림 2-3과 같이 화면에 보이는 것은 여러 <option>들 중 하나만 보이게 된다.

<textarea>는 사용자가 긴 줄을 입력할 때 사용하는 문자 입력 창이 된다. rows와 cols를 사용하여 크기를 지정할 수 있다.

```
Select:<select id="cars" name="cars">
<textarea name="message" rows="10" cols="30">
```

<input type="submit">은 사용자가 위의 폼 데이터를 모두 입력한 후 서버에 해당 데이터를 전달하기 위해 사용하는 버튼이다. 버튼을 누르면 데이터는 서버로 전달되고 서버의 담당 프로그램 text.jsp가 데이터를 처리하게 된다.

<input type="reset">의 버튼을 클릭하면 사용자가 입력한 모든 데이터는 초기화 된다. 다음은 예제 프로그램을 실행한 결과이다.

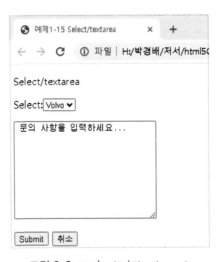

그림 2-3 <select>/<textarea>

예제 2-3   폼태그-<select>,<textarea>

```
<!Doctype html>
<html>
<head>
    <title>예제2-3 Select/textarea</title>
    <meta charset="utf-8">
    <meta name="keyword" content="HTML CSS Web3D">
    <meta name="author" content="박경배">
    <meta name="description" content=html5&Css3&javascript 강좌">
```

```html
</head>
<body>
<p>Select/textarea</p>
<form action="text.jsp" method="post">
  Select:<select id="cars" name="cars">
  <option value="volvo">Volvo</option>
  <option value="saab">Saab</option>
  <option value="fiat">Fiat</option>
  <option value="audi">Audi</option>
  </select><p>
  <textarea name="message" rows="10" cols="30">
  문의 사항을 입력하세요...
  </textarea>
  <p></p>
  <input type="submit" value="Submit">
  <input type="reset" value="취소">
</form>
</body>
</html>
```

2.1.4 html5의 추가된 폼 형식*

html5에서 추가된 폼 태그는 폼 태그의 형식에 있어 사용빈도가 높고 사용자의 입력형식에 검증을 요하는 형식들로 추가되었다. 예를 들어 사용자들이 어떠한 사이트에 회원가입을 위해 일반적으로 이메일 주소나 전화번호, 홈페이지 주소들을 등록하게 된다. 이때 사용자들이 입력한 태그들에 대해 적절하게 입력했는지를 검증하고 미비한 부분에 대해서 재입력을 요구하는 정보를 제공하기도 한다. 추가된 폼 형식은 크롬이나 edge 등과 같이 사용하는 웹브라우저의 종류에 따라 표현되는 형태는 다르다.

표 2-2에 새로이 추가된 폼 태그와 기능을 나타내었으며 예제 2-4는 이에 대한 예제 프로그램

---

* 가상현실을 위한 HTML5 & Web3D, 박경배, 21세기사

으로 그림 2-4에 실행결과를 나타내었다. 결과에서 추가된 속성의 실행결과를 볼 수 있으며 각 형식에 맞지 않는 문자를 입력했을 때는 올바른 형식으로 입력하라는 메시지를 볼 수 있다. 숫자나 범위의 경우 최소값(min)과 최대값(max)의 사이에 간격(step) 만큼 증감 된다

표 2-2 추가된 폼 형식

속성	기능
email	email 형식 입력 gbpark@yit.ac.kr
url	인터넷주소 https://www.web3d.org
tel	전화번호 010-xxxx-xxxxx
color	색상 팔레트에서 색상 선택
date	년, 월 선택
week	1년 중 몇 번째 주인지 선택
time	오전/오후 시간 선택
datetime-local	웹브라우저가 실행되는 지역의 시간
number	최소 최대값 중 선택
range	최소 최대의 범위를 선택

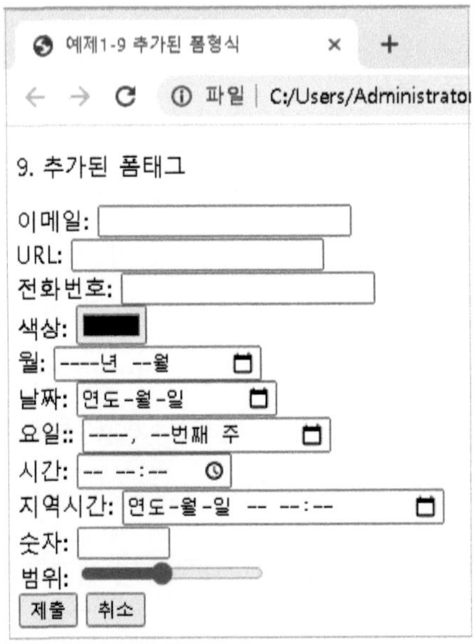

그림 2-4 추가된 폼 속성

예제 2-4	추가된 폼형식

```
<!Doctype html>
<html>
<head>
    <title>예제2-4 추가된 폼 형식</title>
    <meta charset="utf-8">
    <meta name="keyword" content="HTML CSS Web3D">
    <meta name="author" content="박경배">
    <meta name="description" content=html5&Css3&javascript 강좌">
</head>
<body>
<p>9. 추가된 폼형식</p>
<form action="input.jsp" method="post">
    이메일: <input type="email" name="email" /><br />
    URL:    <input type="url" name="url" /><br />
    전화번호: <input type="tel" name="tel" /><br />
    색상: <input type="color" name="color" /><br />
    월: <input type="month" name="month" /><br />
    날짜:  <input type="date" name="date" /><br />
    요일::  <input type="week" name="week" /><br />
    시간:  <input type="time" name="time" /><br />
    지역시간: <input type="datetime-local" name="localdatetime" /><br />
    숫자:  <input type="number" name="number" min="1" max="10" step="2"/><br />
    범위:  <input type="range" name="range" min="1" max="10" step="2" /><br />
    <input type="submit" value="제출" />
    <input type="reset" value="취소"/>
</form>
</body>
</html>
```

2.2 멀티미디어 형식*

2.2.1 〈audio〉

HTML5에서는 멀티미디어 형식의 <audio>를 새로이 추가하여 플러그인 기능이 없어도 재생이 가능하도록 했다. <audio>를 이용하여 음악이나 소리를 재생하기 위해서는 올바른 오디오 파일 형식을 제공해야 한다. 현재 MPEG 음성압축 기술을 적용한 MP3(Mpeg-1 Audio Layer3)가 대다수의 웹브라우저에서 사용가능하며 edge에서는 Wav 사운드 형식을 지원하며 대부분의 웹브라우저에서 오픈소스로 개발된 Ogg파일 형식을 지원하고 있다.

오디오파일을 웹브라우저에 재생하기 위해서는 이미지와 마찬가지로 오디오 파일의 위치와 오디오를 재생시키기 위한 제어판이 있어야 한다. 표 2-3은 <audio> 태그의 속성이다.

표 2-3 <audio> 속성

속성	기능
autoplay	페이지가 로딩 되면 음악을 자동 재생
controls	오디오 제어판으로 소리와 진행 상황이 표시
loop	오디오의 반복 재생
proload	사용여부와 상관없이 오디오를 미리 다운로드
src	대상 오디오 파일의 위치
volume	오디오의 볼륨(0.0에서 1.0)

예제 2-5는 오디오를 재생하기 위하여 loop='true' volume='true' 속성을 true로 하여 반복재생하도록 하였으며 소리를 조절하는 볼륨 등을 제어판에 나타나도록 했으며 하이퍼링크와 유사하게 음원의 위치를 "http://media.w3.org/2010/05/sound/sound_5.mp3"로 src 속성을 이용하여 링크하였다. 그림 2-5는 예제를 실행한 결과로서 음악을 재생하기 위한 제어판을 볼 수 있다.

---

* 가상현실을 위한 HTML5 & Web3D, 박경배, 21세기사

```
<audio src="http://media.w3.org/2010/05/sound/sound_5.mp3"
 autoplay controls loop='true' volume='true'
```

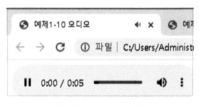

그림 2-5 오디오 재생

예제 2-5	<audio>

```
<!Doctype html>
<html>
<head>
<title>예제2-5 오디오</title>
</head>
<body>
<audio src="http://media.w3.org/2010/05/sound/sound_5.mp3"
           autoplay controls loop='true' volume='true'>
</body>
</html>
```

2.2.2 〈video〉

비디오 태그는 오디오 태그와 거의 유사하나 비디오의 성격상 화면의 크기와 같이 오디오 보다 많은 속성을 갖고 있다. 표 2-4는 비디오의 속성을 나타낸 것으로 비디오 화면의 크기를 설정하는 width, height가 있으며 영상을 다운로드 중임을 표시하는 poster가 있다.

<video>에 적용되는 파일의 형식은 오디오와 유사한 MPEG 음성압축 기술을 적용한 MP4(Mpeg-4 Layer3)가 대다수의 웹브라우저에서 사용가능하며 edge에서는 avi가 재생 가능하다. 대 부분의 웹브라우저에서는 오픈소스로 개발된 Ogv파일 형식을 지원하고 있다.

표 2-4 <video> 속성

속성	기능
autoplay	페이지가 로딩 되면 음악을 자동 재생
controls	오디오 제어판으로 소리와 진행 상황이 표시
loop	오디오의 반복 재생
proload	사용여부와 상관없이 오디오를 미리 다운로드
src	대상 오디오 파일의 위치
volume	오디오의 볼륨(0.0에서 1.0)
poster	영상을 다운로드 중 일때 표시되는 로딩이미지
muted	비디오의 오디오 출력 중지
width,height	영상의 화면 크기

예제 2-6 프로그램에서 재생되는 화면의 크기는 400×300(width="400px" height="300px")로 설정
하였으며 "http://media.w3.org/2010/05/sintel/trailer.mp4" 위치에 있는 trailer.mp4 영상을 재생
하도록 하였다. 오디오와 비디오 태그의 속성들은 아직도 웹브라우저 사들이 개발하고 있는
단계로 웹브라우저마다 지원되는 형식이 다른 점에 유의하기 바란다.

```
<video src="http://media.w3.org/2010/05/sintel/trailer.mp4"
controls loop="true" width="400px" height="300px">
```

그림 2-6 비디오

예제 2-6	\<video\>

```
<!Doctype html>
<html>
<head>
    <title>예제1-12 비디오</title>
    <meta charset="utf-8">
    <meta name="keyword" content="HTML CSS Web3D">
    <meta name="author" content="박경배">
    <meta name="description" content=html5&Css3&javascript 강좌">
</head>
<body>
<p>Width="400px" Height="300px"
    src="http://media.w3.org/2010/05/sintel/trailer.mp4"  controls loop="true"</p>
<video src="http://media.w3.org/2010/05/sintel/trailer.mp4"
    controls loop="true" width="400px" height="300px">
    당신이 사용하는 웹 브라우저는 HTML5 비디오를 지원하지 않습니다.
</video>
</body>
</html>
```

2.3 ⟨div⟩와 ⟨iframe⟩*

\<div\>는 영역을 나눈다(divide)는 의미로서 콘텐츠의 영역을 이름(name)이나 아이디(id)로 설정한 후 id를 이용하여 문서의 스타일이나 자바스크립트 등에 사용되는 노드로서 태그 자체로는 웹 문서에 표현되는 내용은 없다.

\<iframe\>태그는 웹브라우저의 현재 화면에 또 따른 웹브라우저를 포함시킬 때 사용한다. 즉 한 화면에 두 개 이상의 웹브라우저 화면을 생성한다. 웹 화면을 디자인할 때 과거에는 \<frameset\>을 통하여 화면을 일정비율로 분할하고 여러 콘텐츠를 한 화면에 표시하도록 하였

---

* 가상현실을 위한 HTML5 & Web3D, 박경배, 21세기사

으나 스마트폰과 같이 작은 디바이스를 이용할 경우 작은 화면을 여러 개로 분할하는 것은 매우 비효율적인 디자인이 된다. 따라서 화면을 분할하는 <frameset>태그는 거의 사용하지 않게 되어 사라졌지만 작은 의미의 <iframe>을 통하여 웹 화면을 분할하여 디자인할 수 있도록 하였다.

표 2-5 <div>와 <iframe>

태그	기능
div	divide 태그로 id나 name 속성 부여
iframe	id, name, width, height, src, frameborder 속성

<div>와 <iframe>의 기능을 이해하기 위하여 예제 2-7 프로그램을 살펴보자. 이 부분을 이해하기 위해서는 하이퍼링크의 개념을 정확히 이해해야 하니 부족한 부분은 다시 살펴보기 바란다.

<div></div> 사이에는 세 개의 하이퍼링크 부분이 포함되어 있다. 이 세 개의 하이퍼링크는 묵시적으로 <div id="menu">에 의해 <div>로 그룹화 되었다. 만약 다른 태그에서 이 그룹을 참조할 때는 "menu"를 적용하면 된다.

```
<div id="menu">
<p><a href="ex1-6hyperlink.html" target="ifr">하이퍼링크</a>  
<a href="ex1-9formattr.html" target="ifr">폼추가속성</a>  
<a href="ex1-11video.html" target="ifr">동영상</a></p>
</div>
```

<iframe>을 사용할 때 중요한 부분은 앞에서 설정된 하이퍼링크 문자를 클릭하였을 때 target을 iframe으로 설정해야 한다. 따라서 <a href="#" target="ifr">와 같이 target이 _blank나 _self로 설정하지 않고 iframe의 `name="ifr"`으로 설정해야 한다. _blank나 _self로 설정하면 현재 창이 바뀌거나 새로운 창에 문서가 나타난다.

예제 1-8의 ex1-8hyperlink.html 문서를 하이퍼링크 한 것으로 target이 "ifr"이다. target의 경우 _blank와 _self 그리고 name으로 지정할 수 있는데 이 프로그램에서는 name이 ifr로 된 부

분을 참조하란 뜻이다. 예제 프로그램에서 name이 ifr로 설정된 부분은 <iframe>으로 설정된 부분이다. 사용자가 하이퍼링크 문자를 클릭하면 iframe에 하이퍼링크 문서들이 표시된다.

```
<iframe name="ifr" src="history.html" width="100%" height="650px"></iframe>
```

<iframe>의 속성으로는 name과 함께 iframe 부분에 위치할 파일명을 src="history.html"에 적용한다. iframe은 웹브라우저 안의 또 다른 웹브라우저이기 때문에 웹브라우저가 갖는 속성을 모두 갖고 있다. 따라서 창의 크기를 조절하기 위한 속성을 제공하고 있으며 창의 크기를 설정하기 위해서 width="100%" height="650px"로 하였다. width의 경우 px가 아니라 창의 전체 크기로 나타내기 위해 단위를 %로 설정하였다.

예제 2-7 프로그램에는 없지만 iframe의 경계선을 나타내기 위해 frameborder 속성이 있어 frameborder="0"으로 할 경우 iframe의 경계선이 보이지 않게 되며 사용자들은 iframe을 사용했는지 알 수 없다. 예제 2-7에서는 기본 값으로 경계선이 설정되었기 때문에 브라우저 안에 또 다른 브라우저가 생긴 것을 결과화면을 통해 확인할 수 있다.

스마트폰과 같이 작은 디바이스를 사용할 경우에도 iframe은 효율적으로 적용된다. 세로 길이가 긴 스마트폰의 경우 화면 분할을 세로로 하지 않고 가로로 적용한다면 사용자가 스크롤하거나 다른 창으로 넘어가지 않고 현재 화면에서 다양한 콘텐츠가 나나나도록 화면을 디자인할 수 있다.

예제 2-7   **<div>와 <iframe>**

```
<!Doctype html>
<html>
<head>
<title>예제1-12 div와 iframe</title>
    <meta charset="utf-8">
    <meta name="keyword" content="HTML CSS Web3D">
    <meta name="author" content="박경배">
    <meta name="description" content=html5&Css3&javascript 강좌">
</head>
```

```
<body>
<h1>div와 iframe </h1>
<div id="menu">
<p><a href="ex1-8hyperlink.html" target="ifr">하이퍼링크</a>  
<a href="ex1-13formattr.html" target="ifr">폼추가속성</a>  
<a href="ex1-18video.html" target="ifr">동영상</a>
</p></div>
<iframe name="ifr" src="history.html" width="100%" height="650px"></iframe>
</body>
</html>
```

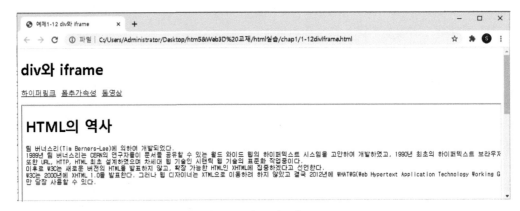

그림 2-7 <div>와 <iframe>

2.4 웹 서버 구축하기

2.4.1 무료 웹 사이트 신청하기

html 콘텐츠를 이용하여 클라이언트에게 웹 서비스를 제공하기 위해서는 웹 서버를 구축해야
한다. 웹 서버를 구축하기 위해서는 웹 사이트 주소인 도메인 네임(Domain Name)이 있어야
하며 해당 도메인에 웹 호스팅을 통해 html 콘텐츠를 제공하여야 한다.

웹 도메인을 얻기 위해선 인터네 서비스 제공자(Internet Service Provider)로부터 도메인을 획득해야 한다. 도메인은 유료 정책으로 한 달 혹은 년 단위로 이용료를 납부해야 도메인을 얻을 수 있다. 수업의 목적으로 사용하기 위해 무료 도메인을 획득하고 이를 통해 지금까지 만들었던 html 콘텐츠를 호스팅 해보자.

과거에는 많은 ISP들이 무료로 도메인을 제공하였으나 현재 무료로 도메인을 제공하는 업체는 매우 드물지만 dothome.co.kr에서 적은 용량이나마 무료 웹 호스팅을 제공하고 있다. 이 사이트를 통해 무료 도메인을 획득하고 호스팅하는 과정을 살펴보자.

1. 그림 2-8과 같이 http://dothome.co.kr에 접속하고 회원가입을 한다.

그림 2-8 dothome 사이트 회원가입

2. dothome 사이트에 로그인 후 그림 2-9와 같이 웹 호스팅 메뉴에서 무료 호스팅 메뉴를 선택한다.

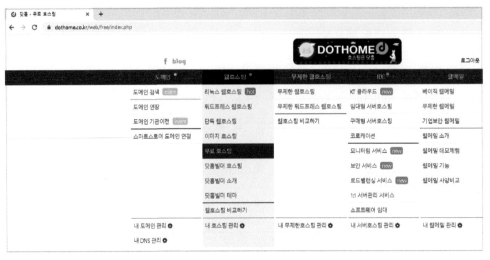

그림 2-9 무료 호스팅

3. 무료 호스팅 메뉴를 클릭한 후 그림 2-10과 같이 무료 호스팅 정보가 나타나면 신청하기 버튼을 클릭한다. 무료 호스팅 정보로서 디스크 용량과 DB는 200MB이고 하루 트래픽 양은 300MB이다.

그림 2-10 무료 호스팅 신청

4. 무료 호스팅 버튼을 클릭하면 그림 2-11과 같이 신청 서비스 정보와 회원 가입시 입력했던 담당자 정보가 나타난다. 확인 후 아래 항목에 있는 웹 호스팅 정보를 입력한다.

그림 2-11 신청 서비스 정보

5. 웹 호스팅 정보는 계정 아이디와 함께 기본 제공 도메인을 그림 2-12와 같이 설정한다. 계정 아이디는 향후 http://계정아이디.**dothome.co.kr** 도메인으로 설정되어 여러분의 웹 사이트가 되니 신중하게 계정아이디를 선택한다.

또한 html 콘텐츠를 ftp를 이용하여 해당 도메인으로 업로드(upload)해야 하며 이때 사용되는 ftp 아이디 역시 계정 아이디가 된다. 그러므로 계정 아이디는 쉽게 이해되고 의미 있는 소문자의 영어로 입력한다. FTP 비밀번호도 신중하게 선택하고 잊지 않도록 주의한다. 계정 아이디를 입력 후 중복확인을 클릭하여 다른 계정과 중복 여부를 확인해야 한다.

그림 2-12 웹 호스팅 설정 정보

6. 웹 호스팅 설정 정보를 모두 입력하였다면 그림 2-13과 같이 인증 절차를 마친 후 약관에 동의하면 무료 도메인을 통하여 웹 호스팅을 할 수 있게 된다.

예제에서는 무료도메인 사이트는 http://swcd.dothome.co.kr이 된다. 다음 절차로 지금까지 만들었던 예제를 ftp를 통하여 서버에 콘텐츠를 업로드 하는 방법에 대해 살펴본다.

그림 2-13 인증 및 약관 동의

2.4.2 ftp 호스팅 하기

1단계 폴더 생성과 콘텐츠 제작

사이트에 접속하면 가장 먼저 보이는 html 문서는 index.html 문서이다. 일반적으로 전 세계 대부분의 서버는 index.html 파일을 사이트의 첫 문서로 지정하고 있다. dothome 사이트도 예외는 아니어서 예제 2-8과 같이 index.html 문서를 만들고 관련된 콘텐츠를 ftp를 이용하여 웹 사이트로 업로드 하는 방법에 대해 알아보자.

웹 사이트에 콘텐츠를 업로딩하기 위해서 그림 2-14처럼 html 폴더 생성한 후 파일을 관리하기 위해 img, chap1, css 그리고 javascript 폴더를 만든다. 각 폴더를 만드는 이유는 파일에 따라 사용목적이 다르기 때문에 효율적으로 파일을 관리하기 위해서이다. 예를 들어 이미지 종류의 파일은 img 폴더에 저장하여 사용하며 3장에서 배울 웹 문서 디자인에 관련된 파일들은 css 폴더에 저장하여 사용한다. javascript 폴더 역시 6장에서 배우게 될 javascript 관련 파일들을 관리하게 된다.

이름	수정한 날짜	유형	크기
chap1	2020-09-22 오후 8:00	파일 폴더	
css	2020-09-22 오후 8:00	파일 폴더	
img	2020-09-22 오후 8:32	파일 폴더	
javascript	2020-09-22 오후 8:00	파일 폴더	
web3d	2020-09-22 오후 8:00	파일 폴더	
chap1	2020-09-22 오후 8:27	Microsoft Edge H...	1KB
chap2	2020-06-02 오후 10:05	Microsoft Edge H...	2KB
chap3	2020-06-02 오후 10:13	Microsoft Edge H...	1KB
chap4	2020-06-02 오후 10:44	Microsoft Edge H...	1KB
index	2020-09-22 오후 8:13	Microsoft Edge H...	1KB
introduce	2020-09-22 오후 8:30	Microsoft Edge H...	2KB

그림 2-14 폴더 생성

폴더를 생성하였으면 예제 2-8과 같이 index.html 파일을 만들어 저장한다.

예제 2-8

```html
<!Doctype html>
<html>
<head>
<title>HTML 문서 웹사이트 만들기</title>
<meta charset="utf-8">
<meta name="author" content="저자">
<meta name="description" content="HTML 태그의 사용법과 웹 문서 만들기">
<meta content="Web3D, HTML5, 태그, CSS3">
</head>
<body>
<p align="center">
<a href="index.html" target="_self"><img src="img/타이틀.png" alt="타이틀"></a>
</p>
<h1 align="center">무료 웹사이트</h1>
<div align="center">
<a href="chap1.html" target="contents">Chapter1</a>
<a href="chap2.html" target="contents">Chapter2</a>
```

```
<a href="chap3.html" target="contents">Chapter3</a>
<a href="chap4.html" target="contents">Chapter4</a>
</div>
<p><iframe name="contents" width="100%" height="300px" frameborder="0"
src="introduce.html"></iframe></p>
<hr/>
<div align="center">
<h5>경기도 여주시 소프트웨어융합과</h5>
<h5>Copyright 2020 ⓒ Internet Dep.</h5>
</div>
</body>
</html>
```

index.html은 웹 사이트를 방문하면 보여지는 내용으로 웹 문서의 디자인과도 관련된 문서이다. 아직 CSS를 배우지 않았으므로 웹 디자인은 다음 장에서 설명하기로 하고 <iframe>를 사용하여 하이퍼링크된 문자를 클릭하면 <iframe>에 나타나도록 한다.

img 폴더의 "타이틀.png"를 사용하여 웹문서의 제목을 표시 하도록 하며 이미지를 클릭하면 현재 창에 index.html을 다시 링크되도록 한다.

```
<a href="index.html" target="_self"><img src="img/타이틀.png" alt="타이틀"></a>
<h1 align="center">무료 웹사이트</h1>
```

<div>를 사용하여 하이퍼링크된 문자를 클릭하면 해당 문서는 target="contents"에 의해 iframe 창에 나타난다.

```
<div align="center">
<a href="chap1.html" target="contents">Chapter1</a>
<a href="chap2.html" target="contents">Chapter2</a>
<a href="chap3.html" target="contents">Chapter3</a>
<a href="chap4.html" target="contents">Chapter4</a>
</div>
```

<iframe>의 name="contents"로서 frameborder="0"으로 하여 경계선이 보이지 않으며 iframe 의 크기는 다음과 같다.

```
<iframe name="contents" width="100%" height="500px" frameborder="0"
src="introduce.html"> </iframe>
```

바닥글로서 웹문서와 관련된 내용을 <div align="center">를 이용하여 문서 하단의 중앙에 표시하도록 한다.

```
<div align="center">
<h5>경기도 여주시 소프트웨어융합과</h5>
<h5>Copyright 2020 © Internet Dep.</h5>
</div>
```

<iframe> 창에 표시될 introduce.html 파일의 내용은 예제 2-9와 같다. introduce.html에서 정의 리스트(definition list) <dl>을 이용하여 제목을 정리하였다.

```
<dl>
    <dt><strong>웹화면구현</strong></dt>
    <dd>- Chapter1 : 기초 사항</dd>
    <dd>- Chapter2 : HTML5 기본 태그</dd>
    <dd>- Chapter3 : HTML5 멀티미디어와 입력 양식</dd>
</dl>
```

문서에 이미지를 포함하기 위하여 src 속성을 사용해 상위 폴더에 있는 "../img/2p.png"의 경로를 지정하였다.

```
<img border="0" src="../img/2p.png" alt="www의 동작 원리">
```

그림 2-15는 index.html 문서를 실행한 결과이다. 다음으로 introduce.html 과 chap1.html 파일을 생성해 보자.

예제 2-9 introduce.html

```
<!doctype html>
<html>
<head><title>HTML5 소개</title>
<meta charset="utf-8">
<meta name="author" content="저자">
<meta name="description" content="HTML 태그의 사용법과 웹 문서 만들기">
<meta content="Web3D, HTML5, 태그, CSS3"></head>
<body>
<dl>
    <dt><strong>웹화면구현</strong></dt>
    <dd>- Chapter1 : 기초 사항</dd>
    <dd>- Chapter2 : HTML5 기본 태그</dd>
    <dd>- Chapter3 : HTML5 멀티미디어와 입력 양식</dd>
</dl>
<h1>WWW</h1>
<p>- WWW(World Wide Web)은 세계를 뒤덮는 거미줄이라는 의미.</p>
<p>- 초기 인터넷에서는 텔넷·FTP·전자 메일·유즈넷 등을 이용하여 파일 전송·원격 접속·전자 우
편·뉴스를 볼 수 있었으나, 모두 문자로만 서비스 됨.</p>
<p>- WWW은 인터넷을 사용하기 쉽도록 하이퍼 텍스트와 그림을 통하여 모든 서비스를 이용할 수
있도록 만든 것.</p>
<br>
<h1>www의 동작 원리</h1>
<img border="0" src="../img/2p.png" alt="www의 동작 원리">
<br>
<br>
<h1>클라이언트와 서버</h1>
<img border="0" src="../img/clidentServer.png" alt="클라이언트와 서버">
</body>
</html>
```

그림 2-15 index.html 실행화면

하이퍼링크된 서브메뉴 chap1은 문자를 클릭하면 chap1.html 문서를 <iframe>에 표시된다. chap1.html 문서에는 1장에서 배운 내용들을 표시해야 하므로 다수의 하이퍼링크 문자를 표시 해야한다. 예제 2-10은 chap1.html의 구조를 나타낸 것으로 chap1.html 문서 역시 4개의 서브 메뉴가 하이퍼링크되어 있으며 메뉴를 클릭하면 iframe="contents2"에 표시된다.

chap1 폴더에 포함될 www.html, html.html, browser.html 과 cafe.html 역시 이와 같은 방법으 로 생성해야 한다. 그림 2-16에 chap1.html을 실행한 결과를 나타내었다.

```
<a href="chap1/www.html" target="contents=2">WWW</a>
<a href="chap1/html.html" target="contents2">HTML</a>
<a href="chap1/browser.html" target="contents2">Browser</a>
<a href="chap1/cafe.html" target="contents2">Example</a>

<iframe    src="introduce.html"    name="contents2"    width="100%"    height="600px"
frameborder="0"></iframe>
```

예제 2-10   chap1.html

```
<!Doctype html>
<html>
<head>
<title>기초 사항</title>
<meta charset="utf-8">
<meta name="author" content="저자">
<meta name="description" content="HTML 태그의 사용법과 웹문서 만들기">
<meta name=" " content="web3d, HTML5, 태그, CSS3">
</head>
<body>
<p>
<a href="chap1/www.html" target="contents=2">WWW</a>
<a href="chap1/html.html" target="contents2">HTML</a>
<a href="chap1/browser.html" target="contents2">Browser</a>
<a href="chap1/cafe.html" target="contents2">Example</a>
</p>
<iframe    src="introduce.html"    name="contents2"    width="100%"    height="600px"
frameborder="0"></iframe>
</body>
</html>
```

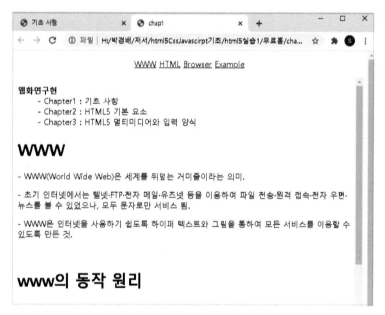

그림 2-16 chap1.html 실행화면

2.4.3 파일 업로드하기

index.html 파일을 포함한 웹 콘텐츠와 관련된 이미지가 준비되었다면 웹 서버에 파일들을 업로드해야 한다. 파일을 업로드 하기 위해선 web_ftp, 알_ftp, 알드라이브와 같은 ftp 전송 프로그램이 있어야 한다.

알드라이브를 검색하여 pc에 설치하는 방법은 간단하다. 네이버와 같은 포털 사이트에서 알드라이브를 검색하여 pc 설치한 후 그림 2-17과 같이 실행한 후 사이트 맵을 설정해 보자.

빨강색 박스에서 1번은 즐겨 찾는 웹 서버를 등록하여 사용할 수 있다. 추가 단추를 클릭하여 무료 호스팅 웹 서버를 등록한다. 예제에서는 "homepage"로 등록한 결과를 나타낸다.

2번 박스에는 1번 박스에서 추가로 등록한 웹사이트의 호스트 swyit.dothome.co.kr 이 자동으로 나타난다.

3번 박스에는 웹 호스팅을 위해 등록하였던 ftp 계정아이디와 비밀 번호를 입력한다. 자주 접속하고 매번 비밀번호를 입력하길 원하지 않는다면 비밀번호를 저장해 놓으면 된다.

사이트 맵에 대한 정보를 모두 입력하였다면 연결 단추를 누른다.

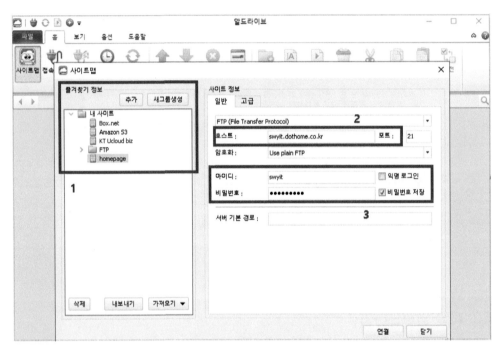

그림 2-17 알드라이브 설정

웹 사이트에 접속하면 그림 2-17의 2번과 같이 웹 서버의 html폴더와 3개의 파일을 볼 수 있다. 3개의 파일은 웹 서버의 환경 설정 파일로서 절대 지우면 안 된다. 현재 서버의 위치는 최고 상위 폴더인 루트 폴더(/)가 된다.

index.html 파일을 포함한 웹 문서들은 html 폴더안에 업로드 하면 된다. 파일들을 업로드 하기 위해서 서버의 html 폴더를 클릭하면 해당 폴더 안으로 이동한다. 만약 html 폴더를 누르지 않고 1번의 업로드 버튼을 누르게 되면 루트폴더에 파일들이 업로드하게 된다. 파일을 업로드 할 때는 현재 경로가 어디인지 항상 확인해야 한다.

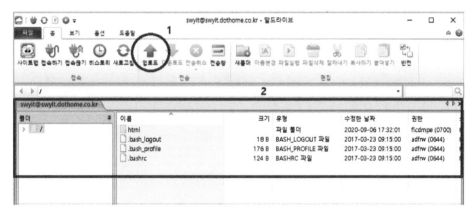

그림 2-18 서버 루트 경로

만들어진 html 문서를 업로드하기 위해 html 폴더를 클릭하여 html 폴더로 이동한 후 그림 2-19와 같이 1번의 업로드 메뉴를 클릭하면 2번 박스와 같이 내 PC의 폴더와 파일들이 나타난다. 찾는 위치를 통해 업로드 할 파일이 있는 폴더로 이동한다. 예제에서는 무료 홈 폴더에 있는 index.html 파일을 포함한 폴더와 파일들이다,

하나의 파일을 선택하여 전송할 수 있지만 모든 파일을 한 번에 선택해서 전송할 수도 있다. 모든 파일을 선택한 후 열기 버튼을 클릭하면 선택되어진 그림 2-20과 같이 모든 파일이 서버로 전송된다.

그림 2-19 파일 업로드

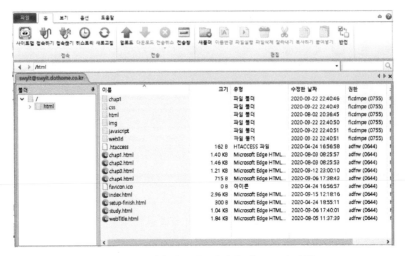

그림 2-20 전송완료 후 서버에 업로드 된 파일

그림 2-21은 실습을 통해 구현한 학과의 홈페이지 http://swyit.dothome.co.kr의 화면이다.

그림 2-21 구현된 홈페이지

과제

1. <form> 태그를 사용하여 다음과 같은 화면을 설계하시오.

2. 추가된 <form> 태그를 사용하여 다음 웹 문서를 만드시오.

3. 오디오와 비디오가 재생되는 문서를 생성하시오.

4. iframe과 div를 이용하여 지금까지 만들 파일을 장르별로 하이퍼링크 된 웹 문서를 만드시오.

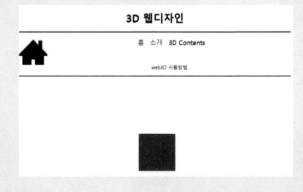

참고 사이트

1. https://ko.wikipedia.org/wiki/HTML5
2. https://developer.mozilla.org/ko/docs/Web/HTML/HTML5
3. https://www.w3schools.com/html/default.asp
4. https://www.w3.org/
5. https://htmlreference.io/forms/
6. https://www.w3schools.com/html/html_forms.asp

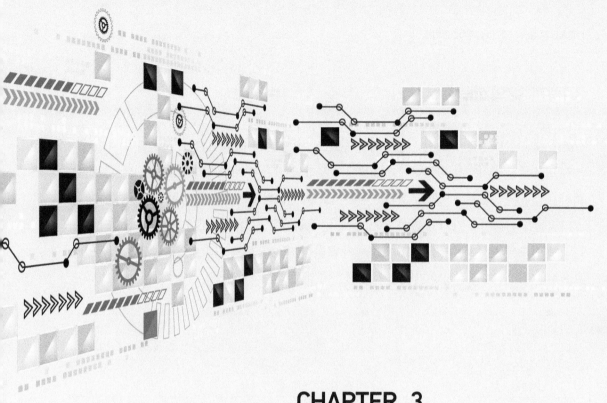

CHAPTER 3

CSS

3.1 CSS3의 개념*

CSS(Cascading Style Sheet)는 미리 지정해둔 스타일을 이용하여 HTML 문서를 디자인하기 위해 만들어진 언어로서 1994년에 CERN에서 시작되었다. 팀 버너스리가 HTML 문서를 구조화하고 개발은 하였으나 일반 문서와 마찬가지로 문서 스타일을 지정할 방법이 없었다. 문서의 스타일이란 신문이나 잡지와 같이 문서의 배치(layout)를 설정하는 것이다. CSS의 시작은 웹 문서를 만드는 작성자들이 HTML 요소들의 글꼴과 색상을 변경하려는 의도에서 시작되었다. 표 3-1에 CSS의 개념 등장과 간단한 역사 사건에 대해 기술하였다.

표 3-1 CSS 역사

년도	비고
1994년	HTML 문서를 구조화하기 위해 CERN에서 시작
1995년 말	W3C는 향후 HTML사양을 승인하기 위해 HTML편집 검토 위원회(HTMLERB)를 설치
1996년 8월	CSS를 지원하는 첫 번째 상용 브라우저는 1996년 8월에 출시된 마이크로 소프트의 인터넷 익스플로러이며 이후 넷스케이프 내비게이터가 CSS를 지원하며 웹문서의 스타일은 풍부해지기 시작
1996년 12월	CSS레벨 1, W3C권장 사항으로 등장
1997년 2월	W3C내에서 자체적인 워킹그룹을 만들었고 새로운 그룹은 CSS1이 다루지 않는 기능들을 다루기 시작. CSS2를 개발하여 권고안을 발표하였으며 새로운 기능이 추가
2005년	CSS3가 표준안으로 발표되며 HTML5 문서의 스타일을 적용

CSS3는 HTML5와 같이 사용하지만 HTML5가 아니다. CSS3는 문서의 스타일을 지정하는 분야에 추가로 사용될 수 있으며 기존 태그로 콘텐츠를 보여주는 방식을 재정의함으로서 HTML5을 디자인하기 위한 스타일시트다. CSS3는 html 요소들이 모니터 등의 디스플레이 매체에 어떻게 보여줄 것인지를 기술하는 언어이다. CSS3를 적용하면 많은 작업 시간을 단축할 수 있고 html 문서를 효율적으로 관리할 수 있게 해준다.

---

* 가상현실을 위한 HTML5 & Web3D, 박경배, 21세기사

그림 3-1 CSS의 작동방식

CSS3의 동작하는 방식은 그림 3-1과 같이 4단계로 요약할 수 있다. 클라이언트가 서버 웹사이트에 접속하면 서버는 HTML문서와 관련된 CSS파일을 클라이언트에게 전달한다. 클라이언트 브라우저는 서버에서 전송된 HTML 문서와 함께 스타일시트를 적용하여 브라우저 창에 출력하게 된다. 따라서 CSS가 없다면 디자인이 없는 문자기반으로 만들어진 책의 페이지 모양과 비슷하게 콘텐츠만 존재하게 된다.

3.2 CSS3 특징*

WWW의 기술은 그림 3-2에서와 같이 HTML과 CSS 그리고 javascript의 기술의 혼합으로 이루어 졌다. HTML은 정보를 전달하기 위한 콘텐츠의 개념으로 CSS와 javascript가 없어도 정보전달을 할 순 있지만 여러분들이 보는 미적인 웹 문서나 쇼핑몰과 같은 상호작용 되는 그러한 웹 사이트는 보기 어려울 것이다. HTML이 문서의 정보를 다루는 콘텐츠의 역할을 하고 CSS는 HTML의 스타일을 적용하여 웹문서를 디자인하는 것이다. javascript는 서버와 클라이언트 사이에서 데이터를 처리하는 동적인 역할을 담담하게 된다.

---

* 가상현실을 위한 HTML5 & Web3D, 박경배, 21세기사

그림 3-2 html, css, javascript

CSS를 사용함으로써 얻을 수 있는 장점은 다음과 같다.

첫째, 복잡히고 방대한 양을 가진 서비를 관리할 때 매우 효율직이다. 많은 html 문서에 동일한 CSS를 공유함으로써 모든 html문서에 동일한 스타일의 문서디자인을 할 수 있기 때문이다. 만약 CSS가 없다면 html문서의 스타일을 변경하기 위해 모든 html문서를 수정해야 되지만 CSS의 스타일만의 변경으로 모든 html문서에 영향을 줄 수 있다. 그림 3-3과 같이 HTML 문서에 CSS를 적용하면 모든 문서의 스타일을 한 번에 변경할 수 있다.

둘째, 플러그인이나 특정한 응용 소프트웨어가 필요 없다. 이러한 장점으로 불필요한 태그가 사라졌으며 플러그인 없이 다양한 매체를 구현 가능하다.

셋째, CSS3는 몇 가지 선택자와 HTML 태그만큼의 간단한 사용법으로 사용자들이 사용하기 매우 싶다. 따라서 쉽게 배우고 간편하게 HTML 문서에 적용할 수 있다.

그림 3-3 HTML 문서에 CSS 문서 적용

CSS3의 대표적인 기능은 다음과 같으며 다음절에서 기본적인 기능들에 대해 실습을 통하여 알아보자.

- HTML5 태그를 선택하기 위한 6가지 선택자(Selector) 기능
- 콘텐츠에 대한 박스 모델(Box Model) 및 경계선(Border) 기능
- 콘텐츠 요소에 대한 레이아웃과 배치
- 메뉴에 대한 네비게이션바 제어
- 문서의 배경(Background) 및 여백 기능
- 다양한 텍스트 효과(Text Effect) 기능
- 2/3 차원 변환(Dimension Tranformations) 기능
- 물체에 대한 애니메이션(Animation) 기능
- 다중 컬럼 레이아웃(Multiple Column Layout) 기능
- 사용자 인터페이스(User Interface)기능

3.3 CSS3 사용법*

3.3.1 CSS3 문법

CSS3의 문법은 단순하다. 다음 그림 3-4와 같이 html 태그 요소 h1 을 선택자로 선언하고 {} 사이에 속성과 값을 ":"으로 분리하여 삽입하면 된다.

그림 3-4와 같이 속성과 값은 여러 개를 사용할 수 있다. 하나의 속성과 값을 정의하였으면 ";"으로 종료되었음을 알려야 한다. css3의 주석문 형식은 /* 주석문 */을 따른다.

참고로 html의 주석문은 <!-- 주석문 -->이며 Javascript는 '//'를 사용한다. 각 요소마다 다른 설명문을 제공하는 것은 다소 번거로운 일이다.

---

* 가상현실을 위한 HTML5 & Web3D, 박경배, 21세기사

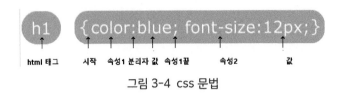

그림 3-4 css 문법

```
    h1     { color ; red; }  /* 선택자 { 속성 : 값 ; } */
html 요소타입  { 속성  : 값 ; }
```

위의 예제에시는 h1 태그 요소를 이용하여 요소의 티입을 선택히였으나 이외에도 CSS에서 선택자의 종류는 아래와 같이 6가지 종류가 있다.

■ 타입 선택자(type selector)

웹 문서에 정보를 표현하기 위한 HTML 태그 요소를 사용한다. 문서 내에 정의된 모든 같은 태그들은 같은 스타일이 적용된다. 아래와 같이 타입 선택자를 선언하면 <p>을 정의한 모든 <p> 태그 요소들은 빨간색의 문자로 표현된다.

```
p { color : red;}
```

■ 아이디 선택자(id selector)

타입선택자의 경우 같은 태그타입은 모두 같은 스타일이 적용되는 단점이 있다. 같은 태그 타입이라 하더라도 특정한 태그 요소에만 스타일을 적용하고자 한다면 #id를 사용하여 아이디 선택자를 적용한다. 아이디는 선택자 뿐만 아니라 같은 문서 안에서 하이퍼링크 이동에서도 사용할 수 있다. 따라서 가장 사용 빈도가 높은 선택자라 할 수 있다.

다음은 id가 name을 가진 <p> 태그 요소에만 파랑색 문자 스타일이 적용된다.

```
#name { color : blue ; }     <p id="name">CSS ID</h1>
```

■ 클래스 선택자(class selector)

클래스 선택자는 아이디 선택자와 같이 같은 태그 타입이라 하더라도 특정 태그에만 스타일을 적용할 때 사용된다. 아이디 선택자와 다른 점은 # 대신에 .을 사용하여 클래스를 정의한다.

다음은 <h2> 태그요소에 대해 class를 name으로 정의하였고 클래스 .name의 문자 배경 색상을 green으로 정의 하였다. 클래스 name으로 정의된 <h2>에만 스타일이 적용된다.

```
.name { background-color : blue ; }     <h2 class="name">CSS class</h1>
```

■ 의사 선택자(pseudo class selector)

html 태그 요소 중 하이퍼링크 속성을 가진 <a> 태그의 경우 상태에 따라 웹 문서에 표현되는 모양이 다르다. 예를 들어 파랑색의 하이퍼링크 문자를 클릭하면 문자 색이 빨강색으로 변경되는 특징이 있다. 또한 한번 방문한 링크 사이트의 문자 색상을 변경한다. <a> 태그처럼 하나의 태그에 다중 속성이 포함되었을 경우 마치 클래스가 정의된 것처럼 간주하는 선택자를 의사 선택자라 한다. 다음 의사선택자의 경우 하이퍼링크된 문자는 파랑색의 문자로 표현되고 한번 방문한 링크의 문자는 핑크색 그리고 마우스를 링크 문자위에(hover) 올려놓았을 때 빨강색으로 표시한다.

```
a:link { color : blue ; }        /* 링크 속성을 가진 문자색 */
a:visited { color : pink ; }     /* 방문한 사이트 문자색 */
a:hover{ color : red ; }         /* 마우스가 문자위에 올려졌을 때의 문자색 */
```

■ 속성 선택자(attribute selector)

속성 선택자는 태그 요소에 대한 선택이 아닌 특정한 속성을 가진 태그 요소만을 선택하여 스타일을 적용한다. 특정한 속성은 "[ ]"로 나타낸다.

다음은 <a> 태그 중 target 속성이 정의된 요소에만 문자의 색상을 초록으로 스타일을 적용한다.

```
a[target]{ color : green ;}  <a href="#" target="_blank"></a>
```

■ 전체 선택자(universal selector)

전체 선택자는 페이지 안의 모든 요소를 선택해서 적용할 때 * 사용한다.

```
* { bacground : grey; }
```

3.3.2 CSS3 적용 방법

html문서에 CSS3의 스타일을 적용하기 방법은 다음과 같이 3가지가 있다.

■ 외부 스타일시트

외부 스타일시트로서 css를 적용하는 방법은 notepad++에서 css파일로 작성한 후 html 문서에서 css파일을 링크하는 방법이다. 그림 3-5와 같이 notepad++ 메뉴에서 언어 → C → CSS를 선택한 후 css 문법을 적용한 파일을 작성한다. 프로그램 작성 후 저장할 때 확장자가 자동으로 .css가 된다.

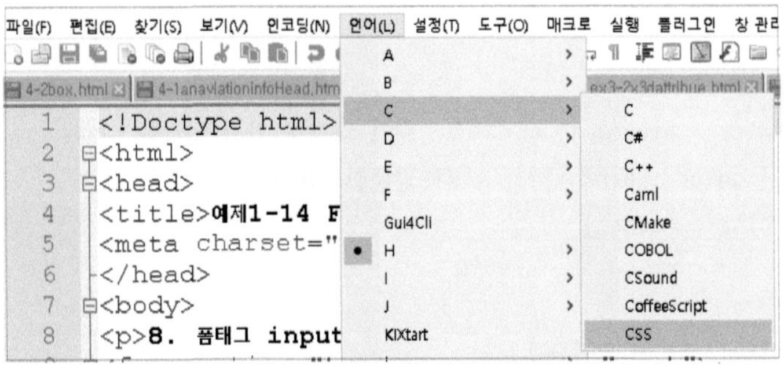

그림 3-5 notepad++에서 CSS파일 작성

html 문서에서 css 스타일을 적용하기 위해서 <head> 태그에 css 문서를 링크해야 한다. 다음과 같이 <head></head>사이에 css 파일을 참조한다. 아래의 경우는 html 문서와 css 문서가 같은 폴더에 있는 경우이며 상위 폴더나 하위 폴더에 css 파일이 있을 경우에는 해당 경로를 정확히 기술해야 한다.

```
<head><link type="text/css" rel="stylesheet" href=extern.css"></head>
```

■ 내부 스타일시트

내부 스타일 시트는 html 문서 안에 css 스타일을 정의하여 적용한다. 외부 스타일시트의 경우
<head></head>사이에 외부파일을 참조하였지만 내부 스타일시트는 <head> 태그 요소 안에
<style></style>를 선언하고 css 선택자를 사용하여 적용한다.

```
<head>
<style>
    h1 { color: red; }
    p { color: blue; }
</style>
</head>
```

■ 인라인 스타일시트

인라인 스타일시트는 스타일 속성을 <body>안의 태그 요소들에 직접 style="속성 : 값;"으로
표현하여 스타일을 적용한다.

```
<body>
    <h1 style="color: red">This is Inline CSS.</h1>
</body>
```

css 스타일 적용은 위의 세 가지 스타일시트를 동시에 모두 적용할 수 있으나 우선순위에 따라
스타일이 적용되는 방법이 다르다. 스타일의 우선순위는 인라인 스타일시트, 내부 스타일시트
그리고 외부 스타일시트의 순으로 적용된다. 만약 스타일시트를 선언하지 않았다면 html의 기
본 스타일 속성 값으로 적용된다. 기본 스타일 문자 색은 검정색이고 문서의 배경색은 흰색으
로 표현되는 방법 등이 적용되어 있다.

스타일시트 문서를 작성한다는 것은 앞에서 설명한 6가지 선택자를 이용하여 각 요소들의 속성

과 값을 인라인, 내부 그리고 외부 스타일로서 적용하는 것이다. html 문서에 스타일을 적용하기 위한 다양한 속성들이 정의되어 있으며 css의 속성은 html 요소처럼 단순한 문법으로 사용법만 알면 누구나 쉽게 웹 문서에 스타일을 적용하여 다양하고 미적인 웹 문서를 작성할 수 있다.

표 3-1은 기본적인 css의 속성을 정의한 것으로 css의 속성은 단순한 문자의 스타일을 떠나 화면의 레이아웃, 메뉴의 설계 기능 그리고 애니메이션과 같은 복잡한 속성들도 있다.

표 3-1 CSS의 다양한 속성

속성	기능
background-color	문자나 문서의 배경색을 설정
background-img	문자나 문서의 배경이미지 설정
color	문자 색상 설정
margin	콘텐츠 외부의 여백설정
padding	콘텐츠 내부의 여백설정
font	문자의 크기(font-size), 글자체(font-style) 등을 설정
border	박스(box)의 경계선 설정. 선의 굵기, 색상, 종류
text-align	문자의 정렬. 왼쪽, 가운데, 오른쪽 정렬이 있다.
list-style	list의 스타일 설정(1,2,3… a,b,c, i, ii, iii)
text-decoration	문자의 효과를 설정. 밑줄 취소선, 윗줄
width, height	박스(box) 등의 크기를 설정

3.3.3 외부스타일시트

예제 3-1은 html 웹 문서에 외부스타일시트를 적용하기 위해서 만들어진 test.css이다. CSS3 파일의 확장자는 .css임을 잊지 말기 바란다.

```
p { background: blue;} <p>안의 문자의 배경색 빨강색으로 표시
div { border: 2px dashed blue ; }<div> 굵기 2px 대쉬선 파랑색 경계선 설정
h1,p { background-color: orange;  } <h1>과 <p>의 문자 색상 오렌지
h2 { text-align : center; } <h2> 문자 정렬은 가운데
```

예제 3-1   color.css

```
p { color: blue;}   /*선택자{속성:값;}*/
div { border: 2px dashed blue ;}
h1,p { background-color: orange; }
h2 { text-align :center; }
```

예제 3-2는 외부에서 작성한 color.css를 적용한 html파일이다.

href를 통해 color.css파일을 참조한다.

```
<link type="text/css" rel="stylesheet" href="color.css">
```

예제 3-2에는 2개의 <h1>, 1개의 <div>와 <h2> 그리고 3개의 <p>로 이루어졌다.

프로그램을 실행시키면 외부 color.css에 의해 그림 3-6에서와 같이 h1과 p 태그는 문자의 색이 오렌지색으로 표현되고 div 태그는 파랑색의 결과로 나타난다. h2는 문자가 가운데 정렬로 스타일 된다.

예제 3-2   ex3-2externCss.html

```
<!Doctype html>
<html>
<head>
<title>예제3-2 외부스타일시트</title>
<meta charset="utf-8">
<link type="text/css" rel="stylesheet" href="color.css">
<meta charset="utf-8">
<meta name="author" content="저자">
<meta name="description" content="HTML 태그의 사용법과 웹 문서 만들기">
<meta content="Web3D, HTML5, 태그, CSS3"></head>
</head>
<body>
```

```
<h1>외부 파일 연동하기 </h1>
<div id="menu">
<p><a href="ex1-6hyperlink.html" target="ifr">하이퍼링크</a>
 <a href="ex1-9formattr.html" target="ifr">추가된 폼 속성</a>
 <a href="ex1-11video.html" target="ifr">비디오</a>
</p></div>
<h1>HTML5와 CSS3</h1>
<p> 외부스타일을 이용한 HTML5 외부부파일로 연동 rel="stylesheet" href="color.css"</p>
<h2>하이퍼링크</h2>
<p> 스타일 적용 방법 </p>
</body>
</html>
```

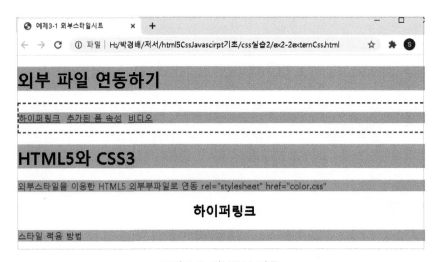

그림 3-6 외부CSS 적용

3.3.4 내부 스타일시트

내부스타일시트는 html 문서의 <head> 사이에 <style> </style>내에 css코드를 삽입하면 된다. 예제에서는 외부스타일시트 color.css를 참조하고 있으므로 h1,p 요소의 속성이 겹치게 된다. 그러나 우선순위가 내부 스타일시트의 속성이 우선이기 때문에 그림 3-7과 같이 내부 스타일 시트의 속성 값으로 나타난다.

```
<style>
    h1,p { color : magenta;}          //문자 색상 magenta
    p { background-color : blue ; }   //배경색상 blue
</style>
```

ex3-3innerCss.html

```
<!Doctype html>
<html>
<head>
<title>예제3-3 내부스타일시트</title><meta charset="utf-8">
<link type="text/css" rel="stylesheet" href="color.css">
<meta charset="utf-8">
<meta name="author" content="저자">
<meta content="Web3D, HTML5, 태그, CSS3">
<style>
    h1,p { color : magenta;}
    p { background-color : blue ; }
</style>
</head>
<body>
<h1> 내부스타일시트 </h1>
    <div id="menu">
    <p><a href="ex1-6hyperlink.html" target="ifr">하이퍼링크</a>
     <a href="ex1-9formattr.html" target="ifr">추가된 폼 속성</a>
     <a href="ex1-11video.html" target="ifr">비디오</a>
    </p></div>
    <h1>HTML5와 CSS3</h1>
    <p> 내부스타일을 이용한 외부부파일로 연동 rel="stylesheet" href="color.css"
    <h2>하이퍼링크</h2>
    <p> 스타일 적용 방법 </p>
</body>
</html>
```

그림 3-7 내부스타일시트 적용

3.3.5 인라인스타일시트

인라인스타일시트는 <body>안에 있는 태그 요소들에 직접 속성과 값을 부여한다. 외부나 내부의 문법과 다른 점은 {}대신에 이중따옴표의 쌍 " "를 사용한다.

```
<h1 style="color:gold">div와 iframe </h1>
<p style="background-color:cyan;"></p>
```

예제에서는 첫 번째 h1태그의 문자 색상을 gold로 설정하였으며 첫 번째 p태그의 문자 배경색을 청록색(cyan)으로 설정하였다.

예제 3-4는 외부스타일시트 color.css와 <head>사이에 내부스타일시트를 동시에 설정하였지만 인라인스타일시트의 우선순위가 가장 높기 때문에 그림 3-8에서 처럼 중복된 스타일에 대해선 인라인스타일시트의 스타일이 적용된다.

```
<link type="text/css" rel="stylesheet" href="color.css">        // 3순위
<style> h1,p{color:black;} p {background-color:gray;}</style> // 2순위
```

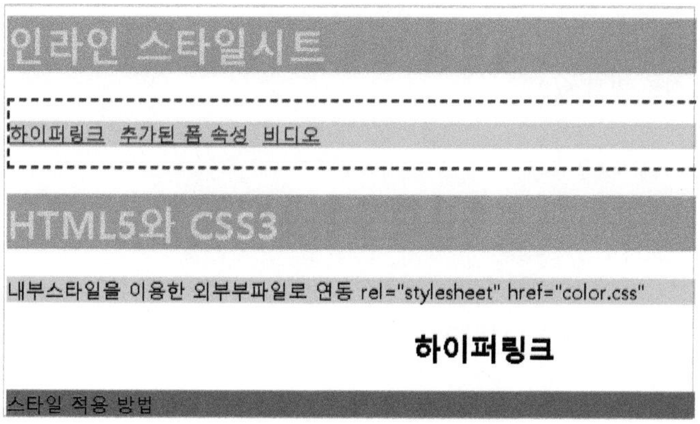

그림 3-8인라인스타일시트

| 예제 3-4 | ex3-4inlineCss.html |

```
<!Doctype html>
<html><head><title>예제3-4인라인스타일시트</title>
<meta charset="utf-8">
<link type="text/css" rel="stylesheet" href="color.css">
<style>
    h1,p{color:black;} p {background-color:gray;}
</style>
<meta charset="utf-8">
<meta name="author" content="저자">
<meta content="Web3D, HTML5, 태그, CSS3">
</head>
<body>
    <h1 style="color:gold">인라인 스타일시트 </h1>
    <div id="menu">
    <p style="background-color:cyan;">
    <a href="ex1-6hyperlink.html" target="ifr">하이퍼링크</a>
     <a href="ex1-9formattr.html" target="ifr">추가된 폼 속성</a>
     <a href="ex1-11video.html" target="ifr">비디오</a>
    </p></div>
    <h1 style="color:gold">HTML5와 CSS3</h1>
    <p style="background-color:cyan;">
    내부스타일을 이용한 외부부파일로 연동 rel="stylesheet" href="color.css"</p>
```

```
    <h2>하이퍼링크</h2>
    <p> 스타일 적용 방법 </p>
</body>
</html>
```

3.3.6 타입/아이디/클래스 선택자

■ 타입 선택자

타입 선택자는 html 문서에서 정의된 같은 요소의 태그 요소에 대해 모두 같은 스타일을 적용하기 위해 사용한다. 일반적으로 가장 빈번하게 사용되며 간단한 스타일 선택자이다. html 문서 안에 다음과 같이 <p>의 스타일을 적용하였다면 <p>의 문자들은 모두 배경이 회색(gray)으로 표현되며 <h1>의 문자 색은 빨강색에 문자크기는 20px이 된다. <h2> 요소의 경우는 인라인 스타일시트가 적용되어 배경색을 청록색(cyan)으로 설정된다.

```
p { background-color : gray; }
h1 { color : red; font-size:20px;}
<h2 style="background-color:cyan;">
```

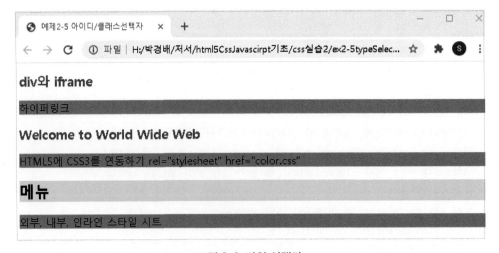

그림 3-9 타입 선택자

예제 3-5	ex3-5 typeSelector.html

```html
<!Doctype html>
<html><head><title>예제3-5 타입 선택자</title>
<meta charset="utf-8">
<meta name="author" content="저자">
<meta content="Web3D, HTML5, 태그, CSS3">
<link type="text/css" rel="stylesheet" href="color.css">
<style>
    p { background-color:gray; }
    h1 { color : red; font-size:20px;}
</style>
</head>
<body>
    <h1>div와 iframe </h1>
    <div><p>하이퍼링크</p></div>
    <h1>Welcome to World Wide Web</h1>
    <p> HTML5에 CSS3를 연동하기 rel="stylesheet" href="color.css"</p>
    <h2 style="background-color:cyan;">메뉴</h2>
    <p> 외부, 내부, 인라인 스타일 시트</p>
</body>
</html>
```

■ 아이디 선택자

타입 선택자는 문서 안의 모든 같은 타입은 동일한 스타일이 적용된다. 만약 동일한 태그 요소
이지만 다른 스타일을 적용하고자 한다면 아이디 선택자를 사용하여 특정한 요소에만 스타일
을 적용할 수 있다.

예세 3-6에서는 <h1>, <div> 그리고 <h2> 요소에 아이디 선택사를 사용하였다. 아이디 선택사
는 태그요소에 id="menu"와 같이 id 속성과 값(menu)을 가져야 한다. 다음은 <div>에 대해 id
를 menu로 선언한 것이다.

```html
<div id="menu">
```

id를 선언하였다면 외부/내부 스타일시트를 통해 태그 요소 이름 대신에 "#"을 id앞에 붙여야 한다. #menu는 \<div\>타입요소 대신에 아이디를 사용함으로써 menu아이디를 갖는 요소만 스타일이 적용된다.

```
#menu { background-color:blue; }
```

타입이 다른 각 요소에 동일한 id를 부여하여 같은 스타일을 적용할 수도 있다.

```
<h1 id="first"> <p id="first"> <h2 id="first">
#first { color: red; }
h2#first { color : blue; }
```

타입이 다르더라도 같은 id를 가지면 동일한 스타일이 적용되며 동일한 아이디라 하더라도 다른 스타일을 적용하고자 한다면 h2#first와 같이 #앞에 태그 타입을 지정해 주면 된다. 그림 3-10에 아이디 선택자를 사용하여 스타일이 적용된 결과를 확인할 수 있다.

예제 3-6   ex3-6 idSelector.html

```
<!Doctype html>
<html>
<head>
<title>예제3-6 아이디 선택자</title>
<meta charset="utf-8">
<link type="text/css" rel="stylesheet" href="color.css">
<style>
    #menu { background-color:blue; }
    #first { color: red;}
    h2#first { color : blue; }
</style>
</head>
<body>
    <h1 id="first" >div와 iframe </h1>
```

```
    <div id="menu"><p style="background-color:cyan;">하이퍼링크</p></div>
    <h1>Welcome to World Wide Web</h1>
    <p id="first"> HTML5에 CSS3를 연동하기 rel="stylesheet" href="color.css"</p>
    <h2 id="first">메뉴</h2>
    <p> 외부, 내부, 인라인 스타일 시트</p>
</body>
</html>
```

그림 3-10 id 선택자

■ 클래스 선택자

클래스 선택자는 아이디 선택자와 유사하게 특정한 요소에만 스타일 적용할 때 사용한다. 클래스 선택자는 # 대신에 .을 이름 앞에 삽입한다.

```
.menu {background-color:red; }
.first { color: green;}
h2.first {color : red;}
```

예제 3-7은 아이디 대신 클래스 선택자를 사용하여 스타일을 적용한 것으로 그림 3-11에 결과를 나타내었다. 아이디 선택자와 마찬가지로 타입의 종류가 달라도 같은 클래스면 동일한 스타일이 적용된다. h2.first처럼 동일한 클래스라도 타입을 적용하면 해당 타입에만 스타일이 적용된다.

그림 3-11 class 선택자

예제 3-7 ex3-7 classSelector.html

```html
<!Doctype html>
<html>
<head>
<title>예제 3-7 클래스 선택자</title>
<meta charset="utf-8">
<link type="text/css" rel="stylesheet" href="color.css">
<style>
    .menu { background-color:red; }
    .first { color: green; }
    h2.first {color : red; }
</style>
</head>
<body>
    <h1 class="first" >div와 iframe </h1>
    <div class="menu"><p style="background-color:cyan;">하이퍼링크</p></div>
    <h1>Welcome to World Wide Web</h1>
```

```
        <p class="first"> HTML5에 CSS3를 연동하기 rel="stylesheet" href="color.css"</p>
        <h2 class="first">메뉴</h2>
        <p> 외부, 내부, 인라인 스타일 시트</p>
    </body>
    </html>
```

아이디와 클래스 선택자는 타입 선택자와 마찬가지로 스타일을 적용하기 위해 자주 사용된다. 그러나 자바스크립트의 이벤트를 적용할 때는 클래스 선택자 보다는 아이디 선택자를 일반적으로 사용한다. 따라서 아이디 선택자를 자주 사용하는 습관을 들이면 프로그램의 작성이나 편집에 효율적일 것이다.

예제 3-8에서는 타입, 아이디 그리고 클래스 선택자를 모두 사용하여 스타일을 적용하였다.

문서안의 세 개의 `<p>`태그는 `<style>` 안에 `p { background-color:gray; }` 내부스타일 선언으로 배경색이 회색으로 표현된다. 그러나 첫 번째 `<p style="background-color:cyan;">하이퍼링크</p>`는 인라인 스타일이기 때문에 배경색이 청록색(cyan)으로 표현된다.

`<h1 class="first">`와 `<h1 class="second">`는 클래스 스타일로 선언되었다. 같은 `<h1>` 요소에 대해 각기 다른 클래스 이름을 부여함으로써 다른 스타일을 적용할 수 있다. `<h1 class="first">` 클래스는, .first {color: red;}에 의해 문자의 색상이 빨강색으로 표현된다. 클래스 스타일은 태그이름 없이 .클래스이름만 사용이 가능하다.

```
<h1 class="first">
.first { color: red; }
```

두 번째 `<h1 class="second">`는 h1.second { color : grccn; }에 의해 초록색의 문자로 표현된다. h1.second는 같은 클래스 이름(second)을 가지는 다른 요소가 있다면 h1 요소의 second 클래스에만 해당 스타일을 적용한다.

```
<h1 class="second">        h1.second { color : green; }
```

<div id="menu"></div>는 아이디 선택자를 이용하여 스타일을 선언한 것으로 내부스타일 요소 #menu { background-color:blue; }에 의해 파랑색 배경으로 문자가 표현된다. 예제 프로그램을 실행한 결과를 그림 3-12에서 볼 수 있다.

```
<div id="menu"></div>      #menu { background-color:blue; }
```

예제 3-8　ex3-8IdClassS.html

```
<!Doctype html>
<html>
<head>
<title>예제3-8 아이디/클래스선택자</title>
<meta charset="utf-8">
<link type="text/css" rel="stylesheet" href="color.css">
<style>
    p {background-color:gray;}
    #menu {background-color:blue; }
    .first { color: red;}
    h1.second {color : green;}
 </style>
</head>
<body>
    <h1 class="first" >div와 iframe </h1>
    <div id="menu"><p style="background-color:cyan;">하이퍼링크</p></div>
    <h1 class="second">Welcome to World Wide Web</h1>
    <p> HTML5에 CSS3를 연동하기 rel="stylesheet" href="color.css"</p>
    <h2>메뉴</h2>
    <p> 외부, 내부, 인라인 스타일 시트</p>
</body>
</html>
```

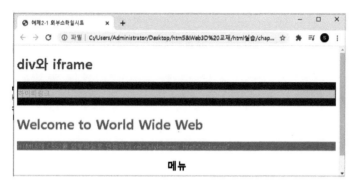

그림 3-12 아이디/클래스 선택자

3.3.7 의사 선택자

의사 선택자는 단일 요소에 대해 다수의 속성으로 특정한 상태를 정의하도록 스타일시트를 적용한다. 특정한 상태란 어떤 변화가 일어나는 이벤트를 뜻하며 마우스를 클릭하거나 해당 요소에 마우스가 위치할 경우 등을 말한다. 이러한 이벤트의 좋은 예로서 하이퍼링크가 된 문자에서 특정한 상태를 발생시킬 수 있다. 하이퍼링크된 문자는 문자를 클릭하거나 마우스를 올려놓거나 클릭을 했었는지에 대한 상태 정보를 갖는다.

예제 프로그램에서 의사 선택자의 문법은 다음과 같다.

선택자 : 의사클래스 { 속성 : 값;}

예제 3-9 프로그램을 실행하면 하이퍼링크된 문자는 골드색으로 나타난다. 사용자가 마우스로 해당 하이퍼링크 문자를 클릭하면 해당 사이트를 방문한 것으로 판단하고 색상을 실버로 변경한다. hover 속성에 의해 마우스를 올려놓으면 문자의 크기가 커지게 된다. 주의해야 할 점은 a:hover는 반드시 a:link, a:visited 다음에 와야 한다. a:active는 a:hover 다음에 위치한다.

```
a:link { color: pink; }   하이퍼링크 요소의 색상을 핑크(pink)로 설정
a:visited { background-color: gray;} 한번 방문한 링크에 대해 배경색을 실버 설정
a:hover { font-size:30px; } 하이퍼링크에 마우스를 올려놓으면 문자크기를 30px 변경
```

그림 3-13 의사 선택자

예제 3-9   의사 선택자 pseduo.html

```html
<!Doctype html>
<html>
<head>
<title>예제 3-9 의사선택자</title>
<meta charset="utf-8">
<link type="text/css" rel="stylesheet" href="color.css">
<style>
    a:link { color: pink; }
    a:visited { background-color: gray; }
    a:hover { font-size:30px; }
 </style>
</head>
<body>
    <h1 class="first" >의사 선택자 </h1>
    <a href="#">CSS3</a><br>
    <a href="#">의사선택자</a><br>
    <a href="#">HTML5</a><br>
    <h1 class="second">Welcome to World Wide Web</h1>
</body>
</html>
```

3.3.8 폰트와 텍스트 속성

HTML5에서는 문자의 스타일과 관련하여 font 스타일을 사용하여 문자를 표현할 수 있으며 문자의 다양한 형태와 효과에 대해서는 text 스타일을 제공하여 문자를 표현할 수 있다. 표 3-2 는 font와 text의 속성과 기능을 나타내고 있다.

font-family는 Sans-serif체와 Serif체가 있다. 그림 3-14에서 같이 Sans-serif 체는 삐침이 없는 곧고 간결한 문자체를 의미하고 Sefif체는 문자의 끝에 삐침이 있는 문자체를 의미한다. 이외 에도 Monospace 체가 있는데 같은 폭의 크기를 갖는 문자체이다.

그림 3-14 font-family

표 3-2 font/text 스타일

속성		기능
font	font-family	문자체
	font-size	문자의 크기
	font-style	문자의 스타일
	font-weight	문자의 굵기
text	color	문자의 색상
	direction	문자의 작성 방향으로 왼쪽쓰기, 오른쪽쓰기가 있다.
	letter-spacing	문자의 간격
	line-height	문자의 줄의 높이
	text-align	문자의 정렬
	text-transform	문자의 변환 lowercase, uppercase, capitalize
	text-shadow	문자의 그림자 효과 x, y, z, color
	text-indent	문자의 들여쓰기
	text-decoration	문자 장식으로 밑줄, 취소선, 윗줄이 있다.

예제 3-10은 font와 text와 관련된 속성을 적용한 것으로 font의 속성 중 font-weight는 bold, font-size는 16px 그리고 font-style은 sans-serif 체로 표현 하였다. <body> 태그 요소에 대해 스타일을 적용하였기 때문에 문서 전체의 font에 대해 적용된다.

```
body { font : bold 16px sans-serif; }
```

font-size의 단위는 일반적으로 px를 사용하지만 W3C에서는 em의 사용을 권장하고 있다. 웹 브라우저의 기본 font-size는 16px이며 이 크기를 1em이라한다. 만약 font-size가 2em이라면 32px의 크기가 된다.

font의 weight, size, family 속성을 한 번에 표현할 때는 다음과 같이 font 속성만을 사용하여 나타낼 수 있다.

문자(text)의 효과는 색상을 비롯하여 문자의 장식 등 매우 다양하다. 예제 프로그램에서는 id 선택자를 사용하여 9개의 <h1>태그에 대해 각기 다른 text 속성을 부여하였으며 그림 3-15에 실행 결과를 나타내었다.

```
#fr01{ color:red; }  : 파랑색 텍스트
#se01{ direction:rtl; } : rtl(right to left)로서 오른쪽 정렬 효과
#th01{ letter-spacing:15px; } :  각 텍스트의 간격을 10px로 유지
#fo01{ line-height:25px; text-decoration:overline; } : 줄의 간격을 25px로 하였으며 텍
스트의 효과로 오버라인(overline)을 적용
#fi01{ text-align:center; text-decoration:line-through; } : 중앙 정렬과 취소선으로 표
시.
#si01{ text-decoration:overline; } :  텍스트위에 윗줄이 표시.
#se01{ text-indent:5px; } : 들여쓰기표현 (아직미비함)
#ei01{ text-transform:lowercase; }:텍스트 변환으로 대문자가 소문자로 변환됨. uppercase는
소문자를 대문자로 변환하고 capitalize는 첫 문자만 대문자로 변환한다.
```

문자에 그림자 효과를 주기 위해서는 text-shadow 속성을 사용한다. text-shadow는 4개의 속성 값으로 표현한다. 첫 번째 인자는 가로(x) 이격거리, 두 번째 인자는 세로 이격거리(y), 세 번째 값은 그림자의 흐림 정도(z) 그리고 마지막 값은 그림자의 색상을 나타낸다. 만약 인자 값들이 음의 값을 갖는다면 문자보다 왼쪽 또는 위쪽에 그림자가 생성된다.

#ni01{ text-shadow: 5px 10px 5px black; } 텍스트에 그림자 효과를 나타낸다. 그림자는 문자
로부터 가로축 5px 세로축으로 10px 떨어져서 생긴다. 그림자의 흐림 정도를 5px로 표시하였다. 값
이 클수록 그림자의 선명도는 흐려지고 크기는 커진다.

text-shadow: -5px -3px 15px red;로 그림자를 설정하면 다음 그림과 같이 문자 보다 왼쪽과 위
쪽으로 빨강색의 그림자가 생긴다. 그림자의 흐림 정도를 15px로 하였기 때문에 크고 흐릿한
모양으로 나타난다.

예제를 실행시킨 결과를 그림 3-15에서 확인할 수 있다.

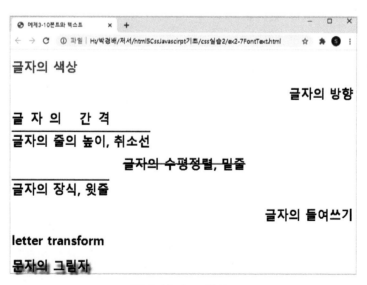

그림 3-15 Font와 Text

예제 3-10	FontText.html

```html
<!Doctype html>
<html>
<head>
<title>예제3-10폰트와 텍스트</title>
<meta charset="utf-8">
<!--<link type="text/css" rel="stylesheet" href="color.css">-->
<style>
    body { font : bold 14px sans-serif; }
    #fr01{ color:red; }
    #se01{ direction:rtl; }
    #th01{ letter-spacing:15px; }
    #fo01{ line-height:25px; text-decoration:overline; }
    #fi01{ text-align:center; text-decoration:line-through; }
    #si01{ text-decoration:overline; }
    #se01{ text-indent:5px; }
    #ei01{ text-transform:lowercase; }
    #ni01{text-shadow: 5px 10px 5px black;}
 </style>
</head>
<body>
    <h1 id="fr01">글자의 색상</h1>
    <h1 id="se01">글자의 방향</h1>
    <h1 id="th01">글자의 간격</h1>
    <h1 id="fo01">글자의 줄의 높이, 취소선</h1>
    <h1 id="fi01">글자의 수평정렬, 밑줄</h1>
    <h1 id="si01">글자의 장식, 윗줄</h1>
    <h1 id="se01">글자의 들여쓰기</h1>
    <h1 id="ei01">LETTER TRANSFORM</h1>
    <h1 id="ni01">문자의 그림자</h1>
</body>
</html>
```

3.3.9 색상 표현*

TV, 컴퓨터, 영상 등 빛을 발산하는 매체들은 색상을 표현하기 위해 빛의 3원소인 빨강, 초록 그리고 파랑색을 사용한다. 컴퓨터 그래픽에서는 이들을 rgb로서 나타내며 이들을 혼합하여 물체의 색상들을 표현한다. 빛을 발산하는 매체에서 rgb 3원색을 모두 혼합하면 흰색으로 나타나며 rgb가 없는 것은 검은색으로 표현된다. 또한 rg를 혼합하면 노랑색 계통의 색상으로 표현되면 gb를 혼합하면 청녹색 계통의 색상이 나타난다. 이처럼 rgb를 혼합하면 자연계에 존재하는 대부분의 색상을 만들 수 있다. 그러나 컴퓨터 메모리의 한계로 표현할 수 있는 색상은 많지만 자연계에 존재하는 색상처럼 무한대는 아니다.

> **TIP 컴퓨터의 색상 표현 방식**
>
> 컴퓨터에서 색상을 표현하는 방식을 이해하려면 컴퓨터의 기본 개념에 대해 이해를 해야 한다. 컴퓨터에서 사용하는 모든 연산과 데이터 단위는 비트(bit)이다. 1bit는 두 가지 상태를 표현할 수 있으며 2진법의 기초가 된다. 컴퓨터 그래픽에서는 rgb의 각각의 색상을 표현하기 위해서 8비트씩 할당하고 있다. 8비트가 표현할 수 있는 색상의 수는 256가지이다. 0의 값은 검정색을 나타내고 255의 값은 각각 빨강, 초록 그리고 파랑색을 나타낸다. 각 rgb가 8비트씩 이므로 세 가지 색상을 혼합하면 256^3 = 16777216 가지의 색상을 나타낼 수 있다. 무한대의 색상 값은 아니더라도 인간의 시각은 매우 둔감하여 유사한 색상들을 구분하지 못한다.
>
> 컴퓨터 그래픽에서는 모니터의 색상을 표현할 때 rgb 색상을 표현하기 위하여 각각 8비트씩 부여하여 표현한 색상을 트루 칼라(true Color)라고 부른다. 과거 메모리의 용량이 크지 않았을 때는 rgb 색상 표현을 위해 5 5 6비트로 할당하여 색상을 표현하였다. 이처럼 색상 표현을 위해 16비트를 할당하여 색상을 표현한 방식을 하이칼라(high color)라고 하였다. 반면에 rgb 색상 표현을 위해 24비트를 할당한 방식을 트루 칼라라 한다. 트루 칼라는 RGB 이외에도 투명한 배경을 위하여 8비트를 추가적으로 할당해서 최대 32비트로 색상을 표현한다. 배경화면의 아이콘은 32비트를 할당한 대표적인 그래픽 표현 방법이며 24비트로 트루 칼라를 표현한 대표적인 이미지 파일은 jpg가 있다. 배경색이 투명한 이미지로서 png와 gif는 32비트 이미지 파일이다.
>
> HTML5에는 RGB 색상의 표현을 위해 색상 이름(red, green, blue..) 등을 사용하여 나타내기도 한다. 색상 이름으로 색상을 표현하는 방법은 효율적으로 색상을 표현하지만 표현할 수 있는 색상은 한정된다. https://www.w3schools.com/colors/colors_names.asp 사이트에서는 사용할 수 있는 색상 이름값을 제공하고 있으니 참조하기 바란다. 색상이름으로 표현할 수 있는 색상의 수는 한정되어 있으므로 간단한 색상을 제외하고는 rgb 색상 표현을 위해 #FFFFFF와 같이 16진수 표현으로 00~FF사이의 값을 각각 적용하여 색상을 표현하는 것이 가장 일반적이다. HTML5에서도 16진수를 사용

---

* 가상현실을 위한 HTML5 & Web3D, 박경배, 21세기사

> 📑 **TIP 컴퓨터의 색상 표현 방식**
>
> 하여 색상을 표현하는 것을 권장하고 있다. 16진수 표현으로 00은 색상이 없는 것으로 표현되어 검정색이 된다. FF의 값은 순수한 rgb 자신의 색상을 나타낸다. 만약 흰색을 표현하고 싶다면 rgb 각각의 값을 모두 FFFFFF로 만들어 주면 된다. 또한 보라색을 만들고 싶다면 rb는 FF의 값으로 표현하지만 g의 값은 00이 된다. 16진수로 색상을 표현할 때 주의할 점은 색상 값 앞에 #을 붙여야 한다. #FF00FF는 보라색을 표현한다. 그 밖의 다른 색상들은 00~FF사이의 값들을 적절히 조절하여 표현할 수 있다.
>
> 16진수로 색상을 표현할 때 10은 A로 표현하고 11은 B와 같은 문자로 표현함으로써 10진수와 구별한다. 따라서 #AABBCC와 같은 16진수로 다양한 색상을 표현할 수 있다.

표 3-3에 일반적으로 사용되는 색상을 16진수로 나타낸 테이블 값을 볼 수 있다.

표 3-3 RGB 값과 색상 테이블(참고 자료:가상현실)

RGB	색상	RGB	색상	RGB	색상
FF0000		00FF00		0000FF	
880000		008800		000088	
220000		002200		000022	
FFFF00		00FFFF		FF00FF	
888800		008888		880088	
888800		002222		220022	
FFFF88		88FFFF		FFFFFF	
888822		228888		888888	
2222FF		AA2222		222222	

예제 3-11 프로그램에서 <h1>에 대해 배경색을 색상이름 "red"로 선언하였다.

```
h1  { background-color: red; }
```

클래스 선택자(p.a,p.b,p.c,p.d)와 아이디 선택자(p#a,p#b,p#c,p#d)는 16진수 표현으로 색상 값을 이용하여 각 요소의 색상을 표현하였다. 그림 3-16의 프로그램 실행 결과처럼 아이디와 클래스 선태자를 적용하여 16진수로 색상을 표현한 방법은 형형색색의 다양한 형태로 표현할 수 있다.

```
.a { background-color: #ff95ed; }
.b { background-color: #0078ff; }
.c { background-color: #aa00ff; }
.d { background-color: #888888; }
#a { background-color: #fff000; }
#b { background-color: #ff10ff; }
#c { background-color: #f0101f; }
#d { background-color: #f0f0f0; }
```

예제 3-11   color.html

```html
<!DOCTYPE html>
<html>
<head><meta charset="utf-8"><title>색상표현</title>
    <style>
    h1  {background-color: blue; }
    p.a {background-color: #ff95ed;} p.b {background-color: #0078ff;}
    p.c {background-color: #aa00ff;} p.d {background-color: #888888;}
    p#a {background-color: #fff000;} p#b {background-color: #ff10ff;}
    p#c {background-color: #f0101f;} p#d {background-color: #f01100;}
    </style>
</head>
<body>
    <h1>16진수 CSS 색상표현</h1>
    <p class="a">Color #ff95ed;</p>    <p class="b">Color #0078ff;</p>
    <p class="c">Color #aa00ff;</p>    <p class="d">Color #888888;</p>
    <p id="a">Color #fff0000;</p>    <p id="b">Color #fff10ff;</p>
    <p id="c">Color #f0101f;</p>    <p id="d">Color #f01100;</p>
</body>
</html>
```

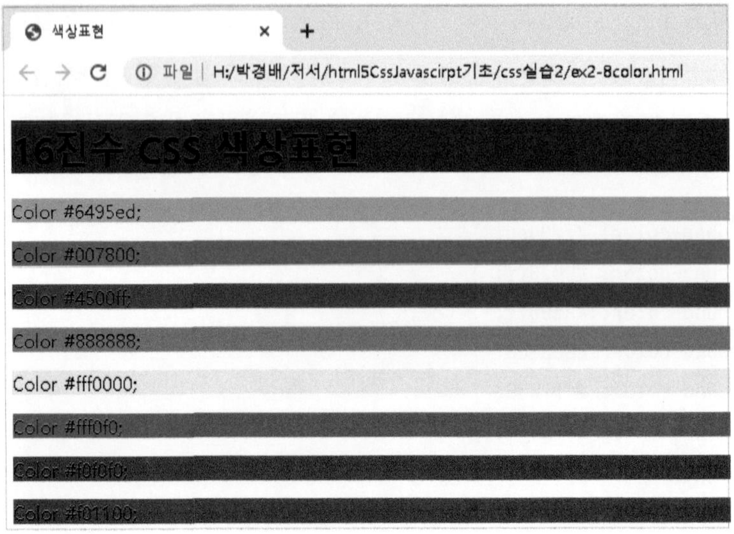

그림 3-16 색상표현

3.3.10 경계선(border)

html 문서내의 모든 콘텐츠 요소는 경계선으로 스타일을 지정할 수 있다.

경계선의 속성은 border를 사용하여 나타낼 수 있으며 경계선의 폭(border-width)과 경계선의 종류(border-style) 그리고 색상(border-color)으로 이루어졌다. 이들은 각각 따로 표현할 수 있으며 border 스타일만 적용해서 3가지 속성을 동시에 표현할 수도 있다. border를 사용하여 경계선을 표현할 경우 속성의 순서는 상관없이 사용가능하다.

경계선 선의 굵기, 색상, 종류

```
border-width: 2px;           // 경계선의 굵기
border-style: solid;         // 경계선의 종류
border-color: red;           // 색상표현
border: 3px dotted red;      //경계선의 3가지 속성 모두 표현
```

경계선의 종류에는 예제에서와 같이 8가지가 있으며 경계선을 만들지 않거나 보이지 않게 하려면 border-styhle:none; 이나 border-style:hidden 으로 설정한다.

```
<p style="border: dotted 1px red;">dotted</p>          //점선(dotted)
<p style="border: dashed 2px #ff00ff;">dashed</p>      //대쉬선(dashed)
<p style="border: solid  4px #ff0077;">solid</p>       //실선(solid)
<p style="border: double 8px #00ffff;">double</p>      //이중실선(double)
<p style="border: groove 16px #88ff99;">groove</p>     //그루브(입체양각)
<p style="border: ridge  24px #aaffcc;">ridge</p>      //릿지(입체양각)
<p style="border: inset  32px #8888ff;">inset</p>      //인셋(입체음각)
<p style="border: outset 48px #77ff77;">outset</p>     //아웃셋(입체음각)
```

예제 3-12에서 모든 <p>에 경계선 스타일을 적용하여 8가지 경계선을 나타내었다. groove, ridge, inset, outset은 선의 굵기가 너무 작으면 눈으로 확인하기 어렵다.

<div>에 할당된 id의 #brdr 속성은 경계선이 한 줄의 문단 단위가 아니라 그룹단위로 경계선을 설정할 수 있음을 나타내고 있다.

```
<div id="brdr"> #brdr{ border:4px dashed black;}
```

만약 여러 종류의 경계선을 혼합하여 사용하고 싶다면 다음과 같이 스타일을 설정한다.

아래 그림에서처럼 4개의 속성 값은 위(top)부터 시계방향으로 오른쪽(right), 아래(bottom) 그리고 왼쪽(left)이 된다.

```
<p style="border-style:dotted dashed solid double;">
```

경계선 혼합

예제 3-12 border.html

```html
<!DOCTYPE html>
<html>
<head>
    <title>경계선스타일(BorderStyle)</title>
    <meta charset="utf-8">
    <meta name="author" content="저자">
    <meta content="Web3D, HTML5, 태그, CSS3">
    <link type="text/css" rel="stylesheet" href="color.css">
    <style>
        h1 { border-style: dotted;}
        #brdr{ border:4px dashed black;}
    </style>
</head>
<body>
    <div id="brdr">
    <h1>경계선 스타일</h1>
    <p style="border: none">none.</p>
    <p style="border: dotted 1px red;">dotted</p>
    <p style="border: dashed 2px #ff00ff;">dashed</p>
    <p style="border: solid  4px #ff0077;">solid</p>
    <p style="border: double 8px #00ffff;">double</p>
    <p style="border: groove 16px #88ff99;">groove</p>
    <p style="border: ridge  24px #aaffcc;">ridge</p>
    <p style="border: inset  32px #8888ff;">inset</p>
    <p style="border: outset 48px #77ff77;">outset</p>
    </div>
</body>
</html>
```

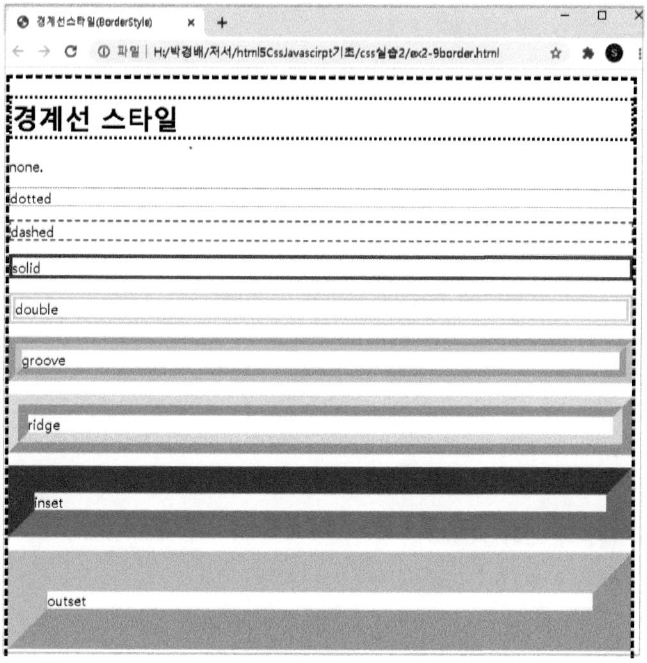

그림 3-17 경계선 속성

4개의 경계선을 각기 다르게 설정할 수 있지만 border-style의 속성 값을 3개와 2개만 줄 수 도 있다. 3개만 설정할 경우에는 첫 번째와 세 번째는 top과 bottom을 나타내며 두 번째 값은 right 와 left의 경계선을 지정하게 된다. border-style을 2개만 설정하게 되면 첫 번째 속성 값은 top 과 bottom 두 번째 속성 값은 right와 left의 경계선을 지정한다.

```
<style>
    #four {border-style:dotted dashed solid double; }
    #three{border-style: double solid dotted }
    #two {border-style: solid double }
</style>

<p id="four">4개 혼합(top,right,bottom,left)</p>
<p id="three">3개 혼합(top, right/left, bottom)</p>
<p id="two">2개 혼합(top/bottom, right/left)</p>
```

예제 3-13	borderMix.html

```
<!DOCTYPE html>
<html>
<head><title>경계선 스타일(BorderStyle)</title>
<meta charset="utf-8">
    <style>
    #four {border-style:dotted dashed solid double; }
    #three{border-style: double solid dotted }
    #two {border-style: solid double }
    </style>
</head>
<body>
    <h1>경계선의 속성과 스타일</h1>
    <p id="four">4개 혼합(top,right,bottom,left)</p>
    <p id="three">3개 혼합(top, right/left, bottom)</p>
    <p id="two">2개 혼합(top/bottom, right/left)</p>
</body>
</html>
```

경계선의 속성과 스타일

4개 혼합(top,right,bottom,left)

3개 혼합(top, right/left, bottom)

2개 혼합(top/bottom, right/left)

경계선의 모서리를 둥글게 하고 싶다면 border-radius 속성을 사용한다. border-radius의 값이 클수록 모서리는 둥근 모양으로 나타난다. 그림에서 빨강색 경계선의 radius 값은 5px이고 파랑색 경계선은 20px이다. 파랑색 경계선의 모서리가 더욱 둥근 모양으로 나타난다.

```
<p style="border:2px solid red; border-radius:5px;">
<p style="border:2px solid blue; border-radius:20px;">
```

둥근모서리

border:2px solid red; border-radius:5px

border:2px solid blue;border-radius:20px

3.3.11 박스(box)와 그림자(shadow)

콘텐츠 요소에 경계선을 스타일한 것과 유사하게 콘텐츠에 다양한 형태의 박스와 그림자를 설정할 수 있다. 박스의 속성으로 그림 3-18과 같이 여백(margin)과 패딩(padding) 그리고 경계선을 포함한다. 박스의 contents는 문자나 이미지 등을 나타내며 각 콘텐츠는 패딩과 경계선 그리고 여백으로 둘러 쌓인다. magin과 padding은 투명하기 때문에 보이지 않는다.

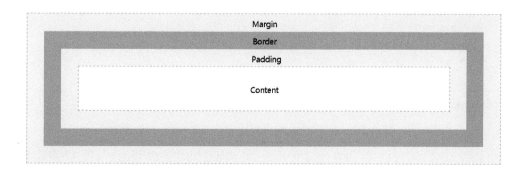

그림 3-18 Box 모델

박스의 크기는 width와 height속성을 이용하여 크기 값을 설정한다. width, height의 크기 속성은 일반적으로 px 단위를 사용하지만 다른 크기 요소들처럼 %을 사용하여 화면의 비율로 스타일할 수 있다.

```
width: 150px; height: 100px;    //150×100크기 박스
background-color: gold;          //박스 색상
```

예제 3-14에서는 <p>와<div>는 id 선택자로 표현하였고 #target1과 #target2를 이용하여 박스

에 둘러 쌓인 문자를 표현하였다.

```
#target1{ width: 150px; height: 100px; background-color: gold; }    //150×100 골드박스
#target2{ width:200px; height:100px; background-color: #000088; }    //초록박스
```

예제에서 <h1>태그는 박스와 함께 박스의 그림자를 설정하였다. 그림자는 문자뿐만 아니라 박스에도 동일하게 적용할 수 있다. 박스의 그림자는 4가지 속성 값을 갖는다. 첫 번째와 두 번째 값(5px,5px)은 원본 박스에서 x축과 y축으로부터 떨어진 거리를 나타낸다. 세 번째 3px은 표현되는 그림자의 선명도를 나타낸다. 값이 작을수록 선명하고 큰 값은 넓고 흐리게 나타난다. 마지막 값은 그림자의 색상을 나타낸다.

```
box-shadow:5px 5px 3px #aaaaaa;// x거리,y거리, 그림자 선명도, 색상
```

경계선이나 박스의 모서리를 둥근 모양으로 만들고 싶다면 border-radius속성을 사용한다.

```
border-radius:20px;//둥근 모서리
```

프로그램 실행결과는 그림 3-19에서 나타내었으며 콘텐츠가 박스의 형태로 나타난 것을 볼 수 있다.

예제 3-14 boxShadoow.html

```html
<!DOCTYPE html>
<html>
<head>
    <title>박스와 그림자</title>
    <meta charset="utf-8">
    <meta name="author" content="저자">
    <meta content="Web3D, HTML5, 태그, CSS3">
    <link type="text/css" rel="stylesheet" href="color.css">
```

```
<style>
#target1{ width: 150px; height: 100px; background-color: gold; }
#target2{ width:200px; height:100px; background-color: #000088; }
</style>
</head>
<body>
    <p id="target1">id="target1" p요소입니다. </p>
    <div id="target2">id="target2" div요소입니다.</div>
    <h1 style="width:200px; height:100px; box-shadow:5px 5px 3px #888888;">
     박스와 그림자</h1>
    <h1 style="width:200px; height:50px; background:blue;
        box-shadow:5px 5px 3px #aaaaaa;border-radius:30px">
        둥근박스</h1>
</body>
</html>
```

그림 3-19 박스와 그림자

과제

1. CSS의 기능에 대해 설명하시오.

2. CSS를 사용하기 위한 문법에 대해 설명하시오.

3. CSS를 html에서 사용하기 위한 3가지 방법에 대해 설명하시오.

4. CSS의 선택자 중 타입, 아이디, 클래스 선택자에 대해 설명하시오.

5. 아이디 선택자를 이용하여 다음 그림과 같은 스타일을 적용하시오.

6. text 스타일을 적용하여 다음 그림을 구현하시오.

문자의 그림자

7. border를 사용하여 다음 그림을 구현하시오.

경계선 혼합

8. 8가지 경계선에 대해 설명하시오.

9. 다음과 같은 박스와 그림자를 구현하시오.

참고 사이트

1.   https://www.w3schools.com/css/default.asp
2.   https://www.w3schools.com/css/css_syntax.asp
3.   http://webberstudy.com/html-css/css-1/border/
4.   https://ofcourse.kr/css-course/border-%EC%86%8D%EC%84%B1
5.   https://developer.mozilla.org/ko/docs/Web/CSS
6.   https://ko.wikipedia.org/wiki/종속형_시트
7.   https://css.gethub.com/css/

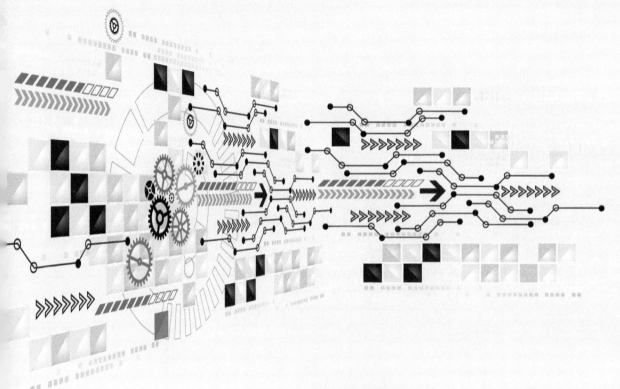

CHAPTER 4

웹 화면 설계

4.1 콘텐츠 위치

4.1.1 표시(display)

html 태그 요소들은 문단 형식으로 나타내거나 한 줄로 표현하는 방법에 있어서 블록(block)과 인라인(inline) 방법으로 분류된다. 아래 그림과 같이 블록 요소는 `<h>`나`<p>` 등과 같이 문단 단위로 표시되는 요소를 말하며 `<i>`,`<a>`,`<b>`와 같이 줄 바꿈 없이 사용되는 요소를 인라인 요소라 한다. 이와 같은 블록요소와 인라인 요소는 display 스타일 속성을 이용하여 서로 변경가능하다.

```
블록요소

    1. List
    2. Software
    3. Convergence
    4. Dept.
    5. Contact
```
```
인라인요수 │이탤릭│위첨자│아래첨자│링크│
```

예제 4-1은 대표적인 블록요소로 `<li>`를 인라인으로 표시하는 방법을 나타낸 것이다.

```
//id Olist항목을 인라인으로 표시하기
#OList li { display:inline; border: 1px solid red;}
<ol id="OList">   //블록요소로서 <li>항목들은 줄바꿈되어 표시된다.
        <li>List</li>
        <li>Software</li>
        <li>Convergence</li>
        <li>Dept.</li>
        <li>Contact</li>
</ol>
```

인라인 요소`<i>`,`<b>`,`<a>`요소들을 블록요소로 표시하기 위해선 각 태그에 동일한 아이디 #block을 정의하고 display 속성을 inline로 설정하면 된다.

```
#block { display:block; }
<i id="block">이탤릭</i>          <sup id="block">위첨자</sup>
<sub id="block">아래첨자</sub>      <a id="block"href="#">링크</a>
```

그림 4-1과 같이 블록요소는 인라인요소로 변경되고 인라인요소는 블록요소로 변경되어 표시되는 것을 볼 수 있다.

예제 4-1 display.html

```
<!DOCTYPE html>
<html>
<head>
    <title>display 속성</title>
    <meta charset="utf-8">
    <meta name="author" content="저자">
    <meta content="Web3D, HTML5, 태그, CSS3">
    <link type="text/css" rel="stylesheet" href="color.css">
    <style>
        #OList li {display:inline;border: 1px solid red;}
        #block {display:block;}
    </style>
</head>
<body>
    <ol id="OList">
        <li>List</li>
        <li>Software</li>
        <li>Convergence</li>
        <li>Dept.</li>
        <li>Contact</li>
    </ol>
    <i id="block">이탤릭</i>          <sup id="block">위첨자</sup>
    <sub id="block">아래첨자</sub>      <a id="block"href="#">링크</a>
</body>
</html>
```

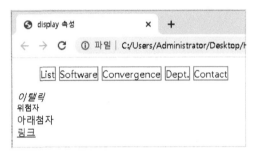

그림 4-1 display 속성

4.1.2 마진(margin)과 패딩(padding)

웹 문서의 화면 구성을 표현하기 위해서 요소의 위치를 설정하는 것은 매우 중요하다. html의 구문을 나타내는 요소 <header>, <nav>, <article> 등을 이용해 웹 문서를 디자인할 경우 요소들의 배치에 따라 디자인의 성격이 달라진다.

margin과 padding은 웹 문서의 콘텐츠간의 여백을 정의함으로써 웹문서를 디자인한다. margin은 콘텐츠간의 여백을 정의하고 padding은 콘텐츠 안에서의 여백을 정의한다.

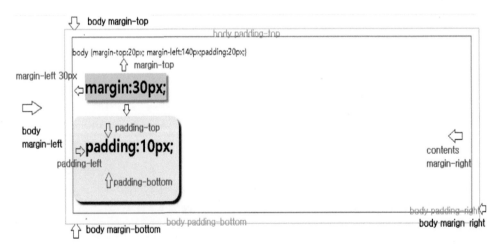

그림 4-2 margin과 padding
출처: 가상현실을 위한 html5&web3d

margin과 padding은 그림 4-2와 같이 각각 화면의 위(top), 오른쪽(right), 아래(bottom)그리고 왼쪽(left)의 속성을 갖고 있으며 단순히 margin이나 padding이라하면 4개의 속성을 모두 같은 값으로 지정한다. margin과 padding은 웹브라우저 화면에서의 여백뿐만 아니라 문자나 박스와 같이 단일 콘텐츠에서도 동일하게 적용된다. margin은 콘텐츠와 콘텐츠 간의 여백을 지정하고 padding은 콘텐츠 내에서 위, 오른쪽, 아래, 왼쪽의 여백을 지정하여 나타낸다.

만약 위 부분과 왼쪽 부분의 margin을 따로 정의하고 싶다면 각각의 요소에 대해 개별적으로 margin-top:20px; margin-left:40px;으로 정의한다. 예제 4-2에서는 padding의 속성을 4개의 면에 모두 20px로 동일하게 정의되었다.

```
body {margin-top:20px; margin-left:140px; padding:20px;}
```

그림 4-2에서 보는 바와 같이 문서의 스타일은 브라우저 창의 화면을 기준으로 margin의 속성을 적용하였다. <body> 태그 요소는 화면의 상단(margin-top), 오른쪽(margin-right), 아래쪽(margin-bottom) 그리고 왼쪽(margin-left)으로 20px로 설정하였다. 만약 마진의 스타일을 아래와 같이 정의 되었다면 순서는 위쪽, 오른쪽, 아래쪽 그리고 왼쪽의 순으로 지정된다.

```
margin : 20px 30px 30px 25px;
```

body의 padding은 눈에 보이지 않지만 그림 4-3에서 파랑색 선으로 표시된 영역이다. 예제 4-2에서는 <div>를 사용하여 빨강색 영역을 표시하였고 파랑색 영역은 다른 콘텐츠와의 여백을 나타낸다. padding 역시 margin과 같이 top, right, bottom 그리고 left 속성을 가진다.

body 스타일에서 padding:20px로 설정하였으면 body안의 콘텐츠들은 20px의 여백이 주어진다.

body 스타일의 마진과 패딩이 문서 전체 영역의 여백을 설정하는 것이라면 인라인 스타일이 적용된 태그와 아이디는 각 콘텐츠의 여백을 설정한다. 그림 4-3에서 빨강색 영역은 콘텐츠 안의 마진과 패딩을 나타낸다.

```
#target1 { width: 200px; height: 50px; background:#00ffff; margin:30px; }
#target2 { width: 200px; height: 100px;background:#ffff00; padding:30px; }
```

#target1은 margin:30px로 파랑색 박스가 위쪽의 <p>, 왼쪽 빨강색 선의 경계 그리고 아래쪽의 노란색 박스로부터 각각 30px의 여백이 주어진다.

#target2 역시 padding:30px로 정의하여 노란색 박스 안의 여백이 모두 30px 여백이 생긴다. margin과 padding 값에 따라 박스의 위치는 변하게 된다. 그림 4-3은 예제 4-2의 실행 결과를 나타낸 깃이다.

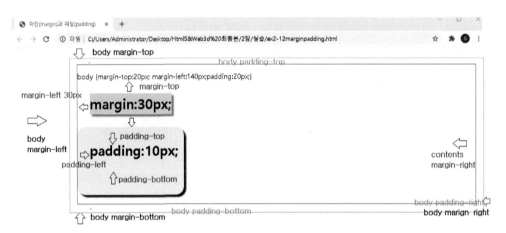

그림 4-3 마진과 패딩

출처: 가상현실을 위한 html5&web3d

예제 4-2　　marginPadding.html

```
<!DOCTYPE html>
<html>
<head>
<title>마진(margin)과 패딩(padding)</title>
<meta charset="utf-8">
    <style>
    body {margin-top:20px; margin-left:140px;padding:20px;}
    #target1 {width: 200px; height: 50px; background:#00ffff; margin:30px; }
```

```
#target2 {width: 200px; height: 100px;background:#ffff00 ;padding:30px;}
    </style>
</head>
<body>
    <div id="bd" style="border:1px solid red;">
    <p>body {margin-top:20px; margin-left:140px;padding:20px;}</p>
    <h1 id="target1" style="box-shadow:5px 5px 3px #888888;">margin:30px; </h1>
    <h1 id="target2" style="box-shadow:5px 5px 3px #770000;border-radius:20px">
        padding:30px;</h1>
    </div>
</body>
</html>
```

4.1.3 위치 설정(position)

html 요소들의 마진과 패딩이 콘텐츠간의 여백과 관련하여 화면을 디자인하는 것이라면 요소의 위치는 콘텐츠의 위치를 정하여 화면 설계를 디자인하는 방법이다.

CSS를 이용한 위치 설정방법은 다음과 같이 5가지가 있다.

① **정적위치(static position)** : 웹 문서의 태그 순서에 따라 정상적인 위치로 설정(기본 값)
② **상대위치(relative position)** : 주변 콘텐츠의 위치에 따라 상대적인 위치로 설정
③ **절대위치(absolute position)** : 정적위치가 아닌 요소를 기준으로 위치 설정
④ **고정위치(fixed position)** : 윈도우 화면 크기변화(스크롤)가 되어도 고정된 위치 설정
⑤ **가변위치(sticky position)** : 정적위치와 같지만 스크롤 상태가 한계치가 되면 고정위치를 적용하여 박스를 고정시킨다.

html 요소들은 기본적으로 정적(static)위치 방식으로 설정되며 정적위치는 웹 페이지의 자연스러운 흐름에 따라 위치를 설정하므로 top, right, bottom. left 속성에 영향을 받지 않는다. html 요소를 상대(relative)위치 방식으로 설정하면 해당 요소는 top, right, bottom, left의 값에

따라 위치를 설정한다.

절대(absolute)위치는 해당 요소 이전의 콘텐츠 위치를 기준으로 상대(relative) 위치로 설정된다. 만약 다른 선행 콘텐츠의 위치요소 없이 정적위치로만 선언되었다면 <body> 문서의 최고 왼쪽상단을 기준으로 위치를 설정하며 페이지를 스크롤하게 되면 그에 따라 이동한다. 고정 (fixed) 위치의 경우는 브라우저 화면의 크기에 상관없이 웹 페이지가 스크롤이 되어도 항상 고정된 위치에 표시된다.

예제 4-3은 static 배치의 방법으로 나타낸 것이다. 5개의 박스는 html 요소의 흐름으로 자연스럽게 나열된다. static 스타일의 경우 top, left, bottom, right 값은 적용되지 않는다.

예제 4-3	static.html

```html
<!DOCTYPE html>
<html>
<head>
<title>위치설정(positioning):static</title>
    <meta charset="utf-8">
    <meta name="author" content="저자">
    <meta content="Web3D, HTML5, 태그, CSS3">
    <link type="text/css" rel="stylesheet" href="color.css">
    <style>
    #stt { position:static; width:200px;height:50px;background:#ff0000; }
    #rlt { position:static; width:200px;height:50px;background:#11ff00; }
    #abs { position:static; width:200px;height:50px;background:#0000ff; }
    #fxd { position:static; width:200px;height:50px;background:#00ffff; }
    #stc { position:static; width:200px;height:50px;background:#f0f0f0; }
    </style>
</head>
<body>
    <p id="stt" style="top:50px;">position:static</p>
    <div id="rlt" style="top:25px; left:50px;">position:static</div>
    <p id="abs" style="right:150px;">position:static; </p>
    <div id="fxd" style="right:200px;">position:static; </div>
    <p id="stc" style="right:150px;">position:static; </p>
```

```
</body>
</html>
```

그림 4-4 static 배치

예제 4-4는 relative 배치에 의한 표시방법으로 각 요소들은 top과 left의 값에 따라 상대적으로 배치된다.

예제 4-4 relative.html

```
<!DOCTYPE html>
<html><head>
<title>위치설정(positioning):relative</title>
<meta charset="utf-8">
    <style>
    #stt { position:relative; width:200px;height:50px;background:#ff0000; }
    #rlt { position:relative; width:200px;height:50px;background:#11ff00;}
    #abs { position:relative; width:200px;height:50px;background:#0000ff }
    #fxd { position:relative; width:200px;height:50px;background:#00ffff }
    #stc { position:relative; width:200px;height:50px;background:#fff0f0 }
    </style></head>
```

```
<body>
    <h4>상대적인 배치:relative</h4>
    <p id="stt" style="top:50px;">position:relative top:50px</p>
    <div id="rlt" style="top:50px; left:50px;">
        position:relative top:50px; left:50px;</div>
    <p id="abs" style="top:50px;left:150px;">
        position:relative; top:50px:left:150px</p>
    <div id="fxd" style="top:50px;">position:relative;top:50px; </div>
    <p id="stc" style="top:50px;left:100px;">
        position:relative;top:50px;left:100px; </p>
</body>
</html>
```

그림 4-5 relative 배치

예제 4-5는 relative와 absolute 배치를 혼합하여 나타낸 것이다. 그림 4-6에서 absolute로 선언
된 요소가 relative 요소와 겹쳐진 것을 확인할 수 있다.

예제 4-5   absolute.html

```
<!DOCTYPE html>
<html>
<head>
<title>위치설정(positioning):absolute</title>
    <meta charset="utf-8">
    <meta name="author" content="저자">
    <meta content="Web3D, HTML5, 태그, CSS3">
    <link type="text/css" rel="stylesheet" href="color.css">
    <style>
    #stt { position:relative; width:200px;height:50px;background:#ff0000; }
    #rlt { position:absolute; width:200px;height:50px;background:#11ff00;}
    </style></head>
<body>
    <h4>절대 배치:absolute</h4>
    <p id="stt">position:relative</p>
    <div id="rlt" style="top:100px; left:50px;">position:absolute</div>
</body>
</html>
```

그림 4-6 absolute 배치

- fixed

position의 값을 fixed로 선언하게 되면 요소는 항상 해당 위치에 고정된다. fixed 효과는 그림 4-7에서처럼 웹 화면의 스크롤 상태에서 확인할 수 있다. 스크롤을 하게 되면 relative와 absolute는 스크롤에 따라 콘텐츠가 움직이나 fixed로 선언된 경우에는 스크롤하여도 콘텐츠는 고정되어 위치가 변화하지 않는다. 예제 4-6은 fixed 방식으로 요소를 배치한 것이다.

```
#stt { position:relative; width:200px;height:50px;background:#ff0000; }
#rlt { position:absolute; width:200px;height:50px;background:#11ff00;}
#fxd { position:fixed; width:200px;height:50px;background:#11ffff; }
```

예제 4-6	fixed.html

```
<!DOCTYPE html>
<html>
<head>
<title>위치설정(positioning):fixed</title>
<meta charset="utf-8">
    <style>
    #stt { position:relative; width:200px;height:50px;background:#ff0000; }
    #rlt { position:absolute; width:200px;height:50px;background:#11ff00;}
    #fxd { position:fixed; width:200px;height:50px;background:#11ffff;}
    </style>
</head>
<body>
    <h4>고정 위치:fixed</h4>
    <p id="stt">position:relative</p>
    <p id="rlt" style="top:100px; left:50px;">position:absolute</p>
    <p id="fxd" style="top:50px; right:50px;">position:fixed</p>
</body>
</html>
```

그림 4-7 fixed 배치

■ sticky

sticky를 이용한 요소의 배치는 사용자의 스크롤에 따라 변화한다. 이것은 relative와 fixed 배치 방법의 혼합된 것과 같이 작용된다. 스크롤바가 없는 상태에서는 relative 속성으로 작동하지만 스크롤바가 생기고 이동하게 되면 fixed 요소처럼 적용된다. 그림에서 스크롤바를 움직이면 fixed 요소는 전혀 움직임이 없지만 sticky 요소로 적용된 콘텐츠는 스크롤바의 움직임에 따라 화면에서 움직이게 된다.

```
#stc   { position:sticky; width:200px;height:50px;background:#fffff;}
```

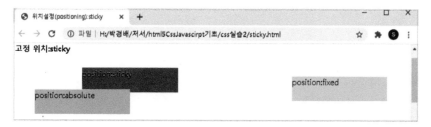

그림 4-8 sticky 배치

예제 4-7 sticky.html

```
<!DOCTYPE html>
<html>
<head>
<title>위치설정(positioning):sticky</title>
<meta charset="utf-8">
```

```
    <style>
    #rlt { position:absolute; width:200px;height:50px;background:#11ff00;}
    #fxd { position:fixed; width:200px;height:50px;background:#11ffff;}
    #stc { position:sticky; width:200px;height:50px;background:#ffffff;}
    </style>
</head>
<body>
    <h4>고정 위치:sticky</h4>
    <p id="stc" style="top:50px; left:50px;">position:sticky</p>
    <p id="rlt" style="top:100px; left:50px;">position:absolute</p>
    <p id="fxd" style="top:50px; right:50px;">position:fixed</p>
    <pre>
    ⋮
    </pre>
</body>
</html>
```

예제 4-8은 sticky, 정적(static), 상대(relative), 절대(absolut) 그리고 고정(fixed) 위치를 표현하기 위하여 5개의 #stc, #stt,#rel,#abs,#fxd 스타일로 각각 적용하였다.

```
<p id="stc" style="top:0px;">position:sticky; </p>              //sticky
<p id="stt" style="top:50px;">position:static</p>              //정적
<div id="rlt" style="top:25px; left:50px;">position:relative</div>  //상대
<p id="abs" style="right:150px;">position:absolute; </p>       //절대
<div id="fxd" style="right:200px;">position:fixed; </div>      //고정
```

정적#stt는 정상적인 위치이므로 정상적인 위치에 박스가 표시되면 #rlt의 경우 상대적인 위치이므로 #stt로부터 top:25px 그리고 left:50px에 위치한다. #abs의 경우의 절대 위치 기준은 #rlt가 기준이 되므로 right:150px에 위치한다. #fxd는 고정된 위치 right:200px 이므로 그림 4-9와 같이 스크롤하여도 #fxd는 해당 위치에 고정된다.

#stc와 #fxd는 sticky와 fixed 위치로 그림 4-9와 같이 사용자가 스크롤바를 움직여도 해당 콘텐츠는 스크롤바에 의해 항상 화면에 나타난다.

예제 4-8 postion.html

```
<!DOCTYPE html>
<html><head>
<title>위치설정(positioning)</title>
<meta charset="utf-8">
    <style>
    #stc { position: sticky; width:200px;height:50px;background:#777777;}
    #stt { position:static; width:200px;height:50px;background:#ff0000; }
    #rlt { position:relative; width:200px;height:50px;background:#11ff00;}
    #abs { position:absolute; width:200px;height:50px;background:#0000ff}
    #fxd { position:fixed; width:200px;height:50px;background:#00ffff}
    </style>
    </head>
<body>
    <h4>혼합 위치설정</h4>
    <p id="stc" style="top:0px;">position:sticky; </p>
    <p id="stt" style="top:50px;">position:static</p>
    <div id="rlt" style="top:25px; left:50px;">position:relative</div>
    <p id="abs" style="right:100px;">position:absolute; </p>
    <div id="fxd" style="right:150px;">position:fixed; </div>
</body>
</html>
```

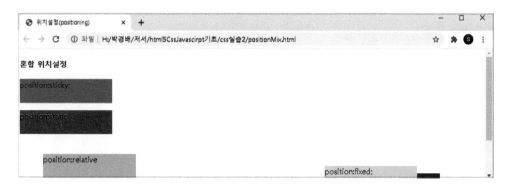

그림 4-9 mixed positioning

4.1.4 계층화(z-index)

position 속성을 이용하면 html의 각 콘텐츠 요소들을 겹치게 표현할 수 있다. 겹쳐진 각 요소
들은 문서에 나열된 태그의 순서로 배치되기 때문에 맨 마지막에 선언된 태그가 최상위에 놓
이게 된다. 만약 나열된 순서와 상관없이 원하는 콘텐츠 순서로 나열하고 싶다면 z-index 속성
을 사용한다. z-index 속성은 부여된 숫자가 클수록 가장 상위에 놓이게 된다. 예제 4-9에서는
z-index 값을 나열된 태그의 순서로 z-index:20, z-index:10 그리고 z-index:0으로 각각 설정하
였다.

```
#box1 { position: absolute; width: 100px; height: 100px;
        background: red; z-index: 20; }
#box2 { position: absolute; top: 30px; left: 30px;
        width: 100px; height: 100px;  background: blue; z-index: 10;}
#box3 { position: absolute; top: 60px; left: 60px;
        width: 100px; height: 100px;  background: green;  z-index: 0;}
```

z-index의 값은 음의 정수도 가능하며 숫자의 크기도 상관없이 정수 값이 클수록 최상위 계층
에 놓임으로써 콘텐츠를 계열화 시킨다. 프로그램의 실행결과를 그림 4-10에서 보듯이 계층화
가 반대로 이루어진 것을 알 수 있다.

예제 4-9　　**z-Index.html**

```
<!DOCTYPE html>
<html>
<head>
<title>위치설정(positioning)</title>
<meta charset="utf-8">
   <style>
        #box1 { position: absolute; width: 100px; height: 100px;
                background: red; z-index: 20; }
        #box2 { position: absolute; top: 30px; left: 30px;
                width: 100px; height: 100px;  background: blue; z-index: 10; }
```

```
      #box3 { position: absolute; top: 60px; left: 60px;
              width: 100px; height: 100px;  background: green;  z-index: 0;}
    </style>
  </head>
  <body>
    <div id="box1">Number #1 Z-index=20</div>
    <div id="box2">Number #2 Z-index=10</div>
    <div id="box3">Number #3 Z-index=0</div>
  </html>
```

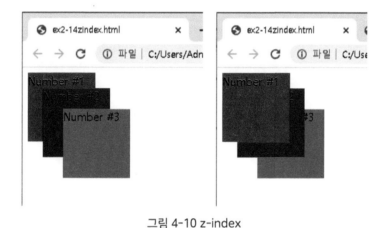

그림 4-10 z-index

4.1.5 투명성(Opacity)

Opacity 속성은 박스나 이미지 등과 같은 요소의 투명도를 나타내기 위해 사용된다. Opacity의 의미는 태그 요소의 불투명을 의미하지만 Opacity 값을 0~1사이의 값으로 설정할 수 있으며 1에 가까울수록 태그의 요소들은 불투명하게 나타나며 0에 가까울수록 투명도는 높아진다.

<div>와 같은 요소에 Opacity 속성을 적용하면 <div>의 자식(child) 요소들 역시 Opacity 속성을 상속받아 투명도가 적용되는 특징이 있다. 예제 4-10은 <div>요소에 빨강색 배경색을 지정하고 id 선택자를 사용하여 #first, #second, #third를 선언하고 Opacity 값을 각각 0.3, 0.5 0.8을 적용한 결과를 나타낸 것이다.

```
div {  background-color: red;    padding: 10px; }
#first {  opacity: 0.3; }
#second { opacity: 0.5; }
#third {  opacity: 0.8 ; }
```

태그 요소들의 투명도를 설정하듯이 이미지 역시 opacity 속성을 이용하여 투명도를 조절할 수 있다. 이미지의 경우는 마우스의 hover 속성을 이용하여 마우스가 이미지 위에 위치하였을 때 투명도를 변경할 수 있다. 예제 4-11은 세 개의 이미지에 투명도를 각각 0.3, 0.5 그리고 0.8을 적용하여 이미지의 투명정도를 나타낸 것이다.

예제 4-11은 세 개의 이미지 중 특정한 이미지에 마우스가 hover 되었을 때 불투명의 정도를 나타낸 것이다. opacity 값이 1로 설정되면 투명성이 없이 원본이미지로 나타나며 실행결과를 그림 4-12에 나타내었다.

예제 4-10   Opacity.html

```
<!DOCTYPE html>
<html>
<head>
<title>투명성(Opacity)</title>
<meta charset="utf-8">
</head>
<style>
    div {  background-color: red;    padding: 10px; }
    #first {  opacity: 0.3; }
    #second { opacity: 0.5; }
    #third {  opacity: 0.8 ; }
</style>
</head>
<body>
<h3>투명 Box</h3>
<div id="first"><p>opacity 0.3</p></div>
<div id="second"><p>opacity 0.5</p></div>
<div id="third"><p>opacity 0.8</p></div>
```

```
<div><p>opacity 1 (기본값)</p></div>
</body>
</html>
```

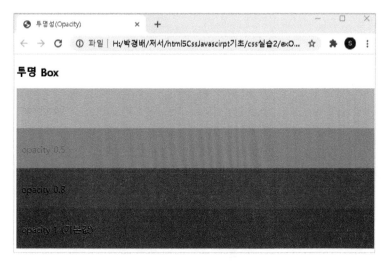

그림 4-11 Opacity 실행결과

```
<!DOCTYPE html>
<html>
<head>
<title>투명성(Opacity)</title>
    <meta charset="utf-8">
    <meta name="author" content="저자">
    <meta content="Web3D, HTML5, 태그, CSS3">
    <link type="text/css" rel="stylesheet" href="color.css">
</head>
<style>
    div {  background-color: red;    padding: 10px; }
    #first {  opacity: 0.3; }
    #second { opacity: 0.5; }
    #third {  opacity: 0.8 ; }
```

```
</style>
</head>
<body>
<h3>투명 Box</h3>
<div id="first"><p>opacity 0.3</p></div>
<div id="second"><p>opacity 0.5</p></div>
<div id="third"><p>opacity 0.8</p></div>
<div><p>opacity 1 (기본값)</p></div>
</body>
</html>
```

그림 4-12 hover 효과를 적용한 이미지 투명도

4.1.6 overflow

overflow는 한 영역에 표시하기에는 너무 큰 내용을 조절하기 위해 사용하는 속성이다. overflow는 영역에 대한 표시이므로 block 요소들만이 적용할 수 있다. overflow를 통해 조절할 수 있는 속성은 다음과 같다.

- **visible** : 기본 설정 속성으로 박스의 크기를 벗어난 내용이 잘리지 않고 표시된다.
- **hidden** : 박스의 크기를 벗어난 내용은 잘려서 보이질 않는다.
- **scroll** : 박스의 크기를 벗어난 내용은 잘려서 보이지 않지만 스크롤바를 이용하여 벗어난 내용을 볼 수 있다.

- **auto** : 박스의 크기를 벗어난 내용이 있을 경우에만 스크롤바가 생긴다.

예제 4-12에서는 <div> 태그에 여러 줄에 걸쳐 긴 문자를 표시하고 각각의 overflow 속성을 visible, hidden, scroll 그리고 auto로 설정하였다.

```
#vis {   overflow: visible;   background: gray;    width: 50%;   height: 50px;   }
#hid {   overflow: hidden;   background: green    width: 50%;   height: 50px;   }
#scr {   overflow: scroll;   background: cyan;    width: 50%;   height: 50px;   }
#aut {   overflow: auto;   background: orange;   width: 50%;   height: 50px;   }
```

그림 4-13에서 보는 바와 같이 overflow의 속성이 hidden으로 설정된 경우 박스의 크기 width 50%와 height :50px의 크기 영역을 벗어난 문자는 표시되지 않는다. scroll 속성과 auto 속성의 경우는 문자의 크기가 박스의 크기 영역을 벗어났으므로 스크롤바가 생성되며 스크롤바를 움직이면 나머지 문자를 볼 수 있다. visible 속성은 그림의 마지막 회색 영역에서 보는 바와 같이 박스의 영역을 벗어난 문자라 하더라도 문자를 표시한다.

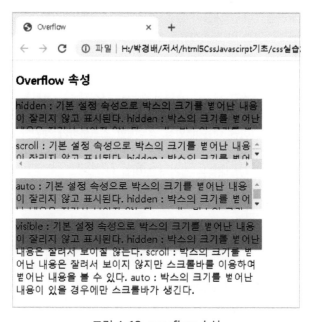

그림 4-13 overflow 속성

예제 4-12   overflow.html

```
<!DOCTYPE html>
<html>
<head>
    <title>Overflow</title>
    <meta charset="utf-8">
    <style>
    #vis { overflow: visible; background: gray;   width: 50%;   height: 50px; }
    #hid { overflow: hidden; background: green;  width: 50%;   height: 50px; }
    #scr { overflow: scroll;   background: cyan;   width: 50%;   height: 50px; }
    #aut { overflow: auto;   background: orange;   width: 50%;   height: 50px; }
    </style>
</head>
<body>
<h3>Overflow 속성</h3>
<div id="hid">hidden : 기본으로 설정된 속성이며 박스의 크기를 벗어난 내용이 잘리지 않고 표
시된다.
hidden   : 박스의 크기를 벗어난 내용은 잘려서 보이질 않는다.
scroll   : 박스의 크기를 벗어난 내용은 잘려서 보이지 않지만 스크롤바를 이용하여 벗어난
            내용을 볼 수 있다.
auto     : 박스의 크기를 벗어난 내용이 있을 경우에만 스크롤바가 생긴다.</div><p></p>
<div id="scr">scroll : 기본 설정 속성으로 박스의 크기를 벗어난 내용은 따로 잘리지 않고
            표시된다.
 hidden  : 박스의 크기를 벗어난 내용은 잘려서 보이질 않는다.
 scroll  : 박스의 크기를 벗어난 내용은 잘려서 보이지 않지만 스크롤바를 이용하여 벗어난
            내용을 볼 수 있다.
auto     : 박스의 크기를 벗어난 내용이 있을 경우에만 스크롤바가 생긴다.</div><p></p>
 <div id="aut">auto : 기본 설정 속성으로 박스의 크기를 벗어난 내용이 잘리지 않고 표시된다.
 hidden : 박스의 크기를 벗어난 내용은 잘려서 보이질 않는다.
 scroll : 박스의 크기를 벗어난 내용은 잘려서 보이지 않지만 스크롤바를 이용하여 벗어난
            내용을 볼 수 있다.
auto : 박스의 크기를 벗어난 내용이 있을 경우에만 스크롤바가 생긴다. </div><p></p>
 <div id="vis">visible : 기본 설정 속성으로 박스의 크기를 벗어난 내용이 잘리지 않고
            표시된다.
 hidden  : 박스의 크기를 벗어난 내용은 잘려서 보이질 않는다.
 scroll  : 박스의 크기를 벗어난 내용은 잘려서 보이지 않지만 스크롤바를 이용하여 벗어난
            내용을 볼 수 있다.
```

```
auto : 박스의 크기를 벗어난 내용이 있을 경우에만 스크롤바가 생긴다. </div>
</body>
</html>
```

4.2 웹 화면 배치(Layout)

html 문서의 콘텐츠를 웹 화면으로 보여주기 위해서는 화면에 대한 디자인이 필요하다. html 요소의 배치에 따라 화면으로 표현되는 구성이 달라지기 때문에 적절한 배치가 요구된다. 과거에는 대부분의 웹 화면은 pc의 모니터에서 보여주었기 때문에 html layout 요소인 <header>, <nav>, <footer> 태그를 이용하여 화면을 구성하였다.

스마트폰의 활용도가 높아지면서 그림 4-14에서 보는 바와 같이 pc 모니터를 중심으로 구성된 웹 화면의 구성은 스마트폰에서는 적절하지 않다. pc 모니터의 경우는 가로의 비율이 세로의 비율보다 크며 스마트폰의 화면 비율은 가로보다 세로가 크기가 크기 때문이다. 이에 따라 모니터에서 보여주는 웹 화면을 만들고 스마트폰 전용의 웹 화면을 따로 만들어야 한다. 테블릿을 포함한 장치의 종류가 많으므로 각 장치의 특성에 따라 웹 화면을 따로 구성한다는 것은 매우 비효율 적이다. 이와 같은 문제를 해결하는 방법으로 css에서는 @media 속성을 이용하여 각기 다른 매체의 특성에 따라 웹 화면의 배치를 다르게 함으로써 하나의 웹 문서로 해결할 수 있도록 하였다.

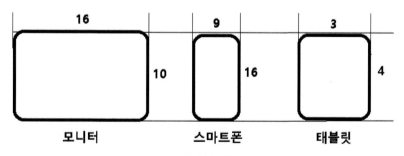

그림 4-14 일반적인 장치의 화면비율

이번 절에서는 웹 화면의 배치와 관련된 내용을 살펴보고 @media 속성을 이용하여 장치에 따라 효율적으로 웹 화면이 구성되도록 하는 방법에 대해 알아보자.

4.2.1 float와 clear속성

float는 콘텐츠간의 위치와 형식을 지정하기 위한 속성으로 한 콘텐츠 주변의 다른 콘텐츠를 어떻게 배치할 것인지를 결정하며 float 속성을 갖는 요소를 해제하기 위해서는 clear 속성을 사용한다. 예를 들어 이미지 주변의 문자를 물이 흘러가듯 오른쪽에 배치할지 왼쪽에 배치할지 등을 결정한다.

float 속성은 다음과 같은 값을 가질 수 있다.

* left - 콘테이너(container)의 왼쪽에 물 흐르듯 배치한다.
* right - 콘테이너(container)의 오른쪽에 물 흐르듯 배치한다.
* none - float 속성을 지정하지 않는다.
* inherit - 해당 요소는 부모의 float 속성 값을 상속받는다.

clear 속성은 다음과 같은 값을 가질 수 있다.

* none - 기본 값으로 왼쪽과 오른쪽에 float 요소를 지정할 수 있다.
* both - 왼쪽과 오른쪽의 float 요소를 지정할 수 없다.
* left - 왼쪽에 float 요소를 지정할 수 없다.
* right - 오른쪽에 float 요소를 지정할 수 없다.
* inherit - 해당 요소는 부모의 float 속성 값을 상속받는다.

예제 4-13에서 보는 것처럼 float와 clear의 사용방법은 매우 간단하다.

4개의 이미지에 각각 float 속성 값으로 none, left, right를 사용하였으며 마지막 이미지에는 clear 속성 값으로 right를 사용하였다. 프로그램의 실행결과는 그림 4-15에 나타내었으며 float:none과 clear:right는 float를 사용하지 않을 때와 같은 결과를 나타낸다.

```
img#no { float: none; }
img#left { float: left; }
img#right { float:right; }
img#clr { clear:right; }
```

그림 4-15 float and clear

예제 4-13   floatClear.html

```
<!DOCTYPE html>
<html>
<head>
    <title>Float and Clear</title>
    <meta charset="utf-8">
    <meta name="author" content="저자">
    <meta content="Web3D, HTML5, 태그, CSS3">
    <link type="text/css" rel="stylesheet" href="color.css">
    <style>
        img#no { float: none; }
        img#left { float: left; }
        img#right { float:right; }
```

```
        img#clr {  clear:right; }
    </style>
</head>
<body>
<h3>float and clear</h3>
<p><img id="no" src="img/Logo.png" alt="none" style="width:100px; height:100px; ">
이미지 주변의 문자 float :none으로 이미지 주변에 표시 되지 않는다. 기본값은 none이다.</p>
<p ><img id="left" src="img/Logo.png" alt="left" style="width:100px; height:100px;">
이미지 주변의 문자 float :left로 이미지 주변에 문자가 왼쪽에 물 흐르듯 표시된다. </p>
<p ><img id="right" src="img/Logo.png" alt="right" style="width:100px; height:
100px;">
이미지 주변의 문자 float :left로 이미지 주변에 문자가 오른쪽에 물 흐르듯 표시된다. </p>
<p ><img id="clr" src="img/Logo.png" alt="right" style="width:100px; height:100px;">
이미지 주변의 문자 clear :right로 right로 설정된 float 속성을 해제하며 float:none과 같다.
</p>
</body>
</html>
```

4.2.2 배치(layout)

모니터 전용의 웹 사이트 화면의 구조는 일반적으로 그림 4-16과 같은 배치(layout)로 구성한다.

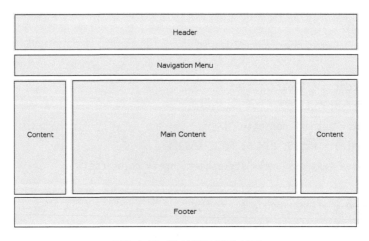

그림 4-16 웹 사이트 화면 구조

화면의 배치를 위해서 html의 시멘틱 요소 <header>, <footer>, <nav> 그리고 <content>를 사용한다.

■ <header>

<header> 부분은 웹 사이트의 상단에 위치하며 타이틀, 로고 등을 일반적으로 표시한다. <header>의 스타일은 다음과 같이 id 선택자를 사용하여 margin과 여백 그리고 가운데 정렬로 지정한다.

```
#header { margin: 5px; padding:10px; text-align:center ; }
```

예제 4-14는 웹 사이트의 타이틀을 #header 스타일을 적용한 프로그램으로 그림 4-17 에 결과를 표시하였다.

그림 4-17 header 스타일

예제 4-14　headerStyle.html

```
<!DOCTYPE html>
<html>
<head>
    <title>Header Style</title>
    <meta charset="utf-8">
    <meta name="author" content="저자">
    <meta content="javascript, HTML5, 태그, CSS3">
    <link type="text/css" rel="stylesheet" href="color.css">
    <meta name="viewport" content="width=device-width, initial-scale=1">
```

```
      <style>
      * { box-sizing: border-box; }   /*전체 선택자 */
      body {  margin: 0; }
      /* header 스타일 */
      #header { margin: 5px; padding: 10px; text-align: center ; }
      </style>
</head>
<body>
<header id="header">
  <h2>HTML5 중심의 CSS3와 javascript</h2>
</header>
</body>
</html>
```

■ <nav>

<nav> 요소에는 웹 사이트를 항해하기 위한 하이퍼링크로 이루어진 메뉴 리스트들로 구성하여 표현한다. 메뉴 항목에 대한 스타일은 overflow: hidden으로 설정하고 메뉴의 위(top)와 아래(bottom)에 경계선 2px solid blue로 설정하고 메뉴 항목과의 여백은 15px로 설정한다. 메뉴 항목은 가운데 정렬시킨다.

```
/* 메뉴 항목 */
#nav {
  overflow: hidden;  border-top: 2px solid blue; border-bottom:2px solid blue;
  text-align :center ; padding:15px;}
```

메뉴 항목의 하이퍼링크 #nav a는 각 메뉴의 여백을 20px로 설정하고 하이퍼링크 특징인 밑줄 표시는 하지 않는다.

```
#nav a { padding:20px; text-align: center; font-size :20px;
    text-decoration: none; color : black ; }
```

메뉴항목에 마우스를 올려놓으면 굵은 문자로 표시하며 문자 색이 blue로 변한다.

```
/* 마우스 hover */
#nav a:hover {  font-weight: bold;  color: blue ; }
```

예제 4-15는 navigation 메뉴에 대한 스타일을 지정한 것으로 그림 4-18에 결과를 나타내었다.

예제 4-15   navigation.html

```
<!DOCTYPE html>
<html>
<head>
    <title>Header Style</title>
    <meta charset="utf-8">
    <meta name="author" content="저자">
    <meta content="Web3D, HTML5, 태그, CSS3">
    <link type="text/css" rel="stylesheet" href="color.css">
    <meta name="viewport" content="width=device-width, initial-scale=1">
    <style>
    /* navigation 항목 */
     #nav { overflow: hidden;  border-top: 2px solid blue;
        border-bottom:2px solid blue;   text-align :center ; padding:15px;}
     #nav a { padding:20px; text-align: center; text-decoration: none; color :
        black ;}
     #nav a:hover {  font-weight: bold;  color : blue ; }/* 마우스 hover */
</style>
</head>
<body>
  <nav  id="nav">
  <a href="#">HTML5</a>
  <a href="#">CSS3</a>
  <a href="#">javascript</a>
  </nav>
</body>
</html>
```

HTML5   CSS3   *javascript*

그림 4-18 navigation 항목

- **\<content\>**

\<content\> 요소는 사용자에게 보여지는 내용을 표시하기 위한 부분이다. 모니터의 경우 요소의 배치는 가로 방향으로 2~3개의 콘텐츠를 보여수게 된다.

```
#content  { float:left ; width:33.3% padding: 20px; }
```

스마트폰이나 테블릿의 경우는 장치의 특성상 세로의 길이가 가로보다 길기 때문에 \<content\> 항목은 가로로 여러 개의 콘텐츠를 보여주는 것이 하나의 콘텐츠만 보여 지도록 배치해야 한다. 미디어의 특성에 따라 스타일을 지정하는 방법으로 장치의 최대 폭이 400px이하일 경우 콘텐츠의 넓이를 100%로 설정하면 하나의 콘텐츠만이 보이게 된다.

```
@media screen and (max-width: 400px) {
    #content { width :100% ; }
}
```

- **\<footer\>**

\<footer\>는 바닥글로서 사이트 정보와 관련된 주소, 저작권, 전화 번호 등을 배치한다.

```
#footer { text-align : center ; padding :10px; }
```

4.2.3 메뉴 바(menu-bar)

웹 사이트의 메뉴는 쉽고 간단하면서도 효율적으로 구성해야 사용자들이 이용하기 편리하다. 메뉴바를 만드는 방법은 수평(horizontal)으로 배치하는 방법과 수직(vertical)으로 배열하는 방법이 있다. 모니터에서 보여 지는 경우는 수평으로 메뉴를 구성하는 것이 좋으며 스마트폰과 같이 가로 길이가 작은 장치는 수직으로 메뉴를 구성하는 것이 좋다.

■ 수직 메뉴

메뉴항목을 만들 경우 순서 없는 리스트 \<ul\>을 사용하면 편리하다. \<ul\>의 리스트로서 각 메뉴를 설정하게 되면 순서 없는 리스트로서 ●이 표시되는데 이를 방지하기 위해서는 리스트의 스타일 타입을 none을 설정하면 된다. \<ul\>의 margin과 padding은 0으로 설정한다. \<ul\>의 박스 크기는 메뉴항목에 따라 적절하게 설정한다. 예제에서는 4개의 메뉴항목을 설정하였기 때문에 박스의 크기를 width:200px로 설정하였다.

```
ul {  list-style-type: none; margin: 0;   padding: 0;   width: 200px; }
```

\<ul\>의 \<li\>로 설정된 \<a\> 요소들은 하이퍼링크 속성이기 때문에 기본적으로 글자색은 파랑색이고 밑줄로 표현된다. 메뉴 항목에서는 밑줄을 표시하지 않는 것이 좋기 때문에 문자의 text-decoration :none으로 설정한다. 여백과 색상은 다음과 같이 설정한다.

```
li a { display: block; background-color: #aaaaff;
       padding: 8px 16px; color :black ;   text-decoration: none; }
```

각 메뉴에 마우스를 올려놓았을 때의 효과를 li a:hover를 사용하여 디자인 한다. 마우스를 올려놓으면 문자의 배경색은 회색 계열로 문자 색은 흰색으로 변하게 된다.

```
li a:hover { background-color: #444444; color: white; }
```

예제 4-16은 <ul>을 사용하여 수직 방향의 메뉴를 만든 예제로서 그림 4-19에서 실행결과를 보면 수직으로 배치된 메뉴를 확인할 수 있다.

그림 4-19 수직방향 메뉴

예제 4-16   verticalNav .html

```
<!DOCTYPE html>
<html>
<head>
<title>수직 메뉴 </title>
<meta charset="utf-8">
<meta name="viewport" content="width=device-width, initial-scale=1">
<style>
    ul { list-style-type: none;  margin: 0; padding: 0; width: 200px; }
    li a { display: block; background-color: #aaaaff;
        padding: 8px 16px; color :black ;  text-decoration: none; }
    li a:hover { background-color: #444444; color: white; }
</style>
</head>
<body>
<h2 align="center">수직 메뉴</h2>
<ul>
  <li><a href="#">Home</a></li>
  <li><a href="#">HTML</a></li>
```

```
    <li><a href="#">CSS3</a></li>
    <li><a href="#">javascirpt</a></li>
  </ul>
  </body>
  </html>
```

■ 수평 메뉴

수평 메뉴 형식으로 메뉴를 구성하기 위해서는 display:inline 속성으로 변경하여 수평 방향의 메뉴를 구성할 수 있다.

예제 4-17은 수평메뉴를 구현한 것으로 그림 4-20에 결과를 나타내었다.

<ul>은 block요소이기 때문에 <li>를 inline 요소로 변경해야 한다. inline 요소로 변경되었을 경우 메뉴를 중앙에 정렬해야하고 위와 아래의 padding은 10px 만큼 간격을 유지해야 한다.

```
ul { list-style-type:none; text-align:center; overflow:hidden; background-color:#222;
     padding-top :10px; padding-bottom:10px; }
li { display : inline; }  /* 인라인 요소 변경 */
```

하이퍼링크된 메뉴에 대해 속성을 변경하고 마우스를 올려놓았을 경우(hover) 배경색을 변경한다.

```
li a { color: white; text-align: center; padding: 14px 16px; text-decoration: none; }
li a:hover { background-color: gray; }
```

그림 4-20 수평 메뉴

예제 4-17	horizontalNav.html

```html
<!DOCTYPE html>
<html>
<head>
    <title>수평 메뉴 </title>
    <meta charset="utf-8">
    <meta name="author" content="저자">
    <meta content="Web3D, HTML5, 태그, CSS3">
    <link type="text/css" rel="stylesheet" href="color.css">
    <meta name="viewport" content="width=device-width, initial-scale=1">
    <style>
    ul { list-style-type:none; margin:0; padding:0; text-align:center;
        overflow:hidden; background-color:#222;
         padding-top :10px;padding-bottom:10px; }
    li { display : inline; }
    li a { color: white; text-align: center; padding: 14px 16px;
        text-decoration: none; }
    li a:hover { background-color: gray; }
    </style>
</head>
<body>
<h2 align="center">수평 메뉴</h2>
<ul>
  <li><a href="#">Home</a></li>
  <li><a href="#">HTML</a></li>
  <li><a href="#">CSS3</a></li>
  <li><a href="#">javascirpt</a></li>
</ul>
</body>
</html>
```

■ dropdown 메뉴

수평 메뉴와 수직 메뉴처럼 웹 사이트의 주 메뉴 이외에도 하위 메뉴를 만들 필요가 있다. 주 메뉴를 클릭하면 해당 메뉴로 바로 이동할 수 있지만 주 메뉴를 클릭하였을 경우 해당 메뉴에 포함된 하위 메뉴가 있을 경우 dropdown 기능을 사용하여 하위 메뉴 리스트를 보여줄 필요가 있다.

dropdown된 하위메뉴는 평상시는 보이지 않아야 하므로 display:none 속성 값을 갖는다. 만약 주 메뉴 위에 마우스가 위치할 경우에는 하위메뉴가 block 이든 inline 형태로 나타나야 한다.

dropdown 속성을 부여하기 위해서 해당 문자를 <div id="dropdown">..</div>에 포함한다. 예제에서는 <h4>Dropdown 메뉴</h4> 문자에 마우스가 위치하면 하위 메뉴가 나타난다. <div id="dropdownMenu">...</div>안의 하이퍼링크 된 문자들은 하위 메뉴로서 평상시에는 보이지 않도록 display:none으로 설정한다.

```
<div id="dropdown">
<h4>Dropdown 메뉴</h4>
    <div id="dropdownMenu">
    <a href=#">html 역사</a>
    <a href=#">html 태그</a>
    </div>
</div>


#dropdown { position:relative; }  // 상대위치 설정
```

// 초기상태는 보이지 않으며 절대위치로서 top:20px 설정 z-index는 1로서 마우스가 메뉴에 위치하면 다른 요소보다 우선하여 보임.

```
#dropdownMenu { display: none;  position: absolute; top:20px;
    border :1px solid black; min-width: 160px; padding: 2px; z-index: 1; }
#dropdown:hover #dropdownMenu { display: block; }
```

예제 4-18은 dropdown 기능을 구현한 예제로서 그림 4-21에 hover의 경우 하위 메뉴가 나타난 결과를 볼 수 있다.

그림 4-21 dropdown 메뉴

예제 4-18   dropdown.html

```html
<!DOCTYPE html>
<html>
<head>
    <title>수직 메뉴 </title>
    <meta charset="utf-8">
    <meta name="author" content="저자">
    <meta content="Web3D, HTML5, 태그, CSS3">
    <link type="text/css" rel="stylesheet" href="color.css">
    <meta name="viewport" content="width=device-width, initial-scale=1">
    <style>
    #dropdown { position:relative; }
    #dropdownMenu { display: none;  position: absolute; top:20px;
        border :1px solid black; min-width: 160px; padding: 2px; z-index: 1; }
    #dropdown:hover #dropdownMenu { display: block; }
</style>
</head>
<body>
<h2 align="center">Dropdown 메뉴</h2>
<div id="dropdown">
<h4>Dropdown 메뉴</h4>
<div id="dropdownMenu">
<a href="#">html 역사</a>
<a href="#">html 태그</a>
</div></div>
</body>
</html>
```

과제

1. 다음 그림과 같이 display 속성을 사용하여 인라인요소와 블록요소가 서로 바뀐 결과가 나오도록 구현하시오.

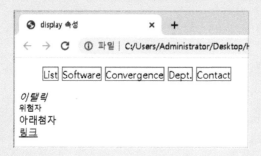

2. 마진과 패딩에 대해 설명하시오.

3. 요소를 배치하기 위한 5가지 방법에 대해 설명하시오.

4. relative 위치를 사용하여 다음 그림과 같이 박스가 배치되도록 구현하시오.

과제

5. z-Index에 대해 설명하시오.

6. overflow의 4가지 속성에 대해 설명하시오.

7. 다음 그림과 같이 이미지에 마우스를 올려놓으면 이미지의 투명도가 변경되는 프로그램을 구현하시오.

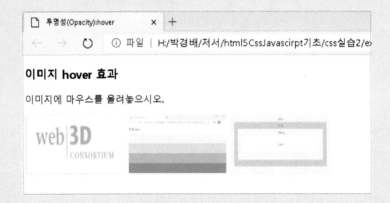

8. 다음 코드에 대해 설명하시오.

```
@media screen and (max-width: 400px) {        #content { width :100% ; }  }
```

9. 다음 그림과 같이 메뉴에 마우스를 올리면 서브 메뉴가 슬라이딩 되어 나타나도록 구현하시오.

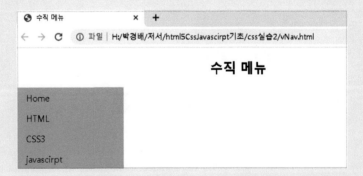

과제

10. 다음 그림과 같이 마우스를 올리면 메뉴가 나타나도록 구현하시오.

Dropdown 메뉴

Dropdown 메뉴
| html 역사 | html 태그 |

참고 사이트

1. https://www.w3schools.com/css/css_website_layout.asp
2. https://developer.mozilla.org/ko/docs/Learn/CSS/CSS_layout/Introduction
3. https://csslayout.io/
4. https://www.w3schools.com/CSSref/pr_class_display.asp
5. https://developer.mozilla.org/ko/docs/Web/CSS/display
6. https://ofcourse.kr/css-course/display-%EC%86%8D%EC%84%B1

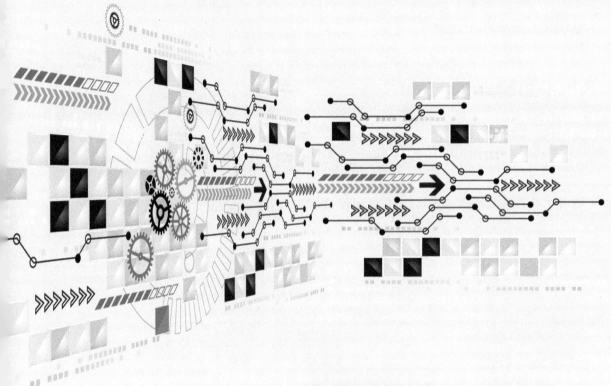

CHAPTER 5

물체의 변형과 애니메이션

5.1 2D 변형(Transform)

CSS를 사용하여 html 태그 요소 콘텐츠에 대해 2차원 변환을 할 수 있다. 각 콘텐츠에 대해 이동(translate), 회전(rotate), 크기변환(scale) 그리고 찌그러짐(skew) 등이 가능하다.

CSS의 변형 Transform은 표 5-1과 같이 속성과 메소드를 지원한다.

표 5-1 Transform 속성과 메소드

속성	설명
transform	html 요소에 2D, 3D 변형을 적용한다.
transform-origin	html 요소에 변형된 요소의 위치를 적용한다.
메소드	**설명**
matrix(n,n,n,n,n,n)	6개의 matrix 값을 적용하여 2D 변형 정의
translate(x,y)	x,y 축에 대한 2차원 이동 정의
translateX(n)	x축에 대한 2차원 이동 정의
translateY(n)	y축에 대한 2차원 이동 정의
scale(x,y)	x,y 축에 대한 2차원 크기변환 정의
scaleX(n)	x축에 대한 2차원 크기변환 정의
scaleY(n)	y축에 대한 2차원 크기변환 정의
rotate(angle)	angle에 의한 회전 정의
skew(x-angle,y-angle)	x,y축에 대한 크기 변환
skewX(angle)	x축에 대한 크기 변환
skewY(angle)	y축에 대한 크기 변환

- translate()

그림 5-1은 Transform 요소의 translate 속성을 이용하여 빨강, 초록 그리고 파랑색 콘텐츠의 x, y 축의 이동을 나타낸 것이다. 첫 번째 빨강 박스의 경우 x, y 축으로 각각 50px씩 이동하였고 두 번째 초록 박스는 x축으로만 150px 이동하였다. 세 번째 파랑 박스의 경우는 y축으로만 50px 이동한 결과를 나타내었으며 예제 5-1에 프로그램을 나타내었다.

```
transform: translate(50px,50px);    //빨강 박스
transform: translateX(150px);       //초록 박스
transform: translateY(50px);        //파랑 박스
```

그림 5-1 translate()

translate.html

```
<!DOCTYPE html>
<html>
<head>
    <title>2D Transform</title>
    <meta charset="utf-8">
    <meta name="author" content="저자">
    <meta content="Web3D, HTML5, 태그, CSS3">
    <link type="text/css" rel="stylesheet" href="color.css">
    <style>
    div#trnsXY {   width: 150px;   height: 80px;
        background-color: red;    transform: translate(50px,50px); }
    div#trnsX {   width: 150px;    height: 80px;
        background-color: green ;   transform: translateX(150px); }
```

```
        div#trnsY {   width: 150px;   height: 80px;
            background-color: blue;   transform:translateY(50px); }
</style>
</head>
<body>
<h1>Transform-translate()</h1>
<div id="trnsXY">translate(100px, 200px)</div><br>
<div id="trnsX">translateX(150px)</div><br>
<div id="trnsY">translateY(300px)</div>
</body>
</html>
```

■ scale()

Transform요소의 scale() 메소드는 콘텐츠 요소의 x, y 축 방향으로 크기를 변형한다. 1보다 작은 값은 크기를 축소하고 1보다 큰 값은 크기를 확대한다. 그림 5-2에서 첫 번째 박스는 x, y가 각각 0.5로서 축소되었고 두 번째 초록색 박스는 x축 방향으로 1.5배 그리고 세 번째 파랑색 박스는 y축으로 1.5배 크기가 변형되었으며 예제 5-2에 프로그램으로 나타내었다.

```
transform: scale(0.5, 0.5);      //빨강색 박스
transform: scaleX(1.5);          //초록색 박스
transform: scaleY(1.5);          //파랑색 박스
```

예제 5-2　　scale.html

```
<!DOCTYPE html>
<html>
<head>
    <title>2D Transform-rotate()</title>
    <meta charset="utf-8">
    <meta name="author" content="저자">
    <meta content="Web3D, HTML5, 태그, CSS3">
    <link type="text/css" rel="stylesheet" href="color.css">
```

```
<style>
div#scaleXY {   width: 150px;   height: 80px;  background-color: red;
     transform :scale(0.5, 0.5); }
div#scaleX {  width: 150px;    height: 80px; background-color: green;
     transform: scaleX(1.5); }
div#scaleY { width: 150px;  height: 80px;  background-color: blue;
     transform:scaleY(1.5);   }
</style>
</head>
<body>
<h1>Transform-scale()</h1>
<div id="scaleXY">scaleXY(0.5, 0.5)</div><br>
<div id="scaleX">scaleX(1.5)</div><br>
<div id="scaleY">scaleY(1.5)</div>
</body>
</html>
```

그림 5-2 scale()

▪ skew()

Transform 요소의 skew()는 물체의 비틀기 효과를 나타낸다. x축과 y축으로 일정 각도만큼 변형을 시키면 찌그러짐 효과가 나타나며 물체가 비틀어진 것처럼 보인다.

그림 5-3 skew()

그림 5-3에서 보는 바와 같이 물체는 x, y축으로 동시에 비틀 수 있으며 x, y 축의 방향으로 각각 비틀 수도 있다 예제 5-3에서는 세 개의 콘텐츠에 대해 첫 번째 빨강 박스는 x, y 축으로 동시에 20deg 비틀었으며 두 번째와 세 번째 박스는 x, y축으로 각각 60deg 를 반영하였다.

예제 5-3   skew.html

```
<!DOCTYPE html>
<html>
<head>
<title>2D Transform-skew()</title>
<meta charset="utf-8">
<style>
```

```
    div#skewXY {  width: 150px;   height: 80px;  background-color: red;
        transform :skew(20deg, 20deg); }
    div#skewX {  width: 150px;   height: 80px; background-color: green;
        transform: skewX(60deg); }
    div#skewY {   width: 150px;  height: 80px;  background-color: blue;
        transform:skewY(60deg);   }
</style>
</head>
<body>
<h1>Transform-skew()</h1>
<div id="skewXY">skewXY(20deg, 20deg)</div><br>
<div id="skewX">skewX(60deg)</div><br>
<div id="skewY">skewY(60deg)</div>
</body>
</html>
```

- rotate()

Transform 요소의 rotate()는 콘텐츠의 회전 효과를 나타낸다. 0deg~360deg로 표현되며 양의 deg값은 시계방향의 회전을 나타내고 음의 deg 값은 반시계 방향으로 회전의 결과가 나타난다. 예제 5-4에서 첫 번째 빨강 박스는 시계방향으로 45deg를 적용하였고 두 번째 파랑박스는 음의 방향으로 -60deg를 적용하였다. 프로그램의 결과를 그림 5-4에서 확인할 수 있다.

```
transform : rotate(45deg);   //시계방향 45도
transform : rotate(-60deg); //반시계방향 60도
```

예제 5-4   rotate.html

```
<!DOCTYPE html>
<html>
<head>
<title>2D Transform-rotate()</title>
<meta charset="utf-8">
```

```
<style>
div#rotate01 {
  width: 150px;   height: 80px;  background-color: red;
  transform :rotate(45deg);
}
div#rotate02 {
  width: 150px;   height: 80px;  background-color: blue;
  transform :rotate(-60deg);
}
</style>
</head>
<body>
<h1>Transform-rotate()</h1>
<div id="rotate01">rotate(45deg)</div><br>
<div id="rotate02">rotate(60deg)</div><br>
</body>
</html>
```

그림 5-4 rotate()

■ matrix (scaleX,skewY,skewX,scaleY,translateX,translateY)

Transform 요소의 matrix()는 2D 변형 scale, skew, translate()를 모두 적용한 메소드이다. 각 요소의 인자 값 순서는 scaleX, skewY, skewX, scaleY, translateX, translateY의 순으로 적용 된다.

예제 5-5의 프로그램에서 첫 번째 박스는 matrix(1, -0.3, 0, 1, 0, 0)로 적용한 결과 scaleX=1, skewY=-0.3, skewX=0, scaleY=1, translateX=0, translateY=0으로 적용되어 그림 5-5에서와 같 이 빨강색 박스로 표현된다. 두 번째 박스와 세 번째 박스 역시 같은 순서로 적용되어 표현된다.

matrix에서는 skew가 deg로 표현되지 않고 라디안(radian) 값으로 표현된다. 180deg의 경우 3.14이므로 이를 활용해 45deg, 90deg 등을 표현할 수 있다.

```
matrix(1, -0.3, 0, 1, 0, 0);
matrix(1, 0.3, 0, 1.5, 50, 0);
matrix(1.5, -0.57, 0, 1, 100, 0);
```

그림 5-5 matrix()

예제 5-5	matrix.html

```
<!DOCTYPE html>
<html>
<head>
<title>2D Transform-matrix()</title>
<meta charset="utf-8">
<style>
    div#matrixScale {
      width: 150px;    height: 80px;  background-color: red;
      transform :matrix(1, -0.3, 0, 1, 0, 0);
    }
    div#matrixSkew {
      width: 150px;    height: 80px;  background-color: blue;
      transform :matrix(1, 0.3, 0, 1.5, 50, 0);
    }
    div#matrixTranslate {
      width: 150px;    height: 80px;  background-color: green;
      transform :matrix(1.5, -0.57, 0, 1, 100, 0);
    }
</style>
</head>
<body>
<div><h1>Transform-matrix()</h1></div>
<div id="matrixScale">matrix(1, -0.3, 0, 1, 0, 0)</div><br>
<div id="matrixSkew">matrix(1, 0.3, 0, 1.5, 50, 0);</div><br>
<div id="matrixTranslate">matrix(1.5, -0.57, 0, 1, 100, 0)</div><br>
</body>
</html>
```

5.2 3D 변환(Transform)

2D 변환과 마찬가지로 콘텐츠 요소에 3D 변환을 할 수 있다. 3D 변환은 2D의 x, y축에 원근감을 나타내는 z축을 추가한 것이다. 모니터는 x, y 축의 크기만을 갖고 있기 때문에 2차원 요소

로 이루어져 있다. 실제 존재하지는 않지만 물체의 원근감을 표현하도록 가상의 z축을 추가하여 마치 3차원의 변형이 이루어지도록 할 수 있다.

표 5-2는 Transform3D 요소의 속성과 메소드를 나타내었다. 2D에서의 matrix는 사용자의 관점을 나타내는 perspective로 변화되었으며 translate, rotate, scale 요소에 z축이 적용되어 3차원 변환된다.

표 5-2 Transform3D 속성과 메소드

속성	설명
transform	html 요소에 2D, 3D 변형을 적용한다.
transform-origin	html 요소에 변형된 요소의 위치를 적용한다.
transform-style	3D 공간에서 각 요소들의 랜더링(rendering) 방법을 기술
perspective	3D 요소들을 보는 위치에 대한 기술
perspective-origin	3D 요소의 bottom 위치를 기술
backface-visibility	3D 공간과 화면의 정면과 일치 여부를 정의
메소드	설명
matrix(n,n,n,n,n,n~n16)	16개의 matrix 값을 적용하여 3D 변형 정의
translate3d(x,y,z)	x,y,z 축에 대한 3D 이동 정의
translateX(n)	x축에 대한 3D 이동 정의
translateY(n)	y축에 대한 3D 이동 정의
translateZ(n)	z축에 대한 3D 이동 정의
scale3D(x,y,z)	x,y,z 축에 대한 3D 크기변환 정의
scaleX(n)	x축에 대한 3D 크기변환 정의
scaleY(n)	y축에 대한 3D 크기변환 정의
scaleZ(n)	z축에 대한 3D 크기변환 정의
rotate3d(x,y,zangle)	x,y,z angle에 의한 회전 정의
rotateX(angle)	x축에 대한 회전 정의
rotateY(angle)	y축에 대한 회전 정의
rotateZ(angle)	z축에 대한 회전 정의
perspective(n)	3D 변환된 요소에 대한 사용자 관점 정의

■ translate3d

html 요소에 대한 3차원 이동은 translate3d()를 이용한다. translate3d()는 x, y, z 축의 방향으로 이동할 수 있다. translate3d를 적용하기 위해선 perspective()를 먼저 정의해야 한다.

perspecive()는 3D 공간에서 사용자가 어느 위치에서 물체를 바라보는지를 정의하는 것이다. 같은 크기의 물체라 하더라도 perspective 값이 클수록 물체는 작아보이게 된다. 사용자가 해당 값에서 바라보기 때문에 값이 클수록 뒤쪽에서 콘텐츠를 바라보게 된다. 이와 마찬가지로 z 값은 요소의 원근감을 나타내므로 + 값이 클수록 콘텐츠는 사용자 방향에 가까운 것이며 - 값이 클수록 사용자로부터 멀어진나.

그림 5-6은 예제 5-6의 결과로서 perspective 값과 z의 값에 따라 콘텐츠 요소의 크기가 다르게 보이는 것을 나타내고 있다. 첫 번째 빨강 박스의 perspective 값은 100px로서 다른 박스의 위치보다 작다. 세 번째와 네 번째 파랑 박스는 같은 값을 perspective=300px를 갖지만 세 번째 박스의 z 값은 -50px로서 사용자로부터 상대적으로 더 멀기 때문에 네 번째 박스보다 작아 보인다.

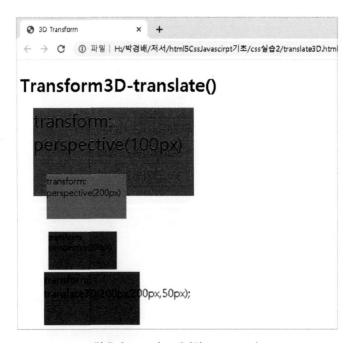

그림 5-6 translate3d와 perspective

예제 5-6	translate3D.html

```html
<!DOCTYPE html>
<html>
<head>
<title>3D Transform</title>
<meta charset="utf-8">
<style>
    div#trns01 {
      width: 150px;   height: 80px;   background-color: red;
      transform: perspective(100px) translate3D(50px,20px,50px);
    }
    div#trns02 {
      width: 150px;   height: 80px;   background-color: green ;
      transform: perspective(200px) translate3D(50px,20px,0px);
    }
    div#trns03 {
      width: 150px;  height: 80px;   background-color: blue;
      transform: perspective(300px) translate3D(50px,20px,-50px);
    }
    div#trns04 {
      width: 150px;  height: 80px;   background-color: blue;
      transform: perspective(300px) translate3D(50px,20px,50px);
    }
</style>
</head>
<body>
<h1>Transform3D-translate()</h1>
<div id="trns01">transform: perspective(100px) </div><br>
<div id="trns02">transform: perspective(200px) </div><br>
<div id="trns03">transform: perspective(300px) </div>
<div id="trns04">transform: translate3D(200px,200px,50px);</div>
</body>
</html>
```

■ scale3d

scale3d()는 콘텐츠 요소의 3차원 크기 조절을 할 수 있다. 그림 5-7에서 y축과 z축 방향으로 콘텐츠를 1.5배 적용한 결과를 볼 수 있다. z축 방향의 크기는 사용자의 관점과 평행하기 때문에 확대된 크기를 확인할 수가 없으며 두 번째 박스의 경우는 transform-origin을 통하여 x축 방향으로 -50px 이동하였다. 사용자의 관점이 이동한 것이기 때문에 콘텐츠는 오른쪽으로 이동한 결과로 나타난다.

예제 5-7	scale3D.html

```html
<!DOCTYPE html>
<html>
<head>
<title>3D Transform</title>
<meta charset="utf-8">
<style>
    div#trns01 {   width: 150px;   height: 80px;   background-color: red;
        transform: perspective(200px) scale3D(1,1,1); }
    div#trns02 {   width: 150px;   height: 80px;   background-color: green ;
        transform-origin:-50px;
        transform: perspective(200px) scale3D(1.5,1,1);   }
    div#trns03 {  width: 150px;  height: 80px;    background-color: blue;
        transform: perspective(200px) scale3D(1,1,1.5); }
</style>
</head>
<body>
<h1>Transform3D-scale()</h1>
<div id="trns01">transform: scale3D(1,1,1); </div><br>
<div id="trns02"> transform: scale3D(1.5,1,1) </div><br>
<div id="trns03">transform: scale3D(1.5,1,1) </div>
</body>
</html>
```

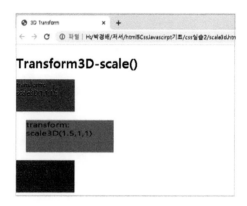

그림 5-7 scale3d

■ rotate3d

rotate3d는 콘텐츠를 x, y, z 축을 기준으로 회전을 위해 사용한다. rotate3D(x,y,z)를 사용하여 3개의 축을 중심으로 동시에 회전시킬 수 있으며 각각 적용하기 위해서는 rotateX(), rotateY(), rotateZ()를 독립적으로 사용한다.

x축의 회전은 가로축을 기준으로 회전이 이루어지기 때문에 앞뒤로 회전이 이루어진다. z축의 회전은 문의 손잡이를 잡고 돌리는 것과 같은 효과로 회전이 이루어진다. y축의 회전은 세로축을 기준으로 회전이 이루어진다.

예제 5-8   **rotate3D.html**

```
<!DOCTYPE html>
<html>
<head>
<title>3D Transform</title>
<meta charset="utf-8">
<style>
div#trns01 {
  width: 150px;   height: 80px;   background-color: red;
  transform: perspective(200px) rotateX(45deg);}
div#trns02 {
  width: 150px;   height: 80px;   background-color: green ;
```

```
    transform-origin:50px;
    transform: perspective(200px) rotateY(45deg); }
div#trns03 {
  width: 150px;  height: 80px;   background-color: blue;
  transform: perspective(200px) rotateZ(45deg);}
</style>
</head>
<body>
<h1>Transform3D-rotate()</h1>
<div id="trns01">transform: rotateX(45deg) </div>
<div id="trns02">transform: rotateY(45deg) </div>
<div id="trns03">transform: rotateZ(45deg) </div>
</body>
</html>
```

그림 5-8은 예제 5-8프로그램의 실행결과 x ,y, z 축을 기준으로 45도 회전한 결과를 나타내고 있다. 빨강색 박스의 경우는 뒤로 누운 모양이 되고 초록색 박스는 세로축을 기준으로 45도 회전이 이루진다. z축의 경우는 문의 손잡이처럼 아랫방향으로 45도 회전된 결과를 볼 수 있다.

```
rotateX(45deg);   //x축 45도 회전
rotateY(45deg);   //y축 45도 회전
rotateZ(45deg);   //z축 45도 회전
```

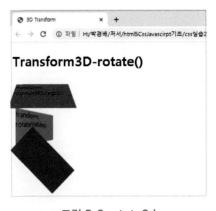

그림 5-8 rotate3d

5.3 물체의 전이(Transitions)

트랜지션(transitions)은 2D나 3D의 물체의 변형 속도를 조절할 수 있게 한다. 즉 순간적으로 물체의 변형이 이루어지는 것이 아니라 물체의 변형 속도를 조절함으로써 애니메이션의 효과를 얻을 수 있다.

■ transition

물체의 전이효과를 알아보기 위해 예제 5-9에서 transition의 width와 height의 전이 시간을 2sec로 설정하였다. 그림 5-9에서처럼 사용자가 파랑색 박스에 마우스를 올리면 hover 스타일이 적용되어 width와 height가 각각 400px과 150px로 변화 한다. 이때 크기가 변하는 시간은 각각 2s가 소요된다.

```
transition: width 2s, height 2s;
```

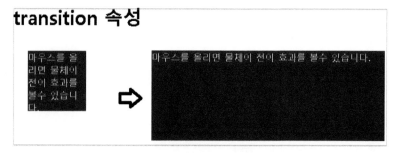

그림 5-9 transiton-delay

| 예제 5-9 | transition.html |

```
<!DOCTYPE html>
<html>
<head>
<title>transition</title>
<style>
```

```
      div {
        width: 100px;    height: 100px;    background: blue;
        transition: width 2s, height 2s;
      }
      div:hover { width: 400px;    height: 150px; }
  </style>
  </head>
  <body>
  <h1>transition 속성</h1>
  <div><p style="color:white">마우스를 올리면 물체이 전이 효과를 볼수 있습니다.</p></div>
  </body>
  </html>
  </html>
```

■ transition-delay

물체의 전이효과 지연 시간 transition-delay를 사용하면 일정시간 전이를 지연(delay)시킬 수 있다. 예제 5-10에서는 transition-delay 값을 2s로 설정했기 때문에 마우스를 콘텐츠에 올려놓으면 transition은 2s 후에 발생한다.

```
transition-delay:2s ;
```

예제 5-10　transitionDelay.html

```
<!DOCTYPE html>
<html>
<head>
<title>transition delay</title>
<style>
    div {
      width: 100px;    height: 100px;    background: blue;
      transition: width 2s, height 2s; transition-delay:2s ;
    }
```

```
    div:hover { width: 400px;    height: 150px; }
</style>
</head>
<body>
<h1>transition-delay 속성</h1>
<div><p style="color:white">마우스를 올리면 물체이 전이 효과를 볼수 있습니다.</p></div>
</body>
</html>
</html>
```

- transition-timing-function

전이 효과의 시간은 다음과 같은 옵션으로 속도의 변화를 조절가능하다.

1. ease : 천천히 시작하여 빨라지다가 다시 느려진다. 기본 값으로 설정되어 있다.

2. linear : 시작부터 끝날때 까지 같은 속도로 전이한다.

3. ease-in :천천히 시작한다.

4. ease-out : 천천히 끝난다.

5. ease-in-out : 시작과 끝이 느리게 설정된다.

6. cubic-bezier(n,n,n,n) : cubic-bezier 함수로 사용자가 임의대로 설정할 수 있다.

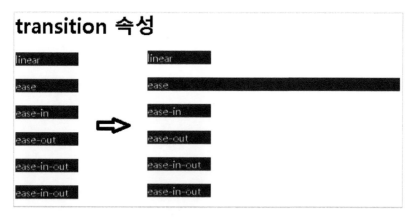

그림 5-10 transition-timing-fuction

예제 5-11 transition-timing-function.html

```html
<!DOCTYPE html>
<html>
<head>
<title>transition</title>
<style>
    div {  width: 100px;   height: 20px;   background: blue;
           transition: width 3s; color:white ;   }
    div:hover { width: 400px;}
    #div1 {transition-timing-function: linear;}
    #div2 {transition-timing-function: ease;}
    #div3 {transition-timing-function: ease-in;}
    #div4 {transition-timing-function: ease-out;}
    #div5 {transition-timing-function: ease-in-out;}
    #div6 {transition-timing-function: cubic-bezier(0.25,0.1,0.25,1);}
</style>
</head>
<body>
<h1>transition 속성</h1>
<div id="div1">linear</div><br>
<div id="div2">ease</div><br>
<div id="div3">ease-in</div><br>
<div id="div4">ease-out</div><br>
<div id="div5">ease-in-out</div><br>
<div id="div6">ease-in-out</div><br>
</body>
</html>
```

5.4 애니메이션(Animation)

5.4.1 키 프레임(Key frame)

현실세계에서 물체의 움직임을 1초에 24장 이상의 정지화면을 연속적으로 나열시키면 인간은 이를 자연스러운 움직임, 즉 애니메이션(animation)으로 만들 수 있다. 그러나 1초에 24장 이상을 만든다는 것은 너무 번잡하고 많은 시간을 요하는 작업이다. 이러한 문제점을 해결하기 위한 방법으로 사용자는 몇 장의 중요 장면만을 만든 후 나머지 중간부분의 장면은 컴퓨터가 자동으로 생성하는 방법을 사용하고 있다.

정지화면 1장을 프레임(Frame)이라 부르며 사용자가 만든 장면을 키 프레임(key frame)이라 한다. 그림 5-11과 같이 사용자는 시간(T)축에서 키 프레임(Key Frame)을 정의하면 컴퓨터가 중간에 정적인 장면(frame)들을 연속적으로 삽입하여 애니메이션을 표현한 것이다. 일반적으로 컴퓨터에서 다루어지는 모든 동적인 내용들은 정지된 내용들을 중간에 삽입하여 시간 축에 나열시키면 시각적으로 움직이는 형태를 만들어 낼 수 있다.

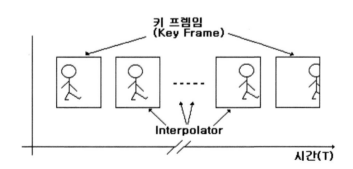

그림 5-11 키 프레임을 이용한 애니메이션
출처: 가상현실 증강현실과VRML, 21세기사

표 5-3은 CSS3를 이용하여 애니메이션을 구현하기 위한 속성들을 나타내었다.

표 5-3 애니메이션 속성

속성	설명
@keyframes	애니메이션 코드 부분
animation	애니메이션 속성 모두 포함
animation-delay	애니메이션의 지연시간
animation-direction	애니메이션의 동작방향. forwards, backwards
animation-duration	애니메이션의 한 주기 시간
animation-fill-mode	애니메이션이 동작하지 않을 때의 스타일
animation-iteration-count	애니메이션의 반복횟수
animation-name	애니메이션 @keyframes의 이름
animation-play-state	애니메이션이 동작중인지 멈춘 상태인지 표시
animation-timing-funcion	애니메이션의 속도

5.4.2 경계선 변화 애니메이션

예제 5-11은 경계선이 시간에 따라 변화하는 애니메이션을 만든 것으로써 애니메이션의 이름은 "color"로 설정하고 애니메이션이 발생하는 시간은 5s로 정의하였으며 1회 애니메이션이 이루어진 결과를 그림 5-12를 통해 확인할 수 있다.

```
animation-name : color ;
animation-duration : 5s ;
```

5초 동안 이루어지는 애니메이션을 @keyframes color로 정의한다. 5초 동안의 간격은 0%에서 시작하여 25%간격으로 dotted에서 inset 경계선까지 변화한다. 만약 경계선이 아니라 배경색을 변화시키고 싶다면 border-color 속성을 적용하면 된다. 예제 5-11에서는 5단계로 keyframes을 설정하였는데 만약 두 단계만 keyframes을 설정한다면 from{} to{}를 사용하면 된다.

```
@keyframes color{
0% {border:2px dotted red ;}
25% {border:5px dashed green ;}
```

```
50%  {border:15px groove blue ;}
75%  {border:5px inset cyan ;}
100% {border:2px solid orange ;} }
```

예제 5-12   borderAnimation.html

```html
<!DOCTYPE html>
<html>
<head>
<title>Color Animation</title>
<style>
    div {  width: 100px;   height: 150px;   background: blue;
        animation-name : color ; animation-duration : 5s ;  }
    div:hover { width: 400px;}
    @keyframes color{
        0%   {border:2px dotted red ;}
        25%  {border:5px dashed green ;}
        50%  {border:15px groove blue ;}
        75%  {border:5px inset cyan ;}
        100% {border:2px solid orange ;}}
</style>
</head>
<body>
<div><h4>Color Animation</h4></div>
</body>
</html>
```

그림 5-12 경계선 애니메이션

5.4.3 이동 애니메이션

예제 5-12는 경계선이 변화하는 동시에 콘텐츠가 이동하는 애니메이션을 나타내고 있으며 그림 5-13에 결과를 나타내었다.

이동 애니메이션이 가능하기 위해서는 콘텐츠의 배치는 반드시 relative로 선언되어야 한다. relative로 되어야만 시간에 따라 left와 top의 값이 적용되어 위치가 변화한 것처럼 나타날 수 있기 때문이다. animation-name과 animation-duration 값은 동일하게 선언하였다.

```
div {   width: 100px;   height: 150px;
    background: blue;   position: relative;
    animation-name : color ; animation-duration : 5s ;  }
```

애니메이션의 정의는 0%에서 25%의 간격으로 정의하였으며 초기 위치는 left:0px과 top:0px; 이다 25%에서는 left:200px과 top:0px로 변화하여 오른쪽으로 이동한 효과가 나타난다. 50% 에서는 left:200px, top:200px로 위치하여 오른쪽 하단으로 이동하게 되며 100%일 때는 초기 위치 값으로 돌아오게 된다.

```
@keyframes color{
0%    {border:2px dotted red ; left:0px; top:0px;}
25%   {border:5px dashed green ;left:200px; top:0px;}
50%   {border:15px groove blue ;left:200px; top:200px;}
75%   {border:5px inset cyan ;left:0px; top:200px;}
100% {border:2px solid orange ;left:0px; top:0px;}
}
```

그림 5-13 이동애니메이션

예제 5-13 translationAnimation.html

```
<!DOCTYPE html>
<html>
<head>
<title>이동 Animation</title>
<style>
    div {  width: 100px;   height: 150px;
        background: blue;    position: relative;
        animation-name : color ; animation-duration : 5s ;  }
    @keyframes color{
    0% {border:2px dotted red ;left:0px; top:0px;}
    25% {border:5px dashed green ;left:200px; top:0px;}
    50%  {border:15px groove blue ;left:200px; top:200px;}
    75%   {border:5px inset cyan ;left:0px; top:200px;}
    100%  {border:2px solid orange ;left:0px; top:0px;}  }
</style>
</head>
```

```
<body>
<div>
<h4 style="color:white;">translation Animation</h4>
</div>
</body>
</html>
```

5.4.4 반복 애니메이션

애니메이션의 반복을 위한 속성은 animation-iteration-count이다. 원하는 만큼의 애니메이션 반복 횟수를 정의해주면 된다. 예제 5-13과 같이 무한대로 반복하려면 "infinite"로 설정하면 되고 애니메이션의 지연시간은 animation-delay를 사용한다.

그림 5-14 반복애니메이션

예제 5-14	iterationAnimation.html

```
<!DOCTYPE html>
<html>
<head>
<title>이동 Animation</title>
<style>
    div {  width: 100px;    height: 150px;
        background: blue;    position: relative;
```

```
        animation-name : color ; animation-duration : 5s ;
        animation-iteration-count: infinite ; animation-delay:1s;  }
    @keyframes color {
        0% {background-color: red ;left:0px; top:0px;}
        25% {background-color:green ;left:200px; top:0px;}
        50%  {background-color:blue ;left:200px; top:200px;}
        75%   {background-color:cyan ;left:0px; top:200px;}
        100%  {background-color:orange ;left:0px; top:0px;}
    }
</style>
</head>
<body>
<div><h4 style="color:white;">iteration Animation</h4></div>
</body>
</html>
```

과제

1. translate() 메소드를 이용하여 박스의 위치와 크기를 변형하시오.

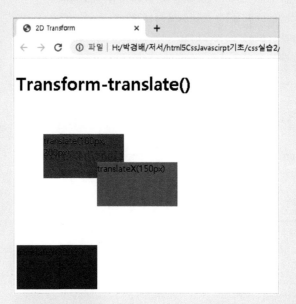

2. 3차원 크기 변환 scale3d()를 사용하여 그림과 같이 박스의 크기를 변형하시오.

과제

3. 3초 동안 다음 그림과 같이 박스의 크기가 변형되는 프로그램을 구현하시오.

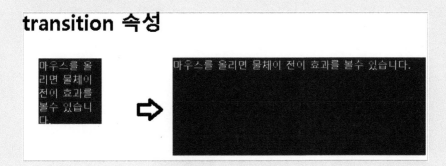

4. 키프레임 애니메이션에 대해 설명하시오.

5. @keyframes을 사용하여 박스의 경계선이 8가지 형태로 변화하도록 구현하시오.

6. 다음 키 값으로 박스가 이동하는 애니메이션을 구현하시오.

```
@keyframes color{
0% {border:2px dotted red ; left:0px; top:0px;}
25% {border:5px dashed green ;left:100px; top:0px;}
50% {border:15px groove blue ;left:200px; top:100px;}
75% {border:5px inset cyan ;left:0px; top:200px;}
100% {border:2px solid orange ;left:50px; top:50px;} }
```

과제

7. 5번 애니메이션이 무한 반복되도록 프로그램을 구현하시오.

참고 사이트

1. 가상현실 증강현실과 VRML, 21세기사

2. https://www.w3schools.com/css/css_intro.asp

3. https://developer.mozilla.org/ko/docs/Web/CSS

4. https://namu.wiki/w/CSS

5. https://ko.wikipedia.org/wiki/종속성시트

6. https://medium.com/@erwinousy/css-개선을 위한방법

7. https://developer.mozilla.org/ko/docs/Web/CSS/CSS_Animations/
    Using_CSS_animations

8. https://code.tutsplus.com/ko/tutorials/20-best-css-animations—cms-27561

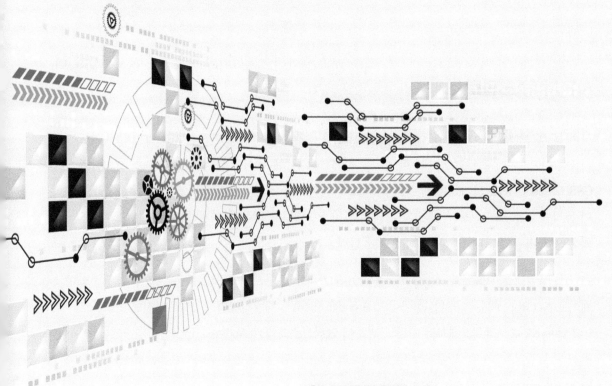

CHAPTER 6

자바스크립트

6.1 자바스크립트 소개

자바스크립트(JavaScript)는 HTML로 이루어진 문서를 능동적으로 만드는 프로그래밍 언어로서 HTML을 위한 프로그램이라 할 수 있다. HTML은 웹 문서의 내용(contents)을 정의하고 CSS(Cascade Style Sheet)는 웹 문서의 구조와 디자인을 정의한다면 자바스크립트는 웹 문서의 동작을 프로그래밍 하는 것이다. 따라서 자바스크립트를 이해하기 위해서는 HTML과 CSS의 문법과 사용법에 대해 먼저 이해하여야 한다.

초기에 라이브스크립트(LiveScirpt)라 불리었던 자바스크립트는 최초의 상용 브라우저인 넷스케이프(NetScape) 회사의 브렌딘 아이크(Brendan Eich)가 개발하였다. 윈도우 버전의 익스플로러(Explorer) 웹브라우저에서는 이와 구별하여 액티브스크립트(ActiveScript)라 명명하였다. 이러한 스크립트 언어에 대해 ECMA(European Computer Manufacturer's Association)에서는 ECMAScript로 표준을 지정하였다.

자바스크립트의 특징으로는 다른 프로그래밍 언어의 문법과 유사하지만 쉽게 이해하고 구현할 수 있다. C언어나 자바의 경우 프로그램 실행을 위해서는 비쥬얼 스튜디오(Visual Studio)와 같은 프로그램 편집기과 컴파일러(compiler)가 필요하다. HTML이 인터프리터(interpreter) 언어 이듯이 자바스크립트 역시 동작 방식은 인터프리터 방식으로 동작하며 노트패드(Notepad++) 편집기와 같이 HTML 문서를 편집할 수 있는 편집기만 있으면 자바스크립트 코드(code)를 작성하고 웹브라우저(Web Browser)를 통해 바로 실행가능하다. 다른 객체지향(Object Oriented) 프로그램언어와 유사하게 객체기반(Obejct Based) 언어로서 사용자는 내장 객체를 호출하거나 객체를 생성하여 유용하게 사용할 수 있다. 또한 함수형(Function Type) 프로그래밍을 지원함으로써 구조적 프로그래밍이 가능하다.

HTML 문서는 사용자(Client)에게 문서의 내용만 보여주고 CSS는 HTML 문서의 레이아웃(Layout)과 스타일(Style)만을 제공하므로 수동적(passive) 문서라 하며 사용자가 웹문서에 어떤 행위나 이벤트(event)가 발생했을 때 문서에는 어떠한 영향도 주지 못한다. 자바스크립트는 HTML 문서의 내용을 변경할 수 있으며 HTML과 CSS의 요소(element)나 속성(attribute) 값을 변경함으로써 수동적인 문서를 능동적(active)인 문서로 만들고 사용자에게 더욱 흥미로운 웹 문서를 제공한다.

6.2 자바스트립트 위치

자바스크립트를 HTML 문서에 삽입하기 위해서는 아래 예제와 같이 <head>태그 사이에 <script>..</scirpt> 태그를 삽입하여 사용한다.

| 예제 6-1 | 자바스크립트 코드 |

```
<script>
    document.write("My First JavaScript");
</script>
```

<script>태그 내에 작성된 예제 6-1 코드는 HTML에 적용하기 위해서는 .js 파일로 만들어 외부에서 적용하는 방법, <head>..</head>사이에 위치시키는 내부 자바스크립트 방법 그리고 <body>..</body>에서 적용하는 인라인(inline) 방법이 있다.

■ 외부 자바스크립트

외부파일로 자바스크립트를 작성하여 HTML 문서에 표시하기 위해서 notepad++을 이용하여 그림 6-1과 같이 언어를 javascript로 선택한 후 예제 6-2와 같이 작성하고 ex6-2jscode.js로 저장하자. 자바스크립트 코드의 파일 확장자는 .js이며 ex6-2jscode.js 파일에는 <script> 태그가 포함되지 않는다.

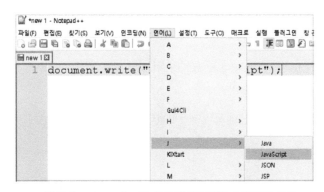

그림 6-1 notepad++를 이용한 외부자바스크립트 코드

예제 6-2	외부 자바스크립트 파일

```
document.write("My First JavaScript");
```

jscode.js를 Html 코드에 삽입하는 방법은 예제 6-3과 같다. 예제 6-3은 자바스크립트 코드가 아니라 html 코드이기 때문에 notepad++에서 작성할 경우 그림 6-2와 같이 언어를 html로 선택한 후 작성해야 하며 파일의 확장자가 .html이 되어야 한다.

예제 6-2에서 만든 ex6-2jscode.js를 html 문서 안에 포함시키는 방법은 다음과 같다.

<head>태그 사이에 <script>태그 속성 src를 사용하여 js 파일의 위치를 지정하면 된다. 예제의 경우는 ex6-2jscode.js파일이 ex6-3extern.html 파일과 같은 폴더에 위치한 경우이다.

```
<head>
    <script src="ex6-2jscode.js"></script>
</head>
```

만약 js파일이 하위폴더(js)에 있다면 src="js/ex1-2jscode.js"로 지정해야 하며 상위폴더(jscript)라면 src="../jscript/ex1-2jscode.js"로 지정해야 한다. 만약 지정된 경로에 파일이 없다면 자바스크립트는 실행되지 않는다. 그림 6-3은 예제 6-3을 실행한 결과로 ex1-2jscode.js 파일의 "My First JavaScript" 문자가 출력된 결과를 볼 수 있다.

외부 파일로 자바스크립트를 지정할 경우 장점은 다음과 같다.

1. HTML 코드와 자바스크립트 코드를 분리하여 구분하기 쉽다.
2. 분리된 코드로 편집이 용이하다.
3. 분리된 자바스크립트 코드는 메모리에 캐쉬(Cached)되어 html 문서 페이지가 빠르게 로딩(loading)된다.

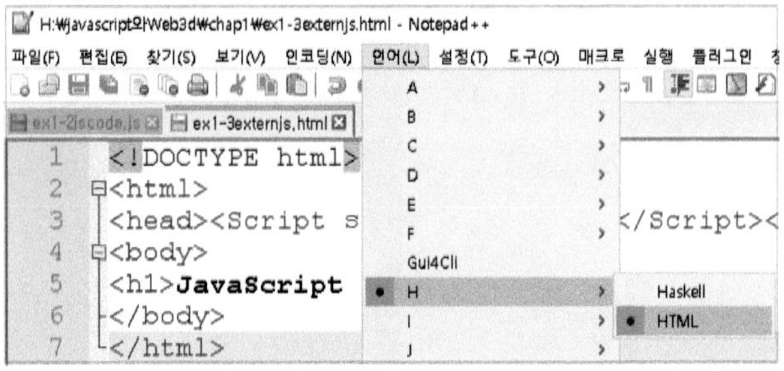

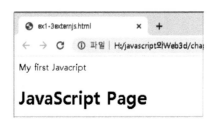

그림 6-2 Html 언어 선택

예제 6-3   외부 자바스크립트 파일

```
<!DOCTYPE html>
<html>
<head>
    <script src="ex6-2jscode.js"></script>
</head>
<body>
    <h1>JavaScript Page</h1>
</body>
</html>
```

그림 6-3 외부 자바스크립트 실행 결과

■ 내부 자바스크립트

내부에서 자바스크립트를 실행하는 방법은 매우 간단하다. 예제 6-4처럼 html 문서의 <head>
태그 사이에 자바스크립트 코드가 삽입된 <script>태그를 위치하면 된다. 실행 결과는 그림
6-3과 같다.

```
<script>
    document.write("My First JavaScript");//자바스크립트 코드
</script>
```

예제 6-4   내부 자바스크립트

```
<!DOCTYPE html>
<html>
<head>
    <script>
        document.write("My First JavaScript");//자바스크립트 코드
    </script>
</head>
<body>
    <h1>JavaScript Page</h1>
</body>
</html>
```

■ 인라인 자바스크립트

인라인 자바스크립트는 <body>안에 <script>코드를 위치하는 방법이다. 예제 6-5처럼 html 문서의 <body> 태그에 자바스크립트 코드가 삽입된 <script>태그를 위치하면 된다. 실행 결과는 그림 6-3과 같다.

```
<body>
    <script>
        document.write("My First JavaScript");    //자바스크립트 코드
    </script>
</body>
```

예제 6-5 인라인 자바스크립트

```
<!DOCTYPE html>
<html>
<head><title>인라인 자바스크립트</title></head>
<body>
    <script>
        document.write("My First JavaScript");//자바스크립트 코드
    </script>
<h1>JavaScript Page</h1>
</body>
</html>
```

6.3 자바스트립트 문법

6.3.1 선언문(statement)

프로그래밍 언어는 컴퓨터가 실행해야할 명령어의 집합으로 구성되어 있다. 이러한 명령어를 선언문(statement)이라 하며 자바스크립트 역시 다른 프로그램과 마찬가지로 선언문에 의해 프로그래밍 된다. 선언문은 변수(variable), 연산자(operator), 표현식(expression), 키워드(keyword) 그리고 설명문(comments)으로 구성된다.

자바스크립트 코드를 예제 6-6과 같이 \<body\>안에 인라인 방법으로 선언하였으며 프로그램을 실행시키면 그림 6-4와 같이 x+y 문자열과 z값 11이 출력된다.

```
var x, y, z;        //  변수 x, y, z의 선언
x = 5;              // 표현식으로 변수 x에 5를 대입
y = 6;              // 표현식으로 변수 y에 6을 대입
z = x + y;          // 표현식과 더하기 연산자( +)를 통해 변수 z에 x+y 값을 대입
document.write("x+y=",z); //x+y 문자열과 z값 출력
```

자바스크립트에서 설명문은 // 또는 /* */로 나타낸다. 설명문은 프로그램을 실행할 경우 실행

되지 않는 부분이며 작성자가 프로그램 코드에 대한 설명문을 나타내는 용도로 사용한다. //는 줄 단위로 설명문을 나타낼 때 사용하며 /* .... */ 은 여러 줄에 걸쳐 블록(block) 단위로 설명문을 나타낼 때 사용하는 방법이다. 위의 예는 // 설명문을 이용하여 줄 단위로 설명문을 나타낸 경우이다. 선언문을 구분할 때는 세미콜론(;)을 사용한다. 세미콜론을 사용하면 한 줄에 여러 개의 선언문을 사용해도 분리가 되기 때문에 가능하다.

```
x=5;   y=6;   z=x+y;   // ;를 사용하여 각 선언문을 분리
```

예제 6-6 　자바스크립트 선언문

```html
<!DOCTYPE html>
<html>
<head>
    <title>선언문</title>
</head>
<body>
<h1>JavaScript 선언문</h1>
    <script>
    var x, y, z;     //  변수 x, y, z의 선언
    x = 5;           // 표현식으로 변수 x에 5를 대입
    y = 6;           // 표현식으로 변수 y에 6을 대입
    z = x + y;       // 표현식과 더하기 연산자( +)를 통해 변수 z에 x+y 값을 대입
    document.write("x+y=",z); //x+y 문자열과 z값 출력
    </script>
</body>
</html>
```

그림 6-4 자바스크립트 선언문

6.3.2 출력문(output)

프로그램의 실행결과를 모니터를 통해 나타내는 방법은 다음과 같은 4가지 방법이 있다.

- document.write()

프로그램의 실행 결과를 document.write() 메소드를 통해 나타낸다. 자바스크립트는 객체기반 언어이기 때문에 객체는 속성과 메소드로 구성되어 있다. 속성은 객체의 데이터를 나타내며 메소드(method)는 객체의 행위를 나타낸다. document.write("outPut:1write")는 document 객체를 위한 출력 메소드이다.

- innerHTML

HTML 요소를 이용한 innerHTML이다. 자바스크립트는 HTML 요소에 접근하기 위하여 document.getElementById(id) 메소드를 이용한다. id="output"는 html 태그 요소에 정의된 속성 값이며 innerHTML를 통해 다음과 같이 속성 값을 지정할 수 있다.

```
<p id="output"></p>
document.getElementById("output").innerHTML = "outPut:2innerHTML";
```

- window.alert()

윈도우 메소드 alert() 객체를 이용한 경고 박스를 통해 결과를 출력할 수 있다. 윈도우 메소드 alert는 다른 출력 형식 보다 우선순위가 높아 먼저 출력된다.

```
window.alert("outPut:3alert");
```

- console.log()

브라우저 콘솔(console) console.log() 메소드를 이용하여 출력할 수 있다. 콘솔을 이용한 출력문은 웹 문서에서 바로 보이지 않고 디버깅(debugging) 모드인 F12 키를 눌렀을 때 나타나는 콘솔 메뉴를 클릭하면 확인할 수 있다.

```
console.log("outPut:4console");
```

그림 6-5는 예제 6-7을 실행시켰을 때 결과화면이다. 프로그램을 실행시켰을 경우 alert() 메소드가 세 번째 있음에도 불구하고 가장 먼저 나타난다. 경고창의 확인을 누른 후에야 그림 6-5의 결과 화면이 나타나며 <p id="output">의 위치에 "outPut:2innerHTML" 문자가 생성되있다. console.log의 결과는 F12 키를 눌러야만 확인 가능하다.

예제 6-7 자바스크립트 출력문

```html
<!DOCTYPE html>
<html>
<head>
    <title>출력문</title>
</head>
<body>
<h1>JavaScript Output</h1>
<p id="output"></p>
    <script>
    document.write("outPut:1write");
    document.getElementById("output").innerHTML = "outPut:2innerHTML";
    window.alert("outPut:3alert");
    console.log("outPut:4console");
    </script>
</body>
</html>
```

그림 6-5 자바스크립트 출력문

6.3.3 변수(Variable)와 키워드(Keyword)

프로그래밍이 가능하기 위해서는 데이터를 저장하기 위한 변수가 반드시 필요하다. 변수는 x=5, y=6, z=11과 같이 임의의 데이터를 저장하기 위한 장소로서 x, y, z는 변수가 된다. 변수로 선언된 장소인 x, y, z의 데이터가 변함으로써 프로그램에 변화가 생기며 원하는 결과를 얻을 수 있다. 변수는 데이터를 저장하기 위한 상자(메모리)라 생각하면 이해하기 쉽다. 변수를 저장할 수 있는 상자에는 데이터를 삽입하거나 꺼냄으로서 언제든지 변경가능하다. 이러한 상자 역할을 하는 것이 컴퓨터 메모리(RAM)의 역할이다.

변수를 지정할 때는 유일한 이름(unique names)이름으로 식별(identifier) 가능하도록 해야 한다. 변수를 지정하는 규칙은 다음과 같다.

- 변수이름은 문자, 숫자, 밑줄(underscores) 그리고 달러($) 표시를 포함할 수 있다.

```
var name, x, x_y, x$13;
```

- 변수이름은 반드시 문자로 시작해야 한다. 숫자로 시작하면 안 된다.

```
var letter ; var 123;(X)
```

- 두 단어가 합성된 경우 낙타(camel) 기법을 사용하여 지정하는 것이 좋다. 낙타는 등에 혹이 있으므로 낙타 모양을 본떠 변수명을 지정한다. 두 단어 합성의 경우 첫 번째 단어는 소문자를 사용하고 두 번째 단어의 첫 문자는 대문자를 사용한다.

```
var outPut ; var firstName ;
```

- 변수이름은 대소문자를 구분한다.

```
var lastName, Lastname, LastName; // 모두 다른 변수 선언
```

- 예약어(reserved) 키워드는 사용할 수 없다. 표 6-1에 예약 키워드를 나타내었다.

```
var break, continue, for, return; // 예약어로서 사용할 수 없다.
```

표 6-1 예약 키워드

abstract	arguments	await*	boolean
break	byte	case	catch
char	class*	const	continue
debugger	default	delete	do
double	else	enum*	eval
export*	extends*	false	final
finally	float	for	function
goto	if	implements	import*
in	instanceof	int	interface
let*	long	native	new
null	package	private	protected
public	return	short	static
super*	switch	synchronized	this
throw	throws	transient	true
try	typeof	var	void
volatile	while	with	yield

출처: https://www.w3schools.com/js/js_reserved.asp

예제 6-8은 변수선언을 이용하여 프로그램 한 것으로 변수 선언 방법에 따라 변수를 선언하고 실행한 결과를 그림 6-6에 나타내었다. 변수의 선언은 중복되지 않도록 유일한 이름을 가져야 하며 예약어와 숫자는 사용할 수 없다. 예제에는 나타나지 않았지만 두 단어가 합성된 경우는 카멜기법을 사용하여 변수를 선언하면 가독성이 좋으며 다양한 변수들을 효율적으로 선언할 수 있는 장점이 있다.

```
// 변수 x, y, z의 선언
var x=5, y=6, z;
// 표현식과 더하기 연산자(+)를 통해 변수 z에 x+y 값을 대입
z = x + y;
document.write("x+y=",z+"<br/>");
// 변수명으로 $ , _ 사용가능
var $$, _x4, x123, xyz;
$$=3;_x4=4; x123=5; xyz=6;
document.write($$+"$사용 "+_x4+"_ 밑줄사용 "+x123+" x123 "+xyz);
// 예약어와 숫자로 시작되는 변수는 사용할 수 없음
document.write("예약어는 사용할 수 없음:var break=5; 1x3y=6 ;");
```

예제 6-8   자바스크립트 변수선언

```html
<!DOCTYPE html>
<html>
<head>
    <title>변수</title>
</head>
<body>
<h1>JavaScript 변수선언</h1>
    <script>
    var x = 5, y = 6, z;        // 변수 x, y, z의 선언
    z = x + y;     // 표현식과 더하기 연산자( +)를 통해 변수 z에 x+y 값을 대입
    document.write("x+y=",z +"<br/>");
    var $$, _x4, x123, xyz;    //$,- 사용가능
    $$=3; _x4=4;  x123=5;  xyz=6;
    document.write($$+"$사용 "+_x4+"_ 밑줄사용 " + x123 + " x123 "+xyz);
     // 예약어 및 숫자로 시작하는 변수는 사용할 수 없음
    document.write("예약어는 사용할 수 없음:var break=5; 1x3y=6 ;");
    </script>
</body>
</html>
```

그림 6-6 변수선언

6.3.4 연산자(Operators)

연산자는 하나 이상의 변수에 대해 가감승제(+ , - , * , /)를 포함한 다양한 수학적 연산을 수행하는 함수이다. 자바스크립트에서 변수의 연산을 위한 연산자는 산술연산자(Arithmetic), 대입연산자(Assignment), 비교연산자(Comparison) 그리고 논리연산자(logic) 등으로 구분할 수 있다. 각 기능을 가진 연산자에 대해 표 6-2에서 표 6-6까지 나타내었으며 각 연산자는 같이 사용하였을 경우 우선순위가 다르므로 혼합하여 사용할 경우 주의가 필요하다.

표 6-2 산술연산자

연산자(Operator)	설명
+	덧셈
−	뺄셈
*	곱셈
**	제곱
/	나눗셈
%	나머지(Modulus)
++	증가
−−	감소

표 6-3 대입연산자

연산자(Operator)	설명
=	x=y
+=	x+=y ; x=x+y
-+	x-=y ; x=x-y
*=	x*=y ; x=x*y
/=	x/=y ; x=x/y
%=	x%=y ; x=x%y
**=	x**=y ; x=x**y

표 6-4 비교연산자

연산자(Operator)	설명
==	값이 같음
===	값과 데이터 타입이 같음
!=	서로 다름
!==	값과 데이터 타입이 다름
〉	보다 큼
〈	작음
〉=	같거나 큼
〈=	같거나 작음
?	세 개의 변수 연산자

표 6-5 비트연산자

연산자(Operator)	설명 (A:00 B:01)
&(and)	A&B : 00
l(or)	AlB : 01
~(not)	~A : 11
^(xor)	A^B : 01
〈〈	B 〈〈 1 : 010
〉〉	B 〉〉 1 : 001

표 6-6 논리연산자

연산자(Operator)	설명(A=false B=true)
&&	AND : A&&B = false
||	OR :A OR B = true
!	Not : !A = true

예제 6-9   자바스크립트 연산자

```
<!DOCTYPE html>
<html>
<head><title>연산자</title></head>
<body>
<h1>JavaScript 연산자</h1>
    <script>
    document.write("--산술연산자--"+"<br/>");
    var x = 5, y = 6;        //  변수 x, y 값 대입
    var z = x + y;            // 더하기 연산자(+)를 통해 변수 z에 x+y 값을 대입
    document.write("더하기 연산자: x="+x+"+y="+y+"="+z+"<br/>");//결과출력
    var a; var b ;var c;
    a = x-y ; b = x * y ; c = x / y ;// 빼기, 곱하기, 나누기 연산자 (-,*,/)
    document.write("빼기  연산자:-  "+a+"  곱하기  연산자:*  "+b+"  나누기  연산자:/
    "+c+"<br/>");      //결과출력
    a = x**2; b=x%y; c=x++; z=z--;    // 제곱, 나머지, 증감 연산자 (**,%,++,--)
    document.write("제곱 연산자:** "+a+" 나머지 연산자:% "+b+" 증감연산자:++,-- "+c+"
    "+z+"<br/>");//결과출력
    document.write("--대입연산자--"+"<br/>");
    a += 5; b %= 5; c *= 5;
    document.write("더하기대입:+=  "+a+"  나머지대입:%=  "+b+"  곱하기  대입:*=  "+c+"
    <br/>");      //결과출력
    document.write("--문자열 연산--"+"<br/>");
    var txt1 = "Park", txt2 = "GB";
    document.write("문자1+문자2, 문자+숫자"+txt1+txt2+"<br/>");
    document.write("--비교연산자--"+"<br/>");
    documnet.write("==, ===, !=, >,<"+"<br/>");
    document.write("--논리연산자--"+"<br/>");
```

```
    documnet.write("&&, ||, !"+"<br/>");
    </script>
</body>
</html>
```

예제 6-9에 산술연산자, 문자열 연산자, 대입연산자를 프로그래밍으로 표현하였다.

산술연산자는 변수에 할당된 값을 +, -, *, / 그리고 제곱(**), 나머지(%), 증감 연산자를 이용하여 사칙연산을 수행한다.

```
var x=5, y=6;            // 변수 x, y 값 대입
var z = x + y;          // 더하기 연산자(+)를 통해 변수 z에 x+y 값을 대입
a=x**2; b=x%y; c=x++; z=z--;
```

대입연산자는 변수에 값을 할당하는 연산자로서 a=5와 같이 표현하며 다음과 같이 축약하여 사용할 수 있다.

```
a +=5( a=a+5 );  b %= 5( b=b%5 );  c *= 5( c = c*5 );
```

숫자를 더하는 방법과 같이 문자열을 서로 더할 수 있으며 문자열과 숫자를 더할 수 도 있다. txt1과 txt2에 각각 문자열 "Park"와 "GB"를 대입하고 두 변수를 더하게 되면 "ParkGB" 문자열이 출력된다.

```
var txt1="Park", txt2="GB";
document.write("문자1+문자2, 문자+숫자"+txt1+txt2+"<br/>");
```

만약 문자 "5"와 숫자 5를 더하면 문자열 출력결과와 마찬가지로 "55"로 표현된다.

```
var txt1="5", num=5;  z=txt1+num;  // z는 55로 표현된다.
```

비교연산자와 논리연산자의 내용은 표 6-5와 6-6을 참조하기 바란다.

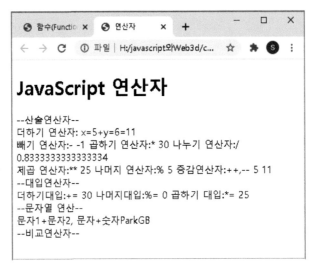

그림 6-7 연산자

6.3.5 함수(function)

함수(function)란 특정한 일을 수행하기 위해 구현된 블록(block)화 된 코드를 의미한다. 함수는 프로그램을 구조화할 수 있으며 자주 사용되는 기능을 필요할 때마다 호출하여 재사용할 수 있다. 또한 같은 함수라 하더라도 매개 변수의 값을 다르게 적용하면 다른 출력 결과를 얻는 장점이 있다. 대부분의 프로그램언어들은 함수를 라이브러리(library)로 구현하여 사용하고 있다.

다음은 자바스크립트의 함수를 선언하는 방법이다.

```
function  jsFunction(a1,a2) {
    document.write("jsFunction()");  // html 문서에 출력
    return a1*a2;                    //a1과 a2의 곱한 값을 호출한 곳으로 반환한다.
}
```

function은 자바스크립트의 예약어이며 함수를 선언할 때 사용된다. 함수를 선언할 경우에 항상 function을 적용하고 jsFunction()과 같이 사용자 정의의 함수 이름을 부여하여 괄호("()")와

같이 사용한다. 함수의 이름은 변수선언과 같이 문자로 시작하고 숫자나 $ 표시 등을 포함할 수 있다. 괄호안의 a1, a2는 매개변수라 하며 함수에는 매개 변수가 없거나 매개변수의 수에 상관없이 올 수 있다. 매개 변수가 둘 이상일 경우는 콤마(,)에 의해 분리하여 사용한다. 매개변수를 통해 함수에 변수의 값을 전달할 수 있다.

함수를 선언하였다면 함수의 기능을 대괄호({ })안에 실행할 코드를 기술한다. 위의 코드에서는 document.write()와 return 문장이 실행된다. return 문장은 함수의 외부로 값을 반환할 때 사용한다. jsFunction() 함수의 경우 매개 변수 a1과 a2를 사용하였으며 a1과 a2는 함수 jsFunction을 호출할 때 전달되는 변수다. jsFunction이 실행되면 a1*a2의 곱 연산 결과가 return 문장에 의해 jsFunction을 호출한 곳에 반환된다. return 문장은 함수에 항상 포함되는 것은 아니다. return 코드가 없는 함수는 함수의 코드가 모두 실행되면 호출된 곳으로 다시 복귀하여 프로그램을 실행하지만 만약 함수의 중간에 return이 있다면 함수의 실행은 중지되고 호출된 곳으로 retrun 값을 가지고 복귀하게 된다.

함수가 호출되는 경우는 아래와 같이 3가지 경우가 있다.

1. 사용자의 마우스 클릭과 같은 이벤트가 발생할 경우
2. 자바스크립트 코드를 통한 호출
3. html 문서가 로딩 될 경우와 같이 자동으로 호출

html 문서에서 발생되는 일반적인 이벤트는 표 6-7과 같다.

표 6-7 일반적인 html 이벤트

이벤트	설명
onchange	html요소가 변한 경우
onclick	사용자가 html 요소를 클릭한 경우
onmouseover	마우스가 html 요소 위로 이동한 경우
onmouseout	마우스가 html 요소에서 벗어난 경우
onkeydown	사용자가 키보드를 누른 경우
onload	브라우저가 웹문서의 로딩을 끝낸 경우

예제 6-10은 html 문서에서 자바스크립트 함수가 실행되는 방법을 나타낸 것으로 그림 6-8에
결과를 나타내었다.

id="first"와 "second"는 함수의 실행 결과를 getElementById를 사용하여 나타내도록 id 선택
자를 사용하였다.

```
<p id="first"></p>
<p id="second"></p>
```

\<body\>안에 \<script\>를 삽입하여 jsFunction()이 자동으로 호출되도록 한다.

```
function jsFunction(a1,a2){        //js함수
    var a3;                 //변수 선언
    a3 = a1 + a2            //더하기 결과
    document.write("a1 = "+a1+" a2 = "+a2+" = "+a3+"<br/>");   //출력
    return a3;              //반환값 a3
  }

//매개변수 5,6으로 jsFunction 함수 호출한 결과를 "first"에 나타냄
document.getElementById("first").innerHTML = jsFunction(5,6);
//매개변수 4,10으로 jsFunction 함수 호출한 결과를 "second"에 나타냄
document.getElementById("second").innerHTML = jsFunction(4,10);
```

그림 6-8 자바스크립트 자동실행 함수

예제 6-10 자바스크립트 자동실행 함수

```
<!DOCTYPE html>
<html>
<head>
<title>함수(Function)</title>
</head>
<body>
<h1>JavaScript 함수(Function)</h1>
<p id="first"></p>
<p id="second"></p>
<script>                        //함수 선언
    function jsFunction(a1,a2){    //js함수
        var a3;                    //변수 선언
        a3 = a1 + a2  //a1, a2 더하기 결과
        document.write("a1 = "+a1+" a2 = "+a2+" = "+a3+"<br/>");//출력
        return a3;
    }
//매개변수 5,6으로 jsFunction 함수 호출한 결과를 "first"에 나타냄
document.getElementById("first").innerHTML = jsFunction(5,6);
//매개변수 4,10으로 jsFunction 함수 호출한 결과를 "second"에 나타냄
document.getElementById("second").innerHTML = jsFunction(4,10);
</script>
</body>
</html>
```

예제 6-11은 버튼을 클릭한 경우 함수 jsFunction()이 호출되는 경우를 프로그램 한 것으로 그림 6-9에 결과를 나타내었다.

```
<button onclick="jsFunction()">눌러주세요</button>
```

사용자가 버튼을 클릭한 경우 <head> 에 위치한 jsFunction()이 실행되며 alert() 함수를 실행하고 "first"와 "second"문자를 출력하게 된다. 앞의 예제와 다르게 jsFunction()은 매개변수 없이 정의하였다.

```
function jsFunction(){
    alert("눌렀군요!");
    document.getElementById("first").innerHTML = "first";
    document.getElementById("second").innerHTML ="second"; }
```

예제 6-11　　이벤트에 의한 자바스크립트 이벤트 함수호출

```
<!DOCTYPE html>
<html>
<head>
<title>함수(Function)</title>
<script>
function jsFunction(){
    alert("눌렀군요!");
    document.getElementById("first").innerHTML = "first";    //문자출력
    document.getElementById("second").innerHTML ="second";  //문자출력
}
</script>
</head>
<body>
<h1>JavaScript 함수(Function)</h1>
    <button onclick="jsFunction()">눌러주세요</button>          //버튼 클릭 이벤트
    <p id="first"></p>
    <p id="second"></p>
</body>
</html>
```

그림 6-9 이벤트에 의한 함수 호출

예제 6-12는 <Form>태그의 <input> 요소를 이용하여 사용자가 두 개의 정수 값을 입력한 후 버튼을 클릭하면 함수 calc()를 호출하는 프로그램이다. calc() 함수를 실행한 후 실행결과를 html 문서에 표현하는 방법을 나타내었으며 그림 6-10에 실행결과를 나타내었다.

<form> 태그 내에 <input type="text">를 이용하여 사용자로부터 두 개의 정수 값을 입력 받는다. 첫 번째 입력 창은 id="x"로서 사용자가 입력한 값은 calc() 함수에서 변수 x에 저장된다. 두 번째 입력 창 역시 id="y"로서 변수 y에 저장된다.

두 개의 값을 계산하기 위해서는 사용자가 입력한 x와 y의 값을 정수로 치환해야 하는데 parseInt() 내장힘수를 이용하여 변환해야 한다. 그렇시 않다면 문자로 취급되어 입력한 문자가 나란하게 표시된다. parseInt() 함수는 매개변수를 정수로 변환한다.

```
tot = parseInt(x) + parseInt(y);  //입력1,2를 정수로 변환
```

tot의 값을 <input type="sum">에 저장하기 위해서 다음과 같이 적용한다.

```
document.getElementById("sum").value = tot;  //id="sum"에 결과 출력
```

예제 6-12　함수를 통한 계산

```html
<!DOCTYPE html>
<html>
<head>
<title>함수(Function)</title>
    <script>
        function calc() {
            var x = document.getElementById("x").value; //입력된 정수1 값
            var y = document.getElementById("y").value; //입력된 정수2 값
            var tot;
            tot = parseInt(x) + parseInt(y);//입력1,2를 정수로 변환
            document.getElementById("sum").value = tot; //id="sum"에 결과 출력
        }
```

```
        </script>
    </head>
    <body>
    <h3>함수 계산 결과</h3>
    <h4>두개의 정수를 입력하세요.</h4>
        <form name="myform" >
            정수 입력1:
            <input type="text"  id="x" size="10"/><br />
            정수 입력2:
            <input type="text"  id="y" size="10"/><br />
            <input type="button" value="확인" onclick="calc();" /> <br />
            합-------계:
            <input id="sum"size="10" /><br />
        </form>
    </body>
</html>
```

그림 6-10 form 태그를 이용한 계산

6.3.6 유용한 함수

자바스크립트는 사용자와 상호작용을 위해 alert(), prompt() 그리고 confirm() 함수를 제공하고 있다.

- alert()

alert()함수는 문자열을 이용하여 사용자에게 경고를 하고 다시 확인하도록 하기 위해 사용하는 시스템에서 제공하는 함수이다.

예제 6-13에서는 사용자가 버튼을 누를 경우 그림 6-11과 같은 문자열 경고창이 나타나며 확인을 누르면 경고창이 사라진다.

그림 6-11 alert()

- prompt()

prompt()함수는 사용자의 입력을 받아 처리하기 위해 사용하는 함수이다. alert()는 매개변수가 문자열 하나이지만 prompt()함수는 두 개의 매개변수를 사용하여 두 번째 매개변수의 값을 사용자가 입력한 값으로 사용할 수 있다. 그림 6-12와 같이 사용자의 입력 받은 후 확인 단추를 누르면 창이 사라진다.

```
prompt("무엇이든지 물어보세요?" , "질문은 여기에");
```

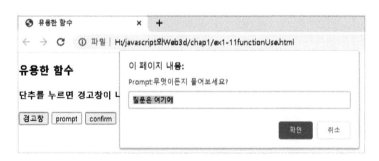

그림 6-12 prompt()

- confirm()

confirm() 함수는 프로그램을 실행하기 위해서 사용자의 확인을 받은 후에야 실행할지 멈출지를 결정하기 위해 사용하는 함수이다. 따라서 confirm()함수는 true와 false 값을 return 값으로 반환하게 된다. 사용자가 확인 단추를 누르면 true 값이 발생되며 if()문장이 실행되고 취소를 누르면 false 값이 반환되어 else 문장이 실행된다.

```
var result= confirm("계속 진행할까요?");
    if(result){ }  //예를 클릭한 경우 실행할까요
    else {}          // 아니로를 클릭한 경우 실행
```

그림 6-13 confirm()

예제 6-13　유용한 함수

```
<!DOCTYPE html>
<html>
<head>
    <title>유용한 함수</title>
    <script>
    function alertMsg() {
        alert("실행할까요?");
    }
     function promptMsg() {
        prompt("무엇이든지 물어보세요?" , "질문은 여기에");
    }
     function confirmMsg() {
        var result= confirm("계속 진행할까요?");
        if(result){ }  //예를 클릭한 경우 실행할까요
```

```
        else {}          //아니로를 클릭한 경우 실행
    }
    </script>
</head>
<body>
<h3>유용한 함수</h3>
<h4>단추를 누르면 경고창이 나타납니다.</h4>
<input type="button" value="경고창" onclick="alertMsg()">
<input type="button" value="prompt" onclick="promptMsg()">
<input type="button" value="confirm" onclick="confirmMsg()">
</body>
</html>
```

6.4 조건 제어문(conditional statements)

조건문이란 상태에 따라 다른 실행을 하기 위해 사용하기 위한 문장으로 if, else if, else 그리고 switch 문으로 구분할 수 있다.

6.4.1 if else문

if 문은 조건이 참일 경우 실행되며 else 문은 if의 조건이 아닐 경우에 실행된다.

예제 6-14에서는 컴퓨터에서 현재 시간(Date().getHours())을 받아 clock 변수에 저장하고 현재 시간을 id="time"에 표시하도록 하였다. time()함수를 호출하기 위해선 문자 "현재시간"을 클릭해야 한다.

```
<p onclick="time();">현재시각:<b id="time"> </p> /*클릭 이벤트*/
```

if else 문을 사용하여 현재 시간이 오후 6시 이전이면 alert("좋은 하루!") 창이 나오고 그렇지 않다면 alert("잘 쉬어요!") 창이 표시되도록 하였으며 그림 6-14에 결과를 확인할 수 있다.

```
if(clock < 18) alert("좋은 하루!");   //오후 6시 이전이면
else  alert("잘 쉬어요!");             //오후 6시 이후이면
```

예제 6-14 if else 문

```html
<!DOCTYPE html>
<html>
<head>
<title>if 조건문</title>
<script>
    function time(){
        var clock = new Date().getHours();  //현재시간
        document.getElementById("time").innerHTML=clock;
        if(clock < 18) alert("좋은 하루!");  //오후 6시이전이면
        else  alert("잘 쉬어요!");            //오후 6시 이후이면
    }
</Script>
</head>
<body>
<h3>if else 조건문</h3>
<h4>현재 시간 Date()의 시간에 따른 문자열 표시</h4>
<p onclick="time();">현재시각:<b id="time"> </p>/*클릭 이벤트*/
</body>
</html>
```

그림 6-14 if else문

if else문에서 조건을 세분화하기 위해선 else if를 삽입한다. 예제 6-15에서와 같이 else if 문을 사용하여 현재 시간에 따라 html 문서에 다른 문자를 표현하도록 할 수 있다. 앞선 예제와 유사하지만 else if 문을 사용하여 조건을 더욱 세분화 하였다. 현재시간의 문자를 클릭하면 실제 시간이 표시되며 조건에 맞는 문자가 id="cont" 요소에 나타난다. 프로그램 실행 당시의 시간은 오후 10시여서 현재 시간은 22로 나타났으며 해당 조건에 맞는 "잘 쉬세요" 문자열이 나타난다.

```
if(clock < 6)
document.getElementById("cont").innerHTML="꿈나라 입니다.";   //오전 6시이전이면
else if(clock<10)
document.getElementById("cont").innerHTML="좋은 아침입니다."; //오전 10이전
else if(clock<13) document.getElementById("cont").innerHTML="점심시간입니다.";
else if(clock<16) document.getElementById("cont").innerHTML="좋은 오후 입니다.";
else if(clock<19) document.getElementById("cont").innerHTML="저녁시간입니다.";
else  document.getElementById("cont").innerHTML="잘 쉬세요."; //오후 7시 이후 경우
```

그림 6-15 else if 문

예제 6-15　　else if 문

```
<!DOCTYPE html>
<html>
<head>
<title>if 조건문</title>
<Script>
function time(){
var clock = new Date().getHours(); // 현재시간
```

```
document.getElementById("time").innerHTML=clock;
    // 오전 6시 이전이면
    if(clock < 6) document.getElementById("cont").innerHTML="꿈나라 입니다.";
    //오전 10이전
    else if(clock<10) document.getElementById("cont").innerHTML="좋은 아침입니다.";
    else if(clock<13) document.getElementById("cont").innerHTML="점심시간입니다.";
    else if(clock<16) document.getElementById("cont").innerHTML="좋은 오후 입니다.";
    else if(clock<19) document.getElementById("cont").innerHTML="저녁시간입니다.";
    // 오후 7시가 넘을 경우
    else   document.getElementById("cont").innerHTML="잘 쉬세요.";
}
</Script>
</head>
<body>
<h3> else if 조건문</h3>
<h4>현재 시간 Date()의 시간에 따른 문자열 표시</h4>
<p onclick="time();">현재시각:<b id="time">클릭 </p>
<p id="cont"></p>
</body>
</html>
```

6.4.2 switch 문

switch 문은 if else 문과 유사하게 조건에 따른 다른 코드를 실행하는 조건 문이다.

case에 의해 조건을 구분하며 각 조건을 비교하여 true 인 case 문이 실행된다. 예제 6-16은 prompt() 함수를 사용하여 사용자가 입력 받은 문자에 대해 해당 조건 문을 출력하는 프로그램으로 그림 6-16에 결과를 나타내었다.

학점 입력 문자를 클릭하면 time() 함수를 호출한다.

```
<p onclick="time();">학점입력:<b id="grade">클릭 </p>
```

prompt()함수에 의해 사용자가 입력한 A~F 문자는 변수 grade에 저장된다.

```
var grade = prompt("성적을 입력하시오:", "A-F사이의 문자로");
```

grade의 값은 switch 문의 조건으로 사용되며 case에 의해 조건의 참을 판별한다. 만약 grade의 값이 문자 'A'와 같다면 "A학점입니다" 문자가 표시되고 break;에 의해 함수는 강제 종료되어 호출된 위치로 돌아간다. 만약 입력 문자가 A가 아니라면 다음 case 문장으로 넘어 가며 해당되는 문자가 없을 경우 default 문장이 실행된다. break;는 프로그램을 강제로 종료하기 위한 예약어 이다. 그림 6-16의 경우 'B'를 입력한 경우 "B학점입니다" 문자가 표시된다.

```
switch (grade) {
    case 'A': document.getElementById("grade").innerHTML="A학점입니다.";
        break;
    case 'B': document.getElementById("grade").innerHTML="B학점입니다.";
        break;
    case 'C': document.getElementById("grade").innerHTML="C학점입니다.";
        break;
    case 'D': document.getElementById("grade").innerHTML="D학점입니다.";
        break;
    case 'F': document.getElementById("grade").innerHTML="F학점입니다.";
        break;
    default: document.getElementById("grade").innerHTML="잘못입력..."; }
```

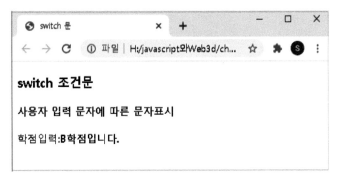

그림 6-16 switch 문

예제 6-16 6-16 else if 문

```
<!DOCTYPE html>
<html>
<head>
<title>switch 문</title>
<Script>
function time(){
    var grade = prompt("성적을 입력하시오:", "A-F사이의 문자로");
    switch (grade) {
        case 'A': document.getElementById("grade").innerHTML="A학점입니다.";
          break;
        case 'B': document.getElementById("grade").innerHTML="B학점입니다.";
            break;
        case 'C': document.getElementById("grade").innerHTML="C학점입니다.";
            break;
        case 'D': document.getElementById("grade").innerHTML="D학점입니다.";
            break;
        case 'F': document.getElementById("grade").innerHTML="F학점입니다.";
            break;
        default: document.getElementById("grade").innerHTML="잘못입력...";   }
}
</Script>
</head>
<body>
<h3> switch 조건문</h3>
<h4>사용자 입력 문자에 따른 문자표시</h4>
<p onclick="time();">학점입력:<b id="grade">클릭 </p>
</body>
</html>
```

6.5 반복문

반복문은 인간이 처리하기 번거로운 같은 처리과정을 주어진 조건까지 반복적으로 되풀이하는 것을 의미하는 것으로 컴퓨터가 발명된 원인이기도 하다.

반복문의 종류에는 특정한 횟수 동안 코드를 반복 실행하는 for문과 특정한 조건이 될 때까지 수행하는 while문이 있다.

6.5.1 for 문

for 문은 다음과 같은 형식으로 초기 값; 조건 값; 증감 값으로 표현하고 { }안에 반복 실행될 코드 값이 위치한다. 아래의 for문은 초기 값 x=0의 값으로 설정하고 x가 100보다 작을 때까지 x의 값을 1씩 증가시키면서 {}안의 코드를 실행한다. 다음 코드를 실행하면 0에서 99까지의 숫자가 html문서에 순식간에 표현된다.

```
         초기 값;    조건 값;  증감 값;  {    실행 코드 .....    }
for(   x = 0;  x < 100 ; x++ ) {    document.write( x+"<br/>");    }
```

예제 6-17   for 문

```
<!DOCTYPE html>
<html>
<head>
<title>반복문</title>
</head>
<body>
<h3> for 반복문</h3>
<Script>
    for ( var x = 0; x < 100; x++) {
        document.write("for : " + x + "<br />");    }
</Script>
```

```
</body>
</html>
```

그림 6-17 for 문

예제 6-18   for를 이용한 테이블 만들기

```html
<html>
<head>
    <title>더하기/곱하기</title>
    <meta charset="utf-8">
</head>
<body>
<h3> for를 이용한 더하기/곱하기 </h3>
    <table border="2">
        <tr>
        <td>숫자</td>
            <td>더하기</td>
            <td>곱하기</td>
        </tr>
        <script>
            for (var i = 0; i < 10; i++) {
                document.write("<tr><td>" + i + "</td><td>"
                + (i +i)+ "</td><td>" +(i * i)+"</td></tr>");
            }
        </script>
```

```
    </table>
  </body>
  </html>
```

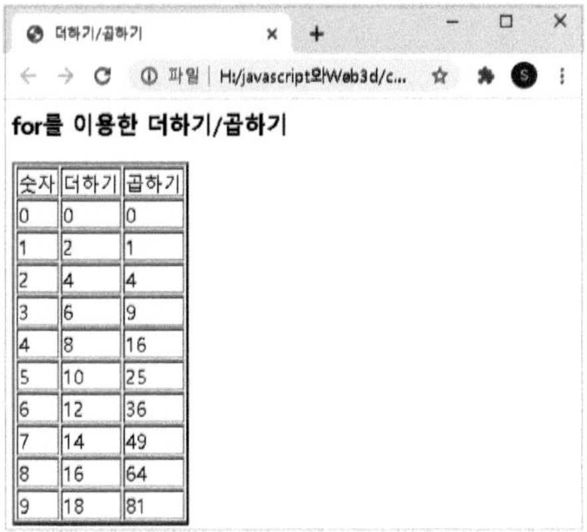

그림 6-18 1차원 for문

예제 6-18은 for를 이용하여 표를 만들고 표 안에 숫자에 해당하는 덧셈과 곱셈 연산을 자동적으로 실행하는 프로그램이다.

<table>에서 변하지 않는 부분은 다음과 같이 문자를 지정한다.

```
<tr>  <td>숫자</td> <td>더하기</td> <td>곱하기</td>  </tr>
```

1~9까지의 덧셈과 곱셈연산을 수행하기 위하여 조건값은 1 < 10으로 설정하고 <tr><td>를 이용하여 열과 행을 만들어 준다. 각 열에는 3개의 행이 있기 때문에 <td>를 3개 선언하고 <td>와 </td>사이에 덧셈연산(i+i)와 곱셈연산(i*i)을 수행하면 그림 6-18과 같은 결과를 얻을 수 있다.

```
for (var i = 0; i < 10; i++) {
        document.write("<tr><td>" + i + "</td><td>"
        + (i +i)+ "</td><td>" +(i * i)+"</td></tr>");          }
```

for 문을 1번 사용하면 단일 반복문으로 1차원적인 일을 반복한다. for 문을 2개 이상 사용하면 중첩 반복문이 되며 2차원과 3차원적인 내용을 수행할 수 있다. 일반적으로 보여주는 이미지는 가로, 세로 길이를 갖는 2차원 이미지이지만 각 이미지 픽셀은 r, g, b 색상 값을 갖기 때문에 3차원의 이미지가 된다. 이미지 처리를 위해서는 for문을 사용하여 이미지를 표현하는 방법이 일반적이다.

예제 6-19는 for문 인에 또 다른 for문을 사용한 중첩 반복문이다. x가 포함된 for문의 초기 조건에서 시작하여 y가 포함된 for문의 조건이 참일 동안 실행되고 다시 x의 조건이 만족할 때까지 반복적으로 실행된다. 중첩 반복문의 경우에는 가로축의 행이 모두 실행된 후 세로축이 증가하며 실행된다.

변수 x의 초기값을 1로 설정하고 x가 9가 될 때까지 1씩 증가하며 실행된다. x=1이면 "1단"이라는 문자를 출력하고 두 번째 for 문장에서 y가 실행된다. y의 초기값은 2이기 때문에 x*y에 의해 2~9까지를 나타낸다. y=10이 되면 조건식은 거짓이 되므로 y for문에서 벗어나 x for문으로 복귀한다. x++에 의해 1증가하여 x의 값은 2가 되며 "2단" 문자를 출력하고 다시 x*y 값을 두 번째 행에 출력하게 된다. x가 10이 되면 조건식이 거짓이 되므로 for 문에서 벗어나게 된다. 해당 프로그램의 결과를 그림 6-19에 나타내었다.

```javascript
for (var x = 1; x <= 9; x++) {
    document.write("<tr>");
    document.write("<td> " + x+ "단" + "</td>");     //세로축 값(1단~9단 표시)
    for (var y = 2; y <= 9; y++) {
        document.write("<td> " + x * y + "</td>"); //가로축 값
    }
    document.write("</tr>");
}
```

for를 이용한 반복문에는 다음과 같은 for 문이 있다.

• **for/in - 객체의 속성들에 접근.**
• **for/of - 객체의 배열 구조에서 값들에 접근.**

예제 6-19   for를 이용한 구구단

```
<html>
<head>
    <title>구구단</title>
</head>
<body>
<h3> for를 이용한 구구단 </h3>
    <table border="2">
    <script>
    for (var x = 1; x <= 9; x++) {
        document.write("<tr>");
        document.write("<td> " + x+ "단" + "</td>");   //세로축 값(1단~9단 표시)
        for (var y = 2; y <= 9; y++) {
            document.write("<td> " + x * y + "</td>");//가로축 값
        }
        document.write("</tr>");
    }
    </script>
    </table>
</body>
</html>
```

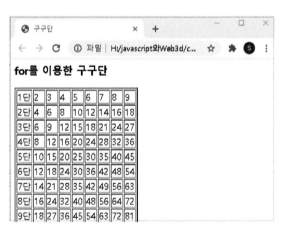

그림 6-19 2차원 for 문

6.5.2 while 문

while 문은 특정한 조건이 참(true)인 동안 실행하고 거짓(false)일 경우 중단하는 반복문이다. while 문의 구조는 다음과 같다.

```
while( 조건 ){     // 실행코드  }  //조건이 참이면 실행코드 수행
```

예제 6-20의 while 문은 예제 6-17의 for 문 기능과 동일한 예제이다. 변수 x를 0으로 초기화 하고 while 문의 조건 x < 100 이 참인동안 while 문이 실행된다. 그림 6-20에 프로그램의 실행 결과를 볼 수 있다.

예제 6-20   while 문

```html
<!DOCTYPE html>
<html>
<head><title>반복문</title>
</head>
<body>
<h3>while 반복문</h3>
<Script>
   var x = 0;
   while (  x < 100 ) {
       document.write("while : " + x + "<br />");
       x++;
   }
</Script>
</body>
</html>
```

그림 6-20 while 문

while 문은 조건이 참인 경우에만 실행할 수 있다. 만약 while 문을 무조건 한번 실행하고 싶다면 while 문의 변형 do/while문을 사용한다.

do/while 문의 문법은 다음과 같다.

```
do{     //무조건 실행
        // 실행코드
} while(조건)   //조건이 참이면 실행코드 수행
```

예제 6-21은 do/while 문을 나타낸 것으로 x와 y의 초기값을 각각 20과 45로 선언하고 while문에서 x는 증가시키고 y는 감소 시켰다. 조건 x < y 가 참인 동안 프로그램은 실행된다. 조건에 관계없이 무조건 한번은 실행되는 것이 while문과의 차이점이다.

예제 6-21　do/while 문

```
<!DOCTYPE html>
<html>
<head><title>반복문</title>
</head>
<body>
```

```
<h3>while 반복문</h3>
<Script>
   var x = 20, y=45;
    do {
        document.write("do while : x=" + x +" "+  y+ "=y <br />");
        x++; y--;
    } while (  x < y)
</Script>
</body>
</html>
```

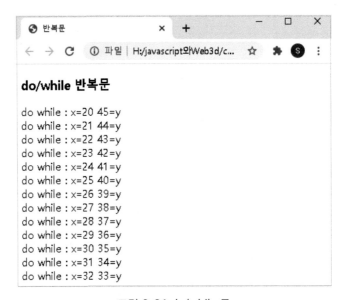

그림 6-21 do/while 문

과제

1. 자바스크립트를 html5 문서에 적용하는 방법 3가지를 설명하시오.

2. 변수명을 선언하는 원칙에 대해 설명하시오.

3. javascript에서 html5 문서에 출력하는 4가지 방법에 대해 설명하시오.

4. 함수에 대해 설명하시오.

5. 함수를 사용하여 다음 그림과 같이 출력시키는 프로그램을 구현하시오.

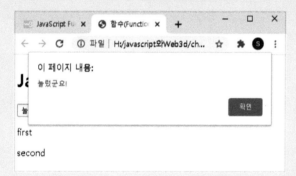

6. <form> 요소를 사용하여 다음 그림과 같이 입력 값을 계산하는 프로그램을 구현하시오.

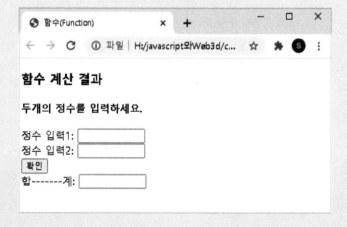

과제

7. prompt() 함수와 confirm() 함수의 차이점을 설명하시오.

8. if else 조건문을 사용하여 시간에 따라 다른 메시지가 출력되도록 프로그램 하시오.

9. Switch 문을 사용하여 0~100 사이의 숫자를 사용자로부터 입력 받아 10 종류의 문자 메시지를 출력 시키는 프로그램을 구현하시오.

10. 2차원 for 문을 사용하여 다음 그림에서 제시한 구구단을 제외하고 응용할 수 있는 프로그램을 구현하시오.

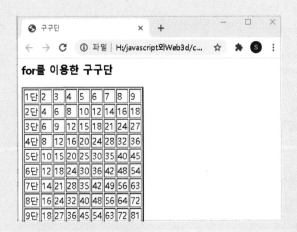

참고 사이트

1. https://www.w3schools.com/js/default.asp

2. https://www.w3schools.com/js/js_intro.asp

3. https://www.w3schools.com/js/js_output.asp

4. https://www.w3schools.com/js/js_output.asp

5. https://www.w3schools.com/js/js_functions.asp

6. https://www.w3schools.com/js/js_operators.asp

7. https://www.w3schools.com/js/js_variables.asp

8. https://developer.mozilla.org/ko/docs/Web/JavaScript/Reference/Functions

9. https://www.codingfactory.net/10386

10. https://www.everdevel.com/JavaScript/return/

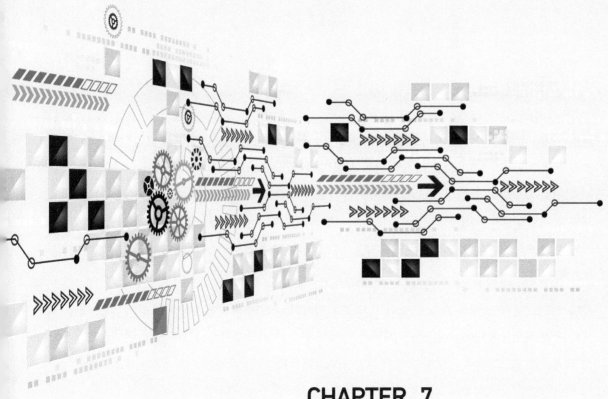

CHAPTER 7

자바스크립트
객체(Object)

7.1 객체란?

프로그래밍 방법에 있어 C 언어와 같이 동작의 기능을 함수(function)로 구현한 프로그램을 구조적 프로그램이라 하고 c++, java와 같이 사물의 속성(properties)이나 동작(method)을 하나의 단위로 그룹화하여 클래스(class)로 표현하는 프로그램을 객체지향 프로그램이라 한다. 객체지향 프로그램의 특징은 생성된 클래스를 기반으로 자식 인스턴스(instance)에게 상속가능하다. 객체지향 프로그램은 프로그램의 대형화와 프로그램 유지보수 등 확장성과 관리가 매우 효율적이다.

자바스크립트는 c++이나 Java와 같이 객체를 지원하기는 하지만 클래스를 사용하지 않고 객체의 원형 프로토타입(prototype)을 사용하여 객체를 복제하고 재사용하도록 하고 있다. 따라서 객체지향 프로그램과 구별하여 객체기반 프로그램이라 한다. 객체는 현실세계의 모든 사물에 대하여 속성과 동작으로 표현할 수 있으며 그림 7-1에 개념을 나타내었다.

속성이란 객체의 특성을 나타내는 자료(data)이며 메소드는 객체의 동작방식을 의미한다. 속성은 변수로 정의할 수 있으며 메소드는 함수로 정의할 수 있다. 인간을 객체화 한다면 인간의 속성에는 얼굴, 팔, 다리, 피부색, 나이, 이름 등이 있다. 인간의 동작방식으로는 걷기, 말하기, 보기, 듣기, 달리기 등이 메소드가 된다. 객체의 속성만으로는 마네킹과 같이 동작이 없는 모형에 불과하지만 객체에 메소드를 적용하는 순간 움직이는 객체가 된다. 자동차의 경우 모델명, 색상, 문의 수 등은 속성이 되고 브레이크, 가속하기 등은 메소드이다.

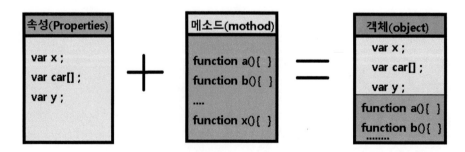

그림 7-1 속성과 메소드로 이루어진 객체

인간(human)을 속성과 메소드로 다음과 같이 객체화할 수 있다.

```
속성(properties) : human.name="park", human.age=20, human.sex="male"
메소드(method) : human.walk(), human.speak(), human.run(), human.hearing()
```

객체화된 인간은 복제화하여 속성이 다른 인간들을 무수히 만들어 낼 수 있다. 모든 인간들은 같은 속성과 메소드를 갖지만 각각의 인간들의 속성 값과 메소드 값은 다르게 적용된다. 즉 human.name이 "Kim"이나 "Lee"가 될 수 있으며 human.age나 human.sex 역시 각기 다른 인간들을 손쉽게 만들어 낼 수 있다. 속성과 마찬가지로 각 인간들은 다른 행위를 하므로 메소드는 상황에 따라 다르게 적용할 수 있다.

7.2 객체의 생성

자바스크립트에서는 다양한 기능을 가진 객체를 미리 정의하여 사용자에게 제공하고 있다. 이러한 객체를 내장객체(bulit-in object)라 하며 사용자는 생성자 new를 사용하여 복제하면 객체를 생성할 수 있다. 내장객체 이외의 객체는 사용자가 정의하여 객체를 생성할 수도 있다.

사용자 정의의 객체를 생성하는 방법은 변수를 선언한 방법과 유사하게 var 변수를 통하여 고정된 속성 값과 메소드를 정의하면 된다.

```
var human = { name: "Kim", age:20, sex:"male", speed:20,     //속성
              walk : function(){ this.speed = 10;},          //걷기 메소드
              run : function(){ this.speed +=1;}             //달리기 메소드
          };
```

human 객체의 속성에 접근하기 위한 방법은 다음과 같이 .이나 배열[]을 사용한다.

```
객체이름.속성 or 객체이름[속성]
human.age  or  human[age]
```

age를 변경하려면 human.age = 30 혹은 human["age"]=30과 같이 해당 속성의 값을 직접 변경하면 된다. human.walk() 메소드를 적용하면 해당 함수(function)에 의해 속도가 1씩 증가하며 달리기 메소드가 실행된다.

this.speed에서 this 키워드는 해당 함수의 소유자를 의미한다. walk의 this는 walk를 의미하며 run의 this는 run을 의미한다.

자바스크립트에서는 문자열, 숫자, 불린(boolean) 값 등을 new 키워드를 통해 객체로 지정할 수 있다.

```
var x = new String();      //문자열 객체
var y = new Number();      // 숫자 객체
```

그러나 단순한 문자열, 숫자 등을 객체로 지정하게 되면 프로그램 코드는 복잡해질 뿐만 아니라 컴퓨터의 실행속도를 현저히 저하시키는 원인이 될 수 있으므로 객체로 선언하지 않는 것이 좋다.

예제 7-1은 고정 값을 이용한 객체 생성으로 프로그램의 실행결과를 그림 7-2에 나타내었다. 생성된 human 객체는 do/while 문을 이용하여 human.speed가 35가 될 때까지 반복 실행된다.

```
do {
document.write("이름:" + human.name + " 달리기:" + human.speed + "<br />");
human.run();
} while( human.speed < 35)
```

예제 7-1　고정값을 이용한 객체 생성자

```
<!DOCTYPE html>
<html>
<head>
<title>객체생성자</title>
```

```
</head>
<body>
<h3>객체생성</h3>
    <script>
        var human = { name: "Kim", age:20, sex:"male", speed:20,    //속성
                walk : function(){ this.speed = 10;},               //걷기 메소드
                run : function(){ this.speed +=1;},                 //달리기 메소드
         };
         do {
         document.write("이름:"+human.name+ " 달리기:" + human.speed + "<br />");
          human.run();
        } while( cmHuman.speed < 35)
      human.walk();
      document.write("이름:"+ human.name + " 걷기:" + human.speed + "<br />");
      </script>
</body></html>
```

그림 7-2 고정 값을 이용한 객체 생성

위의 객체 생성방법을 this 키워드의 생성자를 사용하여 객체를 생성할 수 있다.

```
function Human(name, age, sex, speed) {
    this.name = name; this.age=age; this.sex:sex; this.speed:speed;    //속성
    walk : function(){ this.speed = 10;}                               //걷기 메소드
    run : function(){ this.speed +=1;} }                              //달리기 메소드
```

생성자를 이용하어 객체를 생성할 경우 생성자 이름은 항상 함수 다음에 대문자로 지정해야한다. (name, age, sex, speed)의 속성들은 매개변수로서 새로운 human 객체들을 생성할 경우 사용되는 인수들이다.

```
function Human(name, age, sex, speed)
```

변수타입으로 객체를 생성할 경우는 메소드만 this 키워드를 사용했지만 생성자의 경우 속성들도 다음과 같이 this 키워드를 사용하여 일반 변수와 구분한다.

```
this.name = name; this.age=age; this.sex:sex; this.speed:speed    //속성
```

정의된 Human(대문자 시작) 객체를 이용하여 새로운 객체(childHuman)를 생성하는 방법은 new 연산자를 사용하여 인수 값을 지정하면 된다.

```
var cmHuman  = new Human("Kim",12,"male, 20) ;
var cfHuman  = new Human("Lee",12,"female, 15) ;
```

예제 7-2는 객체 생성자를 사용하여 Human 객체를 선언한 후 cmHuman과 cfHuman을 생성하고 run()과 walk() 메소드를 적용한 것이다. 두 객체의 실행은 do/whiie 조건문을 사용하여 cmHuman의 speed가 35이하 일경우 반복해서 프로그램을 수행한다. speed가 1씩 증가하여 35가 되기 전까지 그림 7-2에서와 같이 이름과 속도가 출력된다.

```
cmHuman = new Human("Kim",13,"male",20);
cfHuman = new Human("Lee",13,"female",15);
```

```
do {
    document.write("이름:" + cmHuman.name + " 달리기:" + cmHuman.speed + "<br />");
    cmHuman.run();
    document.write("이름:" + cfHuman.name + " 달리기:" + cfHuman.speed+ "<br />");
    cfHuman.run(); } while( cmHuman.speed < 35)
```

객체의 메소드에서 ()를 생략하고 적용하면 객체의 함수가 실행되는 것이 아니라 객체의 정의
를 출력할 수 있다.

```
예) document.write( cmHuman.walk ) ;
결과) function() { this.speed = 10;  }
```

이미 생성된 객체에 생성자의 함수 변경 없이 속성과 메소드를 추가할 수 있다.

```
cmHuman.height = 120 ;
cfHuman.stand = function() { this.speed = 0 ; }
```

예제 7-2   객체 생성자를 이용한 객체

```html
<!DOCTYPE html>
<html>
<head><title>객체생성자</title></head>
<body>
<h3>객체생성</h3>
    <script>
        function Human(name, age, sex,speed)
        {
            this.name=name;
            this.age=age;
            this.sex = sex;
            this.speed = speed;
            this.walk = function () { this.speed = 10;  }
```

```
            this.run = function () {this.speed += 1; }
        }
        cmHuman = new Human("Kim",13,"male",20);
        cfHuman = new Human("Lee",13,"female",15);
    do {
    document.write("이름:"+cmHuman.name+" 달리기:" cmHuman.speed + "<br />");
    cmHuman.run();
    document.write("이름:" + cfHuman.name + " 달리기:" + cfHuman.speed+ "<br />");
    cfHuman.run();} while( cmHuman.speed < 35)
    cmHuman.walk();
    cfHuman.walk();
    document.write("이름:" + cmHuman.name + " 걷기:" + cmHuman.speed + "<br />");
    document.write("이름:" + cfHuman.name + " 걷기:" + cfHuman.speed+"<br />");
        </script>
</body>
</html>
```

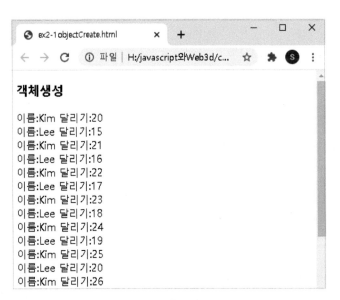

그림 7-3 객체 생성자

7.3 프로토타입(Prototype)

자바스크립트는 객체의 원형(prototype)을 이용한 객체기반 프로그램이다. 생성자를 통해 Human 객체를 신언하고 cmHuman이나 cfHuman을 생성하게 되면 두 객체는 Human의 같은 메소드를 사용하게 된다. 그림 7-4와 같이 cmHuman과 cfHuman은 같은 속성과 메소드를 갖고 있지만 속성 값은 틀리다. 그러나 walk() 메소드의 경우 같은 기능을 각자 소유함으로써 메모리의 중복을 초래한다. Human 객체를 생성하면 할수록 메모리의 중복은 더욱 커질 것이다.

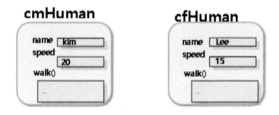

그림 7-4 중복된 메소드 walk()

메모리 낭비를 줄이고 객체의 메소드를 공유하는 방법을 프로토타입이라 한다. 프로토타입을 이해하기 위해 공중화장실을 생각해 보자. 휴양지나 지하철과 같은 곳의 공중화장실은 아파트의 각 화장실과 다르게 좁은 면적에 누구나 사용할 수 있다. 즉 면적을 메모리 공간이라 한다면 아파트의 각 화장실을 합친 면적은 공중화장실에 비해 터무니없이 넓다. 사용자들은 공중화장실의 위치만 알면 언제든지 공중화장실을 이용할 수 있게 된다.

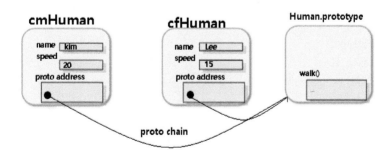

그림 7-5 Prototype을 이용한 메소드 공유

그림 7-5와 같이 cmHuman과 cfHuman 객체의 메소드 walk는 프로토타입을 이용하여 공유할 수 있다. cmHuman과 cfHuman은 walk()메소드의 주소만 알고 있다면 언제든지 메소드를 사용할 수 있다.

예제 7-3은 프로토타입을 이용하여 메소드를 공유한 예제이다. 프로그램의 기능은 예제 7-2와 같다. walk와 run 메소드를 prototype을 이용하여 다음과 같이 선언한다. walk와 run은 cmHuman과 cfHuman과 공유되어 사용됨으로서 메모리의 중복을 제거할 수 있다. 그림 7-6에 실행결과를 나타내었으며 결과는 예제 7-2와 동일함을 알 수 있다.

```
Human.prototype.walk = function() { this.speed = 10;  }
Human.prototype.run = function() { this.speed += 1; }
```

예제 7-3   프로토타입을 이용한 메소드 공유

```
<!DOCTYPE html>
<html>
<head>
<title>프로토타입</title>
</head>
<body>
<h3>프로토타입</h3>
    <script>
        function Human(name, age, sex,speed)
        {
        this.name=name;
        this.age=age;
        this.sex = sex;
        this.speed = speed;
        }
    Human.prototype.walk = function(){ this.speed = 10;  }
    Human.prototype.run = function () { this.speed += 1; }
    cmHuman = new Human("Kim",13,"male",20);
    cfHuman = new Human("Lee",13,"female",15);
    do {
```

```
document.write("이름:"+ cmHuman.name + " 달리기:" + cmHuman.speed + "<br />");
    cmHuman.run();
document.write("이름:" + cfHuman.name + " 달리기:" + cfHuman.speed+ "<br />");
    cfHuman.run();} while( cmHuman.speed < 35)
    cmHuman.walk();
    cfHuman.walk();
document.write("이름:" + cmHuman.name + " 걷기:" + cmHuman.speed + "<br />");
document.write("이름:" + cfHuman.name + " 걷기:" + cfHuman.speed+"<br />");
document.write(cmHuman.walk + cfHuman.walk);
    </script>
</body>
</html>
```

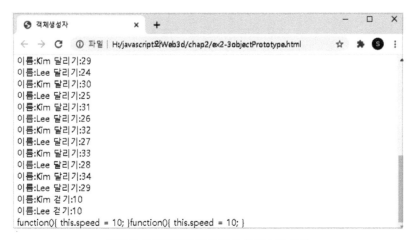

그림 7-6 프로토타입을 이용한 메소드 공유

7.4 내장객체

7.4.1 String 객체

String 객체는 문자를 저장하거나 처리하기 위해 사용한다. Sting 객체는 공백문자를 포함하여 단일 따옴표(' ')나 더블 따옴표("")를 사용하여 나타내며 문자열을 객체로 생성하기 위하여 키워드 new를 사용한다. 그러나 문자를 String 객체로 선언하게 되면 컴퓨터의 성능을 저하시키는 원인이 되므로 문자열을 String 객체로 선언하지 않는 것이 좋다.

```
var x = new String("Park GB") ; var y = new String('Park GB');
```

String 객체의 속성과 메소드는 표 7.1과 같다.

표 7.1 String 객체의 속성과 메소드

속성	length	문자열의 길이를 반환
	prototype	객체의 속성과 메소드를 추가
	constructor	객체의 생성자 함수를 반환
메소드	charAt(n)	문자열 중 n 번째 위치의 문자를 반환
	charCodeAt(n)	n 번째 위치의 유니코드 값을 반환
	concat("t1","tn")	두 개 이상의 문자열을 결합
	indexOf("string")	문자열 중 첫 번째 매칭 되는 문자의 위치 값을 반환
	lastIndexOf("string")	마지막으로 매칭 되는 문자의 위치 값을 반환
	match()	매칭되는 문자를 찾아 매칭 된 문자를 반환
	replace("t1"."t2")	"t1" 문자를 "t2" 문자로 변환
	search("string")	매칭 되는 문자를 찾아 매칭 된 위치 값을 반환
	slice(start, end)	start 위치에서 end 위치까지의 문자를 찾아 반환
	split(" ")	문자열들을 배열로 변경한다.
	substring(start, end)	slice와 유사하지만 음의 색인 허용 안함
	toLowerCase()	대문자를 소문자로 변환
	toUpperCase()	소문자를 대문자로 변환

예제 7-4는 String 객체의 이해를 위해 Human 객체를 생성하여 prototype을 이용하여 속성을 추가하였다.

```
Human.prototype.age = 20;   //prototype에 의한 속성 추가
```

생성자 constructor를 통한 kim객체의 구조를 알 수 있다.

```
document.getElementById("cnst").innerHTML = kim.constructor;   //constructior에 의한
객체
```

kim.name.length을 이용하여 name의 길이 값을 반환 받을 수 있으며 실행결과를 그림 7-7에 나타내었다.

예제 7-4 | **객체의 속성**

```html
<!DOCTYPE html>
<html>
<head>
    <title>String 속성</title>
</head>
<body>
<h3>String 속성</h3>
<p>Length : <b id="Lth"></b></p>
<p>Prototype : <b id="proto"></b></p>
<p>Constructor : <b id="cnst"></b></p>
<script> //prototype에 의한 속성 추가
    function Human(name, jobtitle, born) { //객체 생성
        this.name = name;
        this.jobtitle = jobtitle;
        this.born = born;
    }
    Human.prototype.age = 20;   //prototype에 의한 속성 추가
    var kim = new Human("Moon", "student", 1970);
    document.getElementById("proto").innerHTML = kim.age;
    document.getElementById("cnst").innerHTML = kim.constructor;
    document.getElementById("Lth").innerHTML = kim.name.length;
</script>
</body>
</html>
```

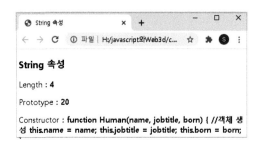

그림 7-7 String 속성

예제 7-5는 String 객체의 메소드들을 구현한 것으로 각 메소드의 실행 결과를 그림 7-8에 나타내었다. String 객체의 메소드의 기능을 이해하기 위하여 변수 str과 str2를 선언하고 다음과 같이 대입한다.

```
var str = "hello, welcome to javascsript and Web3D";
var str2 ="!!!";
```

str.charAt(0)는 str 문자열 중 첫 번째 문자열을 찾는 것이다. 컴퓨터에서는 인덱스 번호가 0부터 시작한다. 따라서 str의 첫 번째 문자 "h"가 ca에 저장된다.

```
var ca = str.charAt(0);
```

str.charCodeAt(0)는 h의 유니코드 값 104를 반환한다.

```
var cca = str.charCodeAt(0);
```

str.concat(str2)는 str문자열에 str2 문자를 추가하여 연결한다. 따라서 str 문자열 뒤에 !!!가 추가된다.

```
var cnct = str.concat(str2);
```

str.indexOf("java")는 str 문자열 중 "java" 문자의 위치를 반환한다. 0부터 시작하여 "java"는 19번째에 위치하므로 18을 반환한다.

```
var ido = str.indexOf("java");
```

str.lastIndexOf("to")는 str 문자열 중 가장 뒤에 나오는 "to"문자의 위치를 반환한다. "to" 문자는 한 개 밖에 없으므로 "to" 문자의 위치 15를 반환한다.

```
var lido = str.lastIndexOf("to");
```

str.replace("hello","Good Hi")는 첫 번째 인수 "hello"문자를 "Good Hi"로 대치한다. 그림 7-8에 "Good Hi" 변경된 것을 확인할 수 있다.

```
var rpl = str.replace("hello","Good Hi");
```

예제 7-5   String 메소드1

```html
<!DOCTYPE html>
<html>
<head>
    <title>String 메소드1</title>
</head>
<body>
    <h3>String 메소드1</h3>
    <p>charAt : <b id="ca"></b></p>
    <p>charCodeAt : <b id="cca"></b></p>
    <p>concat : <b id="cnct"></b></p>
    <p>indexOf : <b id="ido"></b></p>
    <p>lastIndexOf : <b id="lido"></b></p>
    <p>replace : <b id="rpl"></b></p>
<script>
```

```
        var str = "hello, welcome to javascsript and Web3D";
        var str2 ="!!!";
        var ca = str.charAt(0); var cca = str.charCodeAt(0);
        var cnct = str.concat(str2); var ido = str.indexOf("java");
        var lido = str.lastIndexOf("to"); rpl = str.replace("hello","Good Hi");
        document.getElementById("ca").innerHTML = ca;
        document.getElementById("cca").innerHTML = cca;
        document.getElementById("cnct").innerHTML = cnct;
        document.getElementById("ido").innerHTML = ido;
        document.getElementById("lido").innerHTML = lido;
        document.getElementById("rpl").innerHTML = rpl;
    </script>
    </body>
    </html>
```

그림 7-8 String 메소드1

예제 7-6은 또 다른 String 객체의 메소드를 나타낸 것으로 str, str2를 변수로 선언하고 str에는 문자열을 str2는 정수를 저장하였다.

```
str = "hello, welcome, javasscript, Web3D"; //문자열
str2 = 5678;                                 // 정수
```

str.match('java')는 str 문자 중 'java' 문자 있으면 이를 반환한다.

```
ca = str.match("java")
```

str.search("java")는 str 문자 중 'java' 문자의 위치 16을 반환한다.

```
cca = str.search("java");
```

str.slice(7,12)는 str 문자열 중 8번째에서 13번째의 문자 "welco"를 반환한다.

```
cnct = str.slice(7,12)
```

str.split(" ")는 str의 문자열 중 공백(space)을 기준으로 배열화 한다. 그림 7-9의 결과에서 콤마 (,)에 의해 배열화 되었다.(hello,welcome,to,javasscript,and,Web3D)

```
ido = str.split(",");
```

str.toUpperCase() str 문자를 모두 대문자로 변경한다.

```
lido = str.toUpperCase()
```

str2.toString 숫자로 된 str2의 값을 문자열로 변경한다.

```
rpl = str2.toString();
```

예제 7-6   String 메소드2

```html
<!DOCTYPE html>
<html>
<head><title>String 메소드2</title></head>
<body>
```

```
<h3>String 메소드2</h3>
<p>match : <b id="ca"></b></p>
<p>search : <b id="cca"></b></p>
<p>slice : <b id="cnct"></b></p>
<p>split : <b id="ido"></b></p>
<p>toUpperCase : <b id="lido"></b></p>
<p>toString : <b id="rpl"></b></p>
<script>
  var str = "hello, welcome, javasscript, Web3D";
  var str2 = 5678;
  var ca = str.match("java"), cca = str.search("java");
  var cnct = str.slice(7,12), ido = str.split(" ");
  var lido = str.toUpperCase(), rpl = str2.toString();
  document.getElementById("ca").innerHTML = ca;
  document.getElementById("cca").innerHTML = cca;
  document.getElementById("cnct").innerHTML = cnct;
  document.getElementById("ido").innerHTML = ido;
  document.getElementById("lido").innerHTML = lido;
  document.getElementById("rpl").innerHTML = rpl;
</script>
</body>
</html>
```

그림 7-9 String 메소드2

7.4.2 Number 객체

숫자도 Number 객체를 이용하여 객체로 만들 수 있으나 String객체와 마찬가지로 컴퓨터의 연산 속도를 위하여 객체화하지 않는 것이 좋다.

표 7.2는 Number 객체의 속성과 메소드를 나타낸 것이다.

표 7.2 Number 객체의 속성과 메소드

속성	MAX_VALUE	자바스크립트에 가능한 최고 숫자
	MIN_VALUE	자바스크립트에서 가능한 최소 양의 숫자
	POSITIVE_INFINITY	-infinity를 반환
	NEGATIVE_INFIINITY	+infiity를 반환
	prototype	객체의 속성과 메소드를 추가
	constructor	객체의 생성자 함수를 반환
메소드	isFinite(n)	n이 유효한 숫자인지를 검증
	isInteger(n)	n이 정수인지를 검증
	isNaN(n)	n이 NaN인지를 검증(NaN 과 0/0인 경우만 true)
	toExponential()	숫자를 지수형식으로 변환
	toLocaleString(ko-KR)	현지 국가의 숫자 표현 방식(한국)
	toPrecision(n)	n 번째 숫자까지만 표현
	toString()	숫자를 문자로 변환
	valueOf()	원래 숫자의 값으로 반환

예제 7-7은 Number 객체의 속성을 나타낸 것으로 각 속성의 결과를 그림 7-10에 나타내었다.

```
// Number의 최대값으로 최대값 이상은 Infinity로 표현
  (e는 10의 자리수 표현 1.7976931348623157*10308)
MAX_VALUE : 1.7976931348623157e+308
// Number의 최소값으로 이보다 작으면 0으로 표현
MIN_VALUE : 5e-324
// 양의 무한대 값
POSITIVE_INFINITY : Infinity
```

```
// 음의 무한대 값
NEGATIVE_INFINITY : -Infinity
```

예제 7-7　Number 속성

```
<!DOCTYPE html>
<html>
<head>
    <title>Number 속성</title>
</head>
<body>
<h3>Number 속성</h3>
<p>MAX_VALUE : <b id="ca"></b></p>
<p>MIN_VALUE : <b id="cca"></b></p>
<p>POSITIVE_INFINITY : <b id="cnct"></b></p>
<p>NEGATIVE_INFINITY : <b id="ido"></b></p>
<script>
  document.getElementById("ca").innerHTML = Number.MAX_VALUE;
  document.getElementById("cca").innerHTML =Number.MIN_VALUE;
  document.getElementById("cnct").innerHTML = Number.POSITIVE_INFINITY;
  document.getElementById("ido").innerHTML = Number.NEGATIVE_INFINITY;
</script>
</body>
</html>
```

그림 7-10 Number 객체의 속성

예제 7-8은 Number 객체의 메소드를 나타낸 것으로 각 메소드의 실행 결과를 그림 7-11에 나타내었다.

```
var num = 234.32;        //변수 num에 234.32 대입
Number.isFinite(num);    //num이 유효한 숫자인가?  true
Number.isInteger(num);   //num은 정수인가? false
Number.isNaN(num);       //num은 NaN인가? false
num.toExponential();     //num의 지수 표현 2.3432e+2
num.toFixed(1);          //소수 첫째짜리 까지 표현 234.3
num.toPrecision(4);      //4자리 표현 234.3
num.toString();          //문자열 변환 234.3
num.valueOf();           //num 값 234.32
```

예제 7-8   Number 메소드

```html
<!DOCTYPE html>
<html>
<head>
    <title>Number 메소드</title>
</head>
<body>
<h3>Number 메소드</h3>
<p>isFinite : <b id="ca"></b></p>
<p>isInteger : <b id="cca"></b></p>
<p>isNaN : <b id="cnct"></b></p>
<p>toExponential : <b id="ido"></b></p>
<p>toFixed : <b id="fxd"></b></p>
<p>toPrecision : <b id="prc"></b></p>
<p>toString : <b id="str"></b></p>
<p>valueOf : <b id="vlf"></b></p>
<script>
  var num = 234.32 ;
  document.getElementById("ca").innerHTML = Number.isFinite(num);
  document.getElementById("cca").innerHTML =Number.isInteger(num);
    // num은 NaN인가? false
```

```
document.getElementById("cnct").innerHTML = Number.isNaN(num);
document.getElementById("ido").innerHTML = num.toExponential();
   // 소수 첫째짜리 까지 표현 234.3
document.getElementById("fxd").innerHTML = num.toFixed(1);
   // 4자리 표현 234.3
document.getElementById("prc").innerHTML = num.toPrecision(4);
document.getElementById("str").innerHTML = num.toString();
document.getElementById("vlf").innerHTML = num.valueOf();
</script>
</body>
</html>
```

그림 7-11 Number 메소드

7.4.3 Math 객체

Math 객체는 숫자를 이용한 수학 연산을 수행하도록 지원한다. 표 7.3에서 보는 바와 같이 Math 객체의 속성과 메소드는 상당히 많다. 수학과 관련된 프로그램을 구현하기 위해서는 반드시 사용해야하는 객체이다.

표 7.3 Math 객체의 속성과 메소드

속성	E	오일러(Euler) 수를 반환(약. 2.718)
	LN2	자연로그 2 반환(약 0.693)
	LN10	자연로그 10 반환 (약 2.302)
	LOG2E	2진수 로그 E 반환 (약 1.442)
	LOG10E	10진수 로그 E 반환 (약 0.434)
	PI	PI 값 반환 (약 3.14)
	SQRT1_2	1/2 루트 값 반환 (약 0.707)
	SQRT2	루트 2 값 반환 (약 1.414)
메소드	abs(x)	x 절대 값 반환
	acos(x)	역코사인 x값 반환 -- 라디안(radian)
	acosh(x)	x의 역쌍곡 아크코사인 값 반환
	asin(x)	역사인 x값 반환
	asinh(x)	x의 역쌍곡 사인 값 반환
	atan(x)	역탄젠트 x 값 반환
	atan2(y,x)	y,x에 대한 역탄젠트
	cbrt(x)	x의 3제곱근 반환
	ceil(x)	x의 가장 가까운 윗 정수 값 반환
	cos(x)	코사인 x 값 반환
	cosh(x)	x의 쌍곡코사인 값 반환
	exp(x)	E^x 값 반환
	floor(x)	x의 가장 가까운 아래 정수 값 반환
	log(x)	자연로그 x 값의 반환
	max(x,y.....n)	최고 값 반환
	min(x,y.....n)	최소 값 반환
	pow(x,y)	yx 값 반환
	random()	0~1 사이의 랜덤 숫자 반환
	round(x)	정수에 가장 가까운 x값 반환
	sin(x)	사인 x값 반환
	sinh(x)	쌍곡 사인 x 값 반환
	sqrt(x)	루트 x 값 반환
	tan(x)	탄젠트 x 값 반환
	tanh(x)	쌍곡탄젠트 x 값 반환
	trunc(x)	숫자 x 중 정수 값만 반환

예제 7-9는 Math 객체의 속성을 구현한 것이다. Math 객체의 속성은 오일러 상수나 PI 값과 같이 이미 알려진 상수들에 대해 Math 객체의 속성으로 제공하여 효율적으로 사용할 수 있다. 그림 7-12에서 Math 객체의 속성들에 대한 상수 값을 확인할 수 있다.

```
Euler's 상수(E) : 2.718281828459045
자연로그2 (LN2) : 0.6931471805599453
자연로그10 (LN10) : 2.302585092994046
2진로그E(LOG2E) : 1.4426950408889634
10진로그E(LOG10E): 0.4342944819032518
PI : 3.141592653589793
SQRT1_2 : 0.7071067811865476
SQRT2 : 1.4142135623730951
```

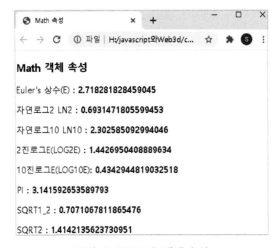

그림 7-12 Math 객체 속성

예제 7-9　　Math 객체 속성

```html
<!DOCTYPE html>
<html>
<head>
    <title>Math 속성</title>
</head>
<body>
```

```html
<h3>Math 객체 속성</h3>
<p>Euler's 상수(E) : <b id="ca"></b></p>
<p>자연로그2 LN2 : <b id="cca"></b></p>
<p>자연로그10 LN10 : <b id="cnct"></b></p>
<p>2진로그E(LOG2E) : <b id="ido"></b></p>
<p>10진로그E(LOG10E): <b id="fxd"></b></p>
<p>PI : <b id="prc"></b></p>
<p>SQRT1_2 : <b id="str"></b></p>
<p>SQRT2 : <b id="vlf"></b></p>
<script>
  document.getElementById("ca").innerHTML = Math.E;
  document.getElementById("cca").innerHTML = Math.LN2;
  document.getElementById("cnct").innerHTML = Math.LN10;
  document.getElementById("ido").innerHTML = Math.LOG2E;
  document.getElementById("fxd").innerHTML = Math.LOG10E;
  document.getElementById("prc").innerHTML = Math.PI;
  document.getElementById("str").innerHTML = Math.SQRT1_2;
  document.getElementById("vlf").innerHTML = Math.SQRT2;
</script>
</body>
</html>
```

예제 7-10에서 예제 7-12까지 Math 객체의 메소드를 나타내었으며 변수 x, y에 대한 실행결과를 그림 7-13에서 그림 7-15까지에서 확인할 수 있다.

acosh(x)에 대한 결과만 NaN으로 되었다. -0.57의 가장 가까운 정수는 0이다.

```
var x =-0.57 , y = 3 ;

abs(x) : 0.57
acos(x) : 2.1773021820079834
acosh(x) : NaN
asin(x) : -0.6065058552130869
```

```
asinh(x)): -0.5429305054577264
atan(x): -0.5180685284567209
atan2(x) : -0.1877619465135934
cbrt(x) : -0.8291344341849697
ceil(x) : 0
```

예제 7-10　Math 객체 메소드1

```html
<!DOCTYPE html>
<html>
<head>
    <title>Math 메소드1</title>
</head>
<body>
<h3>Math 객체 메소드1</h3>
<p>abs(x) : <b id="ca"></b></p>
<p>acos(x) : <b id="cca"></b></p>
<p>acosh(x) : <b id="cnct"></b></p>
<p>asin(x) : <b id="ido"></b></p>
<p>asinh(x)): <b id="vlf"></b></p>
<p>atan(x): <b id="fxd"></b></p>
<p>atan2(x) : <b id="prc"></b></p>
<p>cbrt(x) : <b id="exp"></b></p>
<p>ceil(x) : <b id="str"></b></p>
<script>
  var x =-0.57 , y = 3 ;
  document.getElementById("ca").innerHTML = Math.abs(x);
  document.getElementById("cca").innerHTML = Math.acos(x);
  document.getElementById("cnct").innerHTML = Math.acosh(x);
  document.getElementById("ido").innerHTML = Math.asin(x);
  document.getElementById("vlf").innerHTML = Math.asinh(x);
  document.getElementById("fxd").innerHTML = Math.atan(x);
  document.getElementById("prc").innerHTML = Math.atan2(x,y);
  document.getElementById("exp").innerHTML = Math.cbrt(x);
  document.getElementById("str").innerHTML = Math.ceil(x);
```

```
</script>
</body>
</html>
```

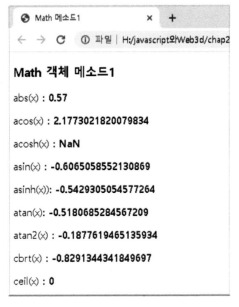

그림 7-13 Math 메소드1

예제 7-11은 var x=1이며 y=3에 대한 결과이다.

```
Math.cos(1) : 0.5403023058681398
Math.cosh(1) : 1.5430806348152437
Math.exp(1) : 2.718281828459045
Math.floor(1) : 1                         //가장 가까운 낮은 정수
Math.log(1): 0
Math.max(x,3,0.3,12): 12                  //최대값
Math.min(1,3,0.3,12) : 0.3                //최소값
Math.pow(1,y) : 1
Math.random() : 0.45844994188051236   // 0~1사이값
```

예제 7-12은 var x =1.234 , y = 3에 대한 결과이다.

```
Math.round(x) : 1
Math.sin(x) : 0.9438182093746337
Math.sinh(x) : 1.5719080591023373
Math.sqrt(x)) : 1.1108555261599053          //루트 x값
Math.tan(x): 2.856029838919548
Math.tanh(x): 0.8437356625893302
Math.trunc(x) : 1                           //정수부분
```

그림 7-14 Math 메소드2

예제 7-11   Math 객체 메소드2

```html
<!DOCTYPE html>
<html>
<head><title>Math 메소드2</title></head>
<body>
<h3>Math 객체 메소드2</h3>
<p>Math.cos(1) : <b id="ca"></b></p>
<p>Math.cosh(1) : <b id="cca"></b></p>
<p>Math.exp(1) : <b id="cnct"></b></p>
```

```html
<p>Math.floor(1) : <b id="ido"></b></p>
<p>Math.log(1): <b id="vlf"></b></p>
<p>Math.max(x,3,0.3,12): <b id="fxd"></b></p>
<p>Math.min(1,3,0.3,12) : <b id="prc"></b></p>
<p>Math.pow(1,y) : <b id="exp"></b></p>
<p>Math.random() : <b id="str"></b></p>
<script>
  var x =1.00 , y = 3 ;
  document.getElementById("ca").innerHTML = Math.cos(x);
  document.getElementById("cca").innerHTML = Math.cosh(x);
  document.getElementById("cnct").innerHTML = Math.exp(x);
  document.getElementById("ido").innerHTML = Math.floor(x);
  document.getElementById("vlf").innerHTML = Math.log(x);
  document.getElementById("fxd").innerHTML = Math.max(x,3,0.3,12);
  document.getElementById("prc").innerHTML = Math.min(x,3,0.3,12);
  document.getElementById("exp").innerHTML = Math.pow(x,y);
  document.getElementById("str").innerHTML = Math.random();
</script>
</body>
</html>
```

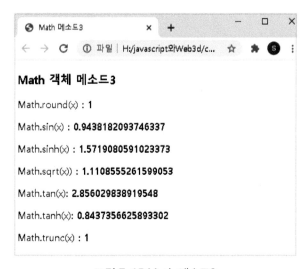

그림 7-15 Math 메소드3

예제 7-12 **Math 객체 메소드3**

```
<!DOCTYPE html>
<html>
<head><title>Math 메소드3</title></head>
<body>
<h3>Math 객체 메소드3</h3>
<p>Math.round(x) : <b id="ca"></b></p>
<p>Math.sin(x) : <b id="cca"></b></p>
<p>Math.sinh(x) : <b id="cnct"></b></p>
<p>Math.sqrt(x)) : <b id="ido"></b></p>
<p>Math.tan(x): <b id="vlf"></b></p>
<p>Math.tanh(x): <b id="fxd"></b></p>
<p>Math.trunc(x) : <b id="prc"></b></p>
<script>
  var x =1.234 , y = 3 ;
  document.getElementById("ca").innerHTML = Math.round(x);
  document.getElementById("cca").innerHTML = Math.sin(x);
  document.getElementById("cnct").innerHTML = Math.sinh(x);
  document.getElementById("ido").innerHTML = Math.sqrt(x);
  document.getElementById("vlf").innerHTML = Math.tan(x);
  document.getElementById("fxd").innerHTML = Math.tanh(x);
  document.getElementById("prc").innerHTML = Math.trunc(x);
</script>
</body>
</html>
```

- random()을 이용한 숫자 맞추기 게임

예제 7-13은 Math 객체의 radom() 메소드를 이용한 숫자 맞추기 게임이다.

랜덤 숫자 발생 버튼을 누르면 randomV() 함수를 호출한다.

컴퓨터 랜덤 숫자:

```
<input type="button" value="랜덤발생" onclick="randomV()">
```

전역변수 randomNum을 선언하여 Math.random()을 통하여 컴퓨터에서 발생한 숫자를 저장시키고 clickNum 변수에는 사용자가 클릭한 횟수를 저장하도록 한다. random()은 0~1사이의 소수점을 발생시키므로 0~99 사이의 숫자로 변환하기 위하여 toFixed(2)를 적용하여 두 자리 수를 얻은 다음 100을 곱하여 정수로 변환한다.

Math.round(randomNum)을 사용하여 두 자리의 정수로 정확하게 변환시키며 발생한 숫자를 "**"로 표시하여 사용자가 보지 못하도록 암호화한다.

```
var randomNum ;                         // 랜덤 발생 숫자
var clickNum = 0;                       // 클릭 횟수
function randomV(){
        randomNum = Math.random();              //0~1사이의 랜덤 숫자 발생
        randomNum =(randomNum.toFixed(2)*100)   //0~99사이의 정수 변환
        randomNum = Math.round(randomNum);
        document.getElementById("rnd").value = "**";
        }
```

사용자에게 0~99 사이의 숫자를 입력하도록 하고 추측한 번호 확인을 위해 확인 버튼을 누르면 findNum() 함수가 호출된다.

```
<input type="text" id="rnd" size="3"><p/>
        숫자 입력(0~99) : <input type="text" id="txt" size="3">
<input type="button" value="확인" onclick="findNum();">
```

사용자가 입력한 값과 랜덤 발생 숫자를 비교하기 위하여 변수 result를 선언하고 사용자의 클릭횟수를 증가시키기 위하여 clickNum을 1씩 증가시킨다. 키보드로 입력된 숫자를 parseInt()를 통하여 정수로 변환하여 number에 저장한다. 사용자가 입력한 number와 randomNum을 비교하여 같으면 result에 "성공입니다" 메시지가 출력된다. 만약 사용자가 입력한 값이 랜덤 숫자 보다 낮다면 "값이 낮습니다" 메시지가 출력되고 그렇지 않다면 "값이 높습니다" 메시지가 출력된다. 사용자가 랜덤 숫자를 맞출 때까지 위의 과정은 반복되어 처리된다.

```
function findNum() {
        var result = "";         // 결과 메시지
        // 사용자가 입력한 값을 받아서 변수 number에 대입한다.
        var number = parseInt(document.getElementById("txt").value);
        clickNum++;              // 클릭 횟수를 증가시킨다.
        if (number == randomNum) result = "성공입니다.";
        else if (number < randomNum) result = "값이 낮습니다.";
        else result = "값이 높습니다.";
        document.getElementById("result").value = result;
        document.getElementById("clickN").value = clickNum;
        return true;
    }
```

게임을 초기화 하고 싶으면 "다시하기" 버튼을 누른다.

```
<input type="reset" value="다시하기">
```

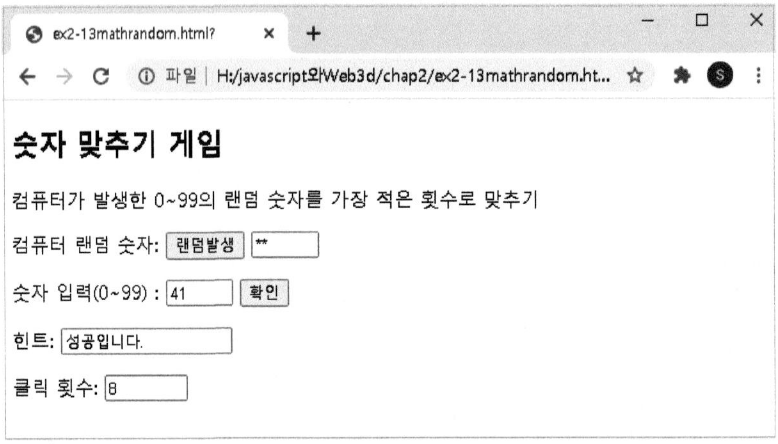

그림 7-16 random() 숫자 맞추기 게임

예제 7-13   random()을 이용한 숫자 맞추기 게임

```html
<!DOCTYPE html>
<html>
<head>
    <title>숫자마추기 게임</title>
    <script>
        var randomNum ;                 //랜덤 발생 숫자
        var clickNum = 0;               //클릭 횟수
        function findNum() {
            var result = "";            //결과 메시지
            // 사용자가 입력한 값을 받아서 변수 number에 대입한다.
            var number = parseInt(document.getElementById("txt").value);
            clickNum++;                 //클릭 횟수를 증가시킨다.
            if (number == randomNum) result = "성공입니다.";
            else if (number < randomNum) result = "값이 낮습니다.";
            else result = "값이 높습니다.";
            document.getElementById("result").value = result;
            document.getElementById("clickN").value = clickNum;
            return true;
        }
        function randomV(){
        randomNum = Math.random();   //0~1사이의 랜덤 숫자 발생
        randomNum =(randomNum.toFixed(2)*100) //0~99사이로 변환
        randomNum = Math.round(randomNum);
        document.getElementById("rnd").value = "**";
        }
    </script>
</head>
<body>
    <h2>숫자 맞추기 게임</h2>
    <p>컴퓨터가 발생한 0~99의 랜덤 숫자를 가장 적은 횟수로 맞추기 </p>
    <form>
        컴퓨터 랜덤 숫자:
        <input type="button" value="랜덤발생" onclick="randomV()">
        <input type="text" id="rnd" size="3"><p/>
        숫자 입력(0~99) : <input type="text" id="txt" size="3">
```

```
        <input type="button" value="확인" onclick="findNum();"></p>
        힌트: <input type="text" id="result" size="16"></p>
        클릭 횟수:
        <input type="text" id="clickN" size="5"></br>
    <input type="reset" value="다시하기">
    </form>
</body>
</html>
```

7.4.4 Date 객체

기본적으로 웹브라우저는 날짜와 시간을 다음과 같이 문자로 제공한다.

```
Sun Sep 06 2020 18:19:46 GMT+0900 (대한민국 표준시)
```

컴퓨터의 시스템에서 제공하는 날짜와 시간을 사용하면 자바스크립트로 이용할 수 있다.
Date 객체를 생성하는 방법은 다음과 같다.

```
new Date()                  // var d = new Date(); 현재 날짜와 시간
//  var d = new Date(2018, 11, 24, 10, 33, 30, 0); 특정날짜와 시간 생성
new Date(year, month, day, hours, minutes, seconds, milliseconds)
new Date(milliseconds)  // var d = new Date(0);  1970년 1월 1일
new Date(date string)    // var d = new Date("October 13, 2014 11:13:00"); 문자열
```

일반적으로 Date 형태는 3가지 방식으로 제공된다.

```
ISO(International Standard Organization)      "2020-09-7"
축약형                        "09/07/2020"
문자형                        "Sep 07 2020"
```

Date 객체가 생성되면 표 7.4의 get, set 메소드를 사용하여 날짜와 시간을 적용한다.

표 7.4 Date 객체의 get/set 메소드

get	getDate()	날짜 표시 1~31 반환
	getDay()	요일 표시 0~6 반환(0:일요일)
	getFullYear()	년도 반환
	getHours()	0~24 시간 반환
	getMilliseconds()	0~999 값 반환
	getMinute()	분 표시 0~59 반환
	getMonth()	달 표시 0~11 (0:January)
	getSeconds()	초 표시 (0~59)
	getTime()	1970년부터 계산한 milliseconds 값 반환
set	setDate()	날짜 설정
	setDay()	요일 설정
	setFullYear()	년도 설정
	setHours()	0~24 시간 설정
	setMilliseconds()	0~999 값 설정
	setMinute()	0~59 분 설정
	setMonth()	0~11 달 설정 (0:January)
	setSeconds()	초 설정 (0~59)
	setTimeout(function,time)	재귀함수 time 간격으로 함수를 호출

```
getDate() : 6                    //6일
getDay() : 0                     //일요일
getFullYear() : 2020             //2020년
getHours() : 18                  //6시
getMilliseconds(): 703           //703/1000 초
getMinutes(): 59                 //59분
getMonth() : 8                   //9월
getSeconds() : 17                //17초
getTime() : 1599386357703        //1970년 이후의 milliseconds
```

예제 7-14   **Data 객체의 메소드**

```
<!DOCTYPE html>
<html>
<head>
    <title>Date 메소드</title>
</head>
<body>
<h3>Date 객체 메소드</h3>
<p>getDate() : <b id="ca"></b></p>
<p>getDay() : <b id="cca"></b></p>
<p>getFullYear() : <b id="cnct"></b></p>
<p>getHours() : <b id="ido"></b></p>
<p>getMilliseconds(): <b id="vlf"></b></p>
<p>getMinutes(): <b id="fxd"></b></p>
<p>getMonth() : <b id="prc"></b></p>
<p>getSeconds() : <b id="exp"></b></p>
<p>getTime() : <b id="str"></b></p>
<script>
    var today = new Date();
    document.getElementById("ca").innerHTML = today.getDate();
    document.getElementById("cca").innerHTML = today.getDay();
    document.getElementById("cnct").innerHTML = today.getFullYear();
    document.getElementById("ido").innerHTML =today.getHours();
    document.getElementById("vlf").innerHTML = today.getMilliseconds();
    document.getElementById("fxd").innerHTML = today.getMinutes();
    document.getElementById("prc").innerHTML =today.getMonth();
    document.getElementById("exp").innerHTML = today.getSeconds();
    document.getElementById("str").innerHTML = today.getTime();
</script>
</body>
</html>
```

그림 7-17 Date 객체 get 메소드

---

setTimeout(function, time) 메소드는 time 간격으로 함수 function을 호출하는 재귀함수 이다. 웹 문서에 주기적으로 변화하는 시간을 표시하려면 setTimeout()함수를 사용해야한다. 예제 7-15는 setTimeout()을 이용하여 화면에 1/1000초 까지 시간을 표시하는 프로그램으로 그림 7-18에 결과를 나타내었다.

예제 7-15 현재시간 표시하기

```html
<!DOCTYPE html>
<html>
<head>
<title>현재시간 표시</title>
</head>
<body>
<h3>setTimeOut()</h3>
<p> 현재시간 : <b id="ca"></b></p>
<script>
    function setTime(){
    var time = new Date();
    var nowTime =
```

```
time.getHours()+":"+time.getMinutes()+":"+time.getSeconds()+":"+time.getMilliseconds
();
    document.getElementById("ca").innerHTML = nowTime ;
    //10/1000 초 간격으로 setTime() 함수호출 (재귀함수)
    setTimeout('setTime()',10);
    }
    setTime();
</script>
</body>
</html>
```

setTime() 함수 호출이 이루어진 후 setTimeout() 재귀 함수를 이용하여 setTime()함수를
10/1000초 간격으로 호출한다. 함수 안에서 자기를 호출하는 함수를 재귀함수라 한다.

```
function setTime(){
    var time = new Date();
    var nowTime =
time.getHours()+":"+time.getMinutes()+":"+time.getSeconds()+":"+time.getMilliseconds(
);
    document.getElementById("ca").innerHTML = nowTime ;
    //10/1000 초 간격으로 setTime() 함수호출 (재귀함수)
    setTimeout('setTime()',10);
}

setTime(); //setTime() 함수 호출
```

그림 7-18 setTimeout()을 이용한 시간표시

7.4.5 Array 객체

배열(Array) 객체는 단일 변수로 다수의 값을 저장하기 위해서 사용하며 []를 사용하여 선언하는 것이 좋다. new 생성자를 통해 생성하면 컴퓨터 속도가 저하되며 의도하지 않은 에러가 발생할 수 있다..

```
var cars = ["Hyundai", "KIA", "Benz"]; //Array는 [ ]을 사용하여 선언
cars[0] = "Hyundai" ; cars[1] = "KIA" ; cars[2] = "Benz"
```

표 7.5 Array 객체의 속성과 메소드

속성	length	Array의 길이 값 반환
	prototype	객체의 속성과 메소드를 추가
	constructor	배열 객체의 프로토타입 생성
메소드	concat(n)	n을 배열에 추가
	indexOf(n)	n을 찾아 위치 값 반환
	join(" * ")	모든 배열 요소를 문자열로 결합
	lastIndexOf()	숫자를 지수형식으로 변환
	pop()	배열에서 요소 제거
	push(n)	배열에 n 요소 삽입
	toString()	배열요소를 문자로 변환
	shift()	배열의 첫 번째 요소를 제거하고 모든 요소 이동
	slice(n)	n개의 요소 제거한 새로운 배열
	sort()	배열 요소의 정렬
	splice(a, d, n1,n2)	a번째 요소에 추가, d개 요소 제거, 추가될 요소 n

예제 7-16 은 Array 객체의 메소드를 구현한 것으로 결과를 그림 7-19에 나타내었다.

cars, num 그리고 week 배열을 다음과 같이 선언한다.

```
var cars = ["Hyundai", "Kia", "Bens"];
var num =[1,2,3,4];
var week =["Mon","Thu","Wen"];
```

cars 배열에 num 배열을 concat() 매소드로 추가한다.

```
cars.concat(num) : Hyundai,Kia,Bens,1,2,3,4
```

week 배열의 indexOf("Thu")의 값은 두 번째로서 1을 반환한다.

```
week.indexOf("Thu") : 1
```

join() 은 num 배열을 "*"로 구분한다.

```
num.join(*) : 1*2*3*4
```

num 배열에서 pop() 을 실행하면 4는 제거된다.

```
num.pop() : 1,2,3
```

week 배열에 "Thr"을 push()하면 배열의 끝에 더해진다.

```
week.push("Thr"): Mon,Thu,Wen,Thr
```

1,2,3의 num 배열에서 shift()를 적용하면 2,3만 남는다.

```
num.shift(): 2,3
```

slice()는 num 배열에서 선택된 요소 값을 반환한다.

```
num.slice(1,3) : 2,3
```

cars 배열에 sort()를 적용하면 알파벳 순서로 재배열 된다.

```
cars.sort() : Bens,Hyundai,Kia
```

splice는 두 번째 요소에 BMW"를 추가하고 삭제된 요소는 0개가 된다.

```
cars.splice(1,0,"BMW") : Bens,BMW,Hyundai,Kia
```

그림 7-19 Array 메소드

예제 7-16   Array 객체의 메소드

```
<!DOCTYPE html>
<html>
<head><title>Array 메소드</title></head>
<body>
<h3>Array 메소드</h3>
<pre>
    var cars = ["Hyundai", "Kia", "Bens"];
    var num =[1,2,3,4];
    var week =["Mon","Thu","Wen"];</pre>
<p>cars.concat(num) : <b id="ca"></b></p>
<p>week.indexOf("Thu") : <b id="cca"></b></p>
<p>num.join(*) : <b id="cnct"></b></p>
<p>num.pop() : <b id="ido"></b></p>
<p>week.push("Thr"): <b id="vlf"></b></p>
<p>num.shift(): <b id="fxd"></b></p>
<p>num.slice(1,3) : <b id="prc"></b></p>
<p>cars.sort() : <b id="exp"></b></p>
<p>cars.splice(1,0,"BMW") : <b id="str"></b></p>
<script>
  var cars = ["Hyundai", "Kia", "Bens"];
  var num =[1,2,3,4];
  var week =["Mon","Thu","Wen"];
  document.getElementById("ca").innerHTML = cars.concat(num);
  document.getElementById("cca").innerHTML = week.indexOf("Thu");
  document.getElementById("cnct").innerHTML = num.join("*");
  week.push("Thr"); num.pop() ;
  document.getElementById("ido").innerHTML = num;
  document.getElementById("vlf").innerHTML = week;
  num.shift();
  document.getElementById("fxd").innerHTML = num;
  num.slice(1,3) ;
  document.getElementById("prc").innerHTML =num;
  document.getElementById("exp").innerHTML = cars.sort();
  cars.splice(1,0,"BMW")
  document.getElementById("str").innerHTML = cars;
```

```
  </script>
  </body>
  </html>
```

배열을 이용하여 1~45까지의 숫자를 발생하는 로또 숫자 발생기를 만들어 보자.

숫자 발생을 위해 randomV() 함수를 호출하고 id="txt"에 발생 숫자를 표시한다.

```
<input type="button" value="행운의 숫자" onclick="randomV()"></p>
<input type="text" size="20" id="txt">


var randomNum;                        //랜덤 숫자
var lottoNum =[ ];                    //6개의 숫자 저장 배열
for( var i= 0; i < 6 ; i++){          //6개의 숫자 발생


if ( randomNum == 0 ) randomNum++;    //0일 경우 1로 변환


for (var j = i ; j > 0; j--){         // 같은 번호가 발생했는지 역순으로 탐색
if ( lottoNum[i] == lottoNum[j-1]){   }// 같은 번호가 있다면 다시 랜덤 번호 발생
```

그림 7-20 6개의 랜덤 숫자 생성

예제 7-17 　 Array 를 이용한 랜덤 숫자 발생기

```
<!DOCTYPE html>
<html>
<head>
    <title>로또(Lotto) 게임</title>
    <script>
    function randomV(){
        var randomNum;                      //랜덤 숫자
        var lottoNum =[ ];                  //6개의 숫자 저장 배열
        for( var i= 0; i < 6 ; i++){        //6개의 숫자 발생
        randomNum = Math.random();          //0~1사이의 랜덤 숫자 발생
        randomNum =(randomNum.toFixed(2)*100) //0~99사이로 변환
        randomNum = Math.round(randomNum);
        randomNum = randomNum/(100/45);     //0~45 사이 소수 숫자로 변환
        randomNum = Math.round(randomNum);  //0~45 정수 변환
        randomNum = parseInt(randomNum);
        if ( randomNum == 0 ) randomNum++;  //0일 경우 1로 변환
        lottoNum[i] = randomNum ;
        for (var j = i ; j > 0; j--){    //같은 번호 발생하면 다시 랜덤 숫자 발생
        if ( lottoNum[i] == lottoNum[j-1]){
        randomNum = Math.random();  //0~1사이의 랜덤 숫자 발생
        randomNum =(randomNum.toFixed(2)*100) //0~99사이로 변환
        randomNum = Math.round(randomNum);
        randomNum = randomNum/(100/45);     //0~45 사이 소수 숫자로 변환
        randomNum = Math.round(randomNum);  //0~45 정수 변환
        randomNum = parseInt(randomNum);
        lottoNum[i] = randomNum ;
        } }
    document.getElementById("txt").value = lottoNum;  }}
    </script>
</head>
<body>
    <h2 align="cener">로또(Lotto) 게임(by Park GB)</h2>
    <p align="cener"> 행운의 로또 1~45 숫자 발생기 </p>
    <form>
        <input type="button" value="행운의 숫자" onclick="randomV()"></p>
```

```
            <input type="text" size="20" id="txt">
    </form>
</body>
</html>
```

과제

1. 객체에 대해 설명하시오.

2. 객체의 생성 방법에 대해 설명하시오.

3. javascript 프로토타입(prototype)에 대해 설명하시오.

4. 다음 그림과 같이 String 객체의 메소드를 구현하시오.

5. 다음 변수에 대해 Number 객체의 메소드 값을 구하시오.

   var num = 32.4 ;

6. Math.random() 함수를 사용하여 0~99를 출력하는 프로그램을 구현하시오.

7. Date() 객체를 사용하여 다음 그림을 구현하시오.

8. setTimeout()을 이용하여 현재 시간을 표시하는 프로그램을 구현하시오.

참고 사이트

1. https://www.w3schools.com/js/js_arithmetic.asp
2. https://www.w3schools.com/js/js_objects.asp
3. https://www.w3schools.com/js/js_strings.asp
4. https://www.w3schools.com/js/js_arrays.asp
5. https://www.w3schools.com/js/js_numbers.asp
6. https://www.w3schools.com/js/js_dates.asp
7. https://www.w3schools.com/js/js_math.asp
8. https://developer.mozilla.org/ko/docs/Web/JavaScript/Reference/Global_Objects
9. https://developer.mozilla.org/ko/docs/Learn/JavaScript/Objects/Basics

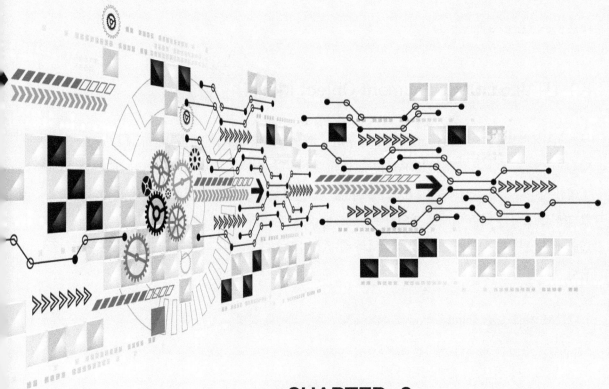

CHAPTER 8

HTML5 DOM과 이벤트

8.1 HTML5 DOM(Document Object Model)

브라우저에 웹문서가 로드(load)되면 브라우저는 웹문서를 문서 객체모델(Document Object Model)로서 표현한다. HTML DOM이란 HTML요소들을 그림 8-1과 같이 객체의 트리구조로 정의한 것이다. DOM은 W3C의 표준으로서 문서 접근에 대한 표준을 정의하고 있으므로 다음과 같이 요소들을 표준 객체로 정의하여 javascript와 같은 외부 프로그램들이 접근할 수 있는 인터페이스를 제공한다. 즉 HTML DOM은 웹 문서의 요소에 대한 추가, 삭제, 변경, 획득 등에 관한 객체의 표준이다.

1. HTML태그 요소(<html>,<body>,<p>,<x3d> 등을 객체로 정의
2. 모든 요소의 속성 정의(id, value 등)
3. 모든 요소에 접근 방법(메소드) 정의
4. 모든 요소에 대한 이벤트 정의

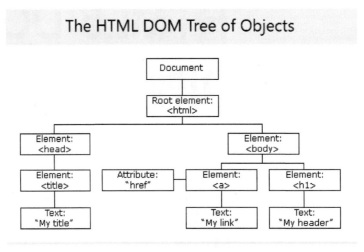

그림 8-1 HTML DOM 트리 구조

출처: w3school.com

HTML 태그요소들을 객체화 한다는 것은 속성(properties)과 메소드(method)로 요소들을 나타내는 것이다. html의 속성은 설정된 값이나 변경하기 위한 데이터 값이며 메소드란 이벤트와

같은 어떤 행위가 된다. DOM에서 html 모든 요소들은 객체화 되어 있으므로 각 객체에 대한 접근은 일반적으로 javascript 프로그램을 사용한다. javascript는 다음과 같은 일을 수행함으로 써 HTML 문서를 능동적으로 만들 수 있다.

1. 웹문서의 모든 html 요소와 속성들을 변경 가능하다.
2. 웹문서의 모든 CSS 스타일을 변경 가능하다.
3. 웹문서의 모든 속성과 요소를 추가/제거 가능하다.
4. 웹문서에 이벤트를 발생하거나 적용 가능하다.

8.2 DOM 프로그래밍

DOM은 html의 모든 요소를 객체로 정의하므로 속성과 메소드로 자바스크립트를 적용할 수 있다. DOM 요소들에 접근하기 위한 방식으로는 다음과 같은 3가지 방식이 일반적으로 사용된다.

```
1. document.getElementById(name);          //id에 의한 요소 선택
2. document.getElementsByTagName(name);    //태그이름으로 요소 선택
3. document.getElementsByClassName(name)   //class에 의한 요소 선택
```

DOM 요소의 값을 변경하기 위한 방법으로는 속성과 메소드를 이용하여 변경한다.

```
속성
1. element.innerHTML = new value;       //요소의 내부 정보 변경
2. element.attribute   = new value ;    //속성값  변경
3. element.style.property = new style;  //스타일 변경

메소드
1. element.setAttribute(attribute.value);//html 요소의 내부 속성 값 변경(Web3D에 적용)
```

DOM요소의 추가/삭제는 메소드를 이용한다.

```
1. document.createElement(element)      // html 요소 생성
2. document.removeChild(element)        // html 요소 제거
3. document.appendChild(element)        // html 요소 추가
4. document.replaceChild(new, old)      // 새로운 요소로 변경
5. document.write(text)                 // html 문서에 출력
```

예제 8-1은 두 개의 버튼을 통하여 이벤트를 발생시키고 getElementById(name)와 getElements TagName(name)으로 html 텍스트 요소에 접근하고 변경하는 방법을 나타낸 것으로 그림 8-2 에 결과를 나타내었다.

두 개의 h1요소와 id='txt'를 선언하였다.

```
<h1 style="text-align:center;">요소찾기(Find Element)</h1>
<p id="txt">
<h1 style="color:blue";>두번째 h1 요소</h1>
```

첫 번째 버튼 'change_title'을 클릭하면 changeTag() 함수가 실행되고 두 번째 버튼 'change_id' 을 클릭하면 changeId()함수가 실행된다.

```
<input type='button' id='bt1' value="change_title" onclick="changeTag();"></button>
<input type='button' id='bt2' value="change_id" onclick="changeId();"></button>
```

<script> //javascript 코드는 <script> 시작하고 </script>로 끝난다.

changeTag() 함수는 html 문서내의 <h1>요소 중 첫 번째 <h1> 요소를 찾아 현재의 h1 값을 .innerHTML에 의해 '첫 번째 h1 : getElementsByTagName'으로 변경된다. 두 번째 h1 요소인 h1[1]에는 영향이 없다.

```
function changeTag(){
    document.getElementsByTagName("h1")[0].innerHTML=
    '첫번째 h1: getElementsByTagName';
    }
```

두 번째 버튼 changeId()를 클릭하면 id='txt'를 찾아 'getElementById'로 변경된다.

```
function changeId(){
    document.getElementById('txt').innerHTML = 'getElementById';
  }
```

class에 의한 요소 찾기는 태그 이름 찾기와 마찬가지로 다음과 같이 배열을 사용한다.

```
function changeCls(){
    document.getElementsByClassName('cls')[0] = 'getElementByClassName';
  }
```

그림 8-2 요소 찾기

예제 8-1 요소 찾기

```
<!DOCTYPE html>
<html>
<head>
<meta http-equiv='Content-Type' content='text/html;charset=utf-8'></meta>
<title>요소찾기(Find Element)</title>
<script>
    function changeTag(){
     document.getElementsByTagName("h1")[0].innerHTML=
     '첫번째 h1: getElementsByTagName';
     }
    function changeId(){
     document.getElementById('txt').innerHTML = 'getElementById';
     }
    function changeCls(){
     document.getElementsByClassName('cls')[0] = 'getElementByClassName';
     }
</script>
</head>
<body id='main'>
<h1 style="text-align:center;">요소찾기(Find Element)</h1>
<p id="txt">
<h1 class='cls' style="color:blue";>두번째 h2 요소</h2>
<input type='button' id='bt1' value="change_title" onclick="changeTag();"></button>
<input type='button' id='bt2' value="change_id" onclick="changeId();"></button>
<input type='button' class='bt3' value="change_cs" onclick="changeCls();"></button>
</body>
</html>
```

element.innerHTML은 요소의 값을 입력하거나 변경한다. html 요소의 속성을 변경하는 방법으로 예제 8-2에서는 첫 번째 버튼을 누르면 이미지가 변경되고 두 번째 버튼은 html의 css 스타일을 변경하는 내용이다. 세 번째 버튼은 setAttribute() 메소드를 사용하여 html 요소의 내부 속성 값을 변경한 것으로 그림 8-3에 변경된 결과를 나타내었다.

초기 이미지 "x3d_256.jpg"의 이미지는 changeImg() 함수에서 img의 속성 src을 적용하여 "leaf.gif"로 변경된다.

```
function changeImg(){  document.getElementById("img").src='img/leaf.gif'; }
```

CSS 스타일의 속성을 변경하기 위해서는 .style에 속성 color를 적용한다. style.color를 적용하면 문자의 색상을 변경할 수 있다.

```
function changeCss(){  document.getElementById("cls").style.color = "red";  }
```

setAttribute("attribute", "value") 메소드는 요소에 속성을 추가하거나 속성 값을 변경하기 위해 사용한다. id='set'의 style에 배경색(background-color)을 청록색으로 변경한다.

```
function changeSeta(){
 document.getElementById('set').setAttribute("style","background-color:cyan");
}
```

예제 8-2 속성 변경하기

```
<!DOCTYPE html>
<html>
<head>
<meta http-equiv='Content-Type' content='text/html;charset=utf-8'></meta>
<title>속성변경(attribute change)</title>
<script>
 function changeImg(){
    document.getElementById("img").src='img/leaf.gif'; }
 function changeCss(){
    document.getElementById("cls").style.color = "red" ;     }
 function changeSeta(){
    document.getElementById('set').setAttribute("style","background-color:cyan"); }
```

```
</script>
</head>
<body id='main'>
<h1 style="text-align:center;">속성 변경(Find Element)</h1>
<p>이미지 변경: <img id="img" src="img/x3d_256.jpg" width="100px" height="100px"></p>
<h2 id="cls" style="color:blue";>CSS 속성(색상) 변경</h2>
<h2 id="set" style="color:green";>CSS setAttribute(attribute,value)</h2>
<input type='button' id='bt1' value="change_img" onclick="changeImg();"></button>
<input type='button' id='bt2' value="change_style" onclick="changeCss();"></button>
<input          type='button'          class='bt3'          value="change_setAttribute"
onclick="changeSeta();"></button>
</body>
</html>
```

그림 8-3 속성 변경하기

8.3 DOM 노드의 관계

요소의 생성과 삭제를 위해서는 DOM 요소의 관계에 대해 이해하여야 한다. 그림 8-4는 html 태그 요소들의 관계를 나타낸 것이다.

<html> 요소는 최상위(Root) 요소이며 <head>와 <body>를 자식 노드(child Nodes)로 포함한다. <head>는 첫 번째(first Child) 자식노드이며 <body>는 마지막(last Child) 자식노드이다. <head>의 후행 이웃(next Sibling) 노드는 <body>이며 <head>는 <body>의 선행 이웃(previous Sibling)이 된다. <html>은 <head>와 <body>의 부모노드(parent Node)가 된다.

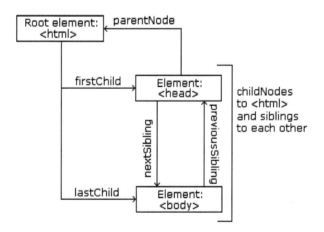

그림 8-4 DOM 노드 관계도

parentNode	<html>
childNodes[nodenumber]	<head>, <body>
firstChild	<head>
lastChild	<body>
nextSibling	<body>
previousSibling	<head>

DOM요소의 생성은 createElement(element) 메소드를 사용하여 요소를 생성한다.

```
1. document.createElement(element)   //html 요소 생성
```

DOM 요소의 삭제는 removeChild(element) 메소드를 사용하여 요소를 삭제한다.

```
2. document.removeChild(element)        // html 요소 제거
3. document.appendChild(element)        // html 요소 추가
4. document.replaceChild(new, old)      // 새로운 요소로 변경
5. document.write(text)                 // html 문서에 출력
```

예제 8-3은 appendChild()를 이용하여 노드를 추가하고 remove()를 이용하여 노드를 삭제하는 프로그램으로 결과를 그림 8-5에 나타내었다.

추가 버튼을 누르면 Add() 함수가 실행되고 노드를 추가하기 위해서 "li" 요소를 먼저 생성한다.

```
var add = document.createElement("li");
```

"오렌지" 항목을 생성하기 위해 createTextNode("오렌지")를 적용한다.

```
var cnode = document.createTextNode("오렌지");
```

생성된 요소("li")에 항목("오렌지")을 append.Child(cnode)'를 적용하여 항목을 추가한다.

```
add.appendChild(cnode);
```

웹문서의 "myList"에 "오렌지"를 추가하기 위해 getElementById("myList")를 적용한다.

```
document.getElementById("myList").appendChild(add);
```

사용자가 버튼을 클릭할 때 마다 그림 8-5와 같이 "오렌지" 항목이 추가된다.

노드의 삭제는 마지막 자식노드부터 remove()를 이용하여 삭제한다. 삭제 버튼을 클릭하면 "myList"의 마지막 자식노드부터 제거되고 표현된다.

```
var rnode = document.getElementById("myList").lastChild;
```

그림 8-5 노드의 추가/삭제

예제 8-3 DOM 요소 추가/삭제하기

```
<!DOCTYPE html>
<html>
<head>
<meta http-equiv='Content-Type' content='text/html;charset=utf-8'></meta>
<title>노드 추가/삭제(addChild/removeChild)</title>
<script>
    function Add(){
        var add = document.createElement("li");
        var cnode = document.createTextNode("오렌지");
        add.appendChild(cnode);
        document.getElementById("myList").appendChild(add);
    }
```

```
        function remove(){
            var rnode = document.getElementById("myList").lastChild;
            rnode.remove();
        }
    </script>
    </head>
    <body id='main'>
    <h3 style="text-align:center;">노드 추가/삭제(addChild/removeChild)</h1>
    <h4>클릭버튼 추가/삭제</h4>
    <ul id="myList"><li>사과</li><li>바나나</li></ul>
    <input type='button' id='bt1' value="추가" onclick="Add();"></button>
    <input type='button' id='bt2' value="삭제" onclick="remove();"></button>
    </body>
    </html>
```

예제 8-4는 그림 8-4의 DOM 노드의 관계를 프로그램으로 구현한 것으로 그림 8-6과 같이 다음노드(nextSibling), 이전노드(previousSibling)의 관계를 알 수 있다.

각 요소의 관계를 위하여 "myList" <ul>에 사과와 바나나를 리스트로 설정하였다.

nextSibling 버튼을 클릭하면 next()함수가 실행되며 id="one"인 사과의 nextSibling을 id="next"에 표시하도록 하면 사과의 다음노드는 바나나가 표시된다.

```
document.getElementById("next").innerHTML =
document.getElementById("one").nextSibling.innerHTML;
```

previousSibling 버튼을 클릭하면 prev()함수가 실행되며 id="two"인 바나나의 previousSibling을 id="prev"에 표시하도록 하면 바나나의 이전노드는 사과가 표시된다.

```
document.getElementById("prev").innerHTML =
document.getElementById("two").previousSibling.innerHTML;
```

"myList"의 첫 번째 자식노드는 사과이며 마지막노드는 바나나가 표시된다.

```
document.getElementById("firstC").innerHTML =
    document.getElementById("myList").firstChild.innerHTML ;
document.getElementById("lastC").innerHTML =
    document.getElementById("myList").lastChild.innerHTML
```

예제 8-4 DOM 요소 트리 구조(Node Tree)

```html
<!DOCTYPE html>
<html>
<head>
<meta http-equiv='Content-Type' content='text/html;charset=utf-8'></meta>
<title>노드 트리(Node Tree)</title>
<script>
    function next(){
      document.getElementById("next").innerHTML =
      document.getElementById("one").nextSibling.innerHTML;
    }
    function previous(){
      document.getElementById("prev").innerHTML =
      document.getElementById("two").previousSibling.innerHTML;
    }
    function child(){
        document.getElementById("firstC").innerHTML =
        document.getElementById("myList").firstChild.innerHTML ;
        document.getElementById("lastC").innerHTML =
        document.getElementById("myList").lastChild.innerHTML ;
    }
</script>
</head>
<body id='main'>
<h3 style="text-align:center;">노드의 구조(Tree)</h1>
<h4>Node Tree</h4>
<ul id="myList"><li id="one" >사과</li><li id="two">바나나</li></ul>
```

```
<p>사과의  nextSibling은 <b id="next"></b>입니다.</p>
<p>바나나의  nextSibling은 <b id="prev"></b>입니다.</p>
<p>리스트의 Fisrt Child는 <b id="firstC"></b>입니다.</p>
<p>리스트의 Last Child는 <b id="lastC"></b>들이 있습니다.</p>
<input type='button' id='bt1' value="nextSibling" onclick="next();">
<input type='button' id='bt2' value="previousSibling" onclick="previous();">
<input type="button" id='bt3'  value="Tree" onclick="child();">
</body></htmln' id='bt2' value="삭제" onclick="remove();"></button>
</body>
</html>
```

그림 8-6 노드의 구조

8.4 javascript DOM 이벤트

마우스를 클릭하거나 문자를 입력하는 등 이벤트가 발생할 때 자바스크립트를 실행할 수 있다.
일반적인 자바스크립트 이벤트는 다음과 같다.

- 마우스를 클릭
- 웹 문서의 로딩
- 이미지 로딩
- 마우스가 요소 위에 위치
- 입력 필드가 변화
- HTML <form>요소의 submit
- 키보드 입력

8.4.1 onClick()

마우스 onClick()은 문자, 이미지 그리고 버튼 등을 클릭할 경우 발생되는 이벤트이다. 예제 8-5에서는 문자와 버튼을 클릭할 경우 문서의 문자 내용을 바로 변경하거나 chageText()함수를 호출하여 문자를 변경하는 프로그램이다.

"Click me!!" 문자를 클릭하면 this.innerHTML에 의해 문자의 내용이 변경된다.

```
<h4 onClick="this.innerHTML='나를 눌렀군요!!' ">Click me!!</h4>
```

id="bt"을 클릭하면 changeText()함수가 호출되고 id="one"의 문자내용이 변경된다.

```
<input type='button' id='bt1' value="onClick" onclick="changeText();">
function changeText(){
    document.getElementById("one").innerHTML = "입력타입을 눌렀군요!" }
```

<button>을 클릭하면 changeButton() 함수가 호출되고 id="bttn"의 내용이 변경된다.

```
<button onClick='changeButton()'>눌러봐!!</button>
document.getElementById("bttn").innerHTML = "버튼을 눌러군요!"
```

예제 8-5   onClick() 이벤트

```
<!DOCTYPE html>
<html>
<head>
<meta http-equiv='Content-Type' content='text/html;charset=utf-8'></meta>
<title>onClick()</title>
<script>
    function changeText(){
      document.getElementById("one").innerHTML = "입력타입을 눌렀군요!"
    }
    function changeButton(){
      document.getElementById("bttn").innerHTML = "버튼을 눌러군요!"
    }
</script>
</head>
<body id='main'>
<h3 id = "one" style="text-align:center;">onClick()</h1>
<h4 onClick="this.innerHTML='나를 눌렀군요!! ' ">Click me!!</h4>
<h3 id = "bttn">Button</h1>
<input type='button' id='bt1' value="onClick" onclick="changeText();">
<button onClick='changeButton()'>눌러봐!!</button>
</body>
</html>
```

그림 8-7 onClick 이벤트

8.4.2 onLoad()

onLoad()와 onUnLoad() 이벤트는 사용자가 웹 문서를 열거나 닫을 때 발생하는 이벤트이다. 또한 onLoad 이벤트는 사용자의 브라우저 종류나 버전(version)을 확인할 때 사용되기도 한다. onUnLoad 이벤트는 브라우저의 옵션에 따라 실행되지 않는 경우가 있다.

예제 8-6은 onLoad 이벤트를 이용하여 웹 문서가 열릴 때 checkCookies() 함수가 자동 실행되어 웹브라우저(navigator)의 쿠키 기능이 설정되어 있는지 if문을 이용하여 체크하고 메시지를 출력하는 프로그램으로 그림 8-8에 결과를 나타내었다.

예제 8-6　　onLoad() 이벤트

```html
<!DOCTYPE html>
<html>
<head>
<title>onLoad()</title>
</head>
<body onLoad="checkCookies()" >
<p id="cook"></p>
<script>
    function checkCookies() {
      var text = "";
      if (navigator.cookieEnabled == true) {
        text = "쿠기 기능이 설정되있네요!";
      } else {
        text = "쿠기 기능이 꺼져있네요!";
      }
    document.getElementById("cook").innerHTML = text;
}
</script>
</body>
</html>
```

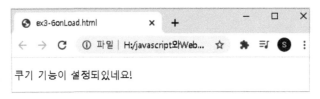

그림 8-8 onLoad()

8.4.3 onChange()

onChange 이벤트는 <input>의 입력 필드에서 사용자의 입력한 내용에 대한 변화가 있을 경우 발생한다. 예제 8-7은 <input>입력 필드에 소문자를 입력하고 난 후 입력창에서 벗어날 경우 대문자로 변경하고 사용자의 입력문자가 10개 이상이 되지 않을 경우 alert()를 이용하여 10개 이상의 문자를 입력하라는 경고 창을 띄운다. 그림 8-9에 실행 결과를 나타내었다.

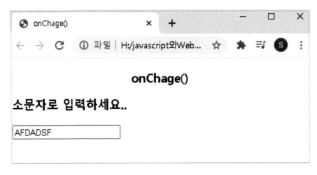

그림 8-9 onChange()

예제 8-7   onChange() 이벤트

```
<!DOCTYPE html>
<html>
<head>
<meta charset='utf-8'></meta>
<title>onChage()</title>
```

```
<script>
    function changeText(){
      var x = document.getElementById("txt").value;
      document.getElementById("txt").value = x.toUpperCase();   //대문자 변경
      var y = x.length ;   // 입력문자의 길이
      if (y <10 ) alert(y+" Opps 10개 이상의 문자를 입력하세요!!");
      else alert(" 올바른 입력입니다.");
    }
</script>
</head>
<body id='main'>
<h3 style="text-align:center;">onChage()</h1>
<h3 id = "bttn">소문자로 입력하세요..</h1>
<input type='text' id='txt' size=20 onChange="changeText();">
</body>
</html>
```

8.4.4 onMouseOver()/onMouseOut()

예제 8-8은 마우스를 문자위에 올려놓았을 때(onMouseOver) 이벤트가 발생하고 마우스가 문자를 벗어나면(onMouseOut) 이벤트가 발생해서 스타일과 문자 내용을 변경하는 프로그램으로서 그림 8-10에 결과를 나타내었다.

id="mouse"에 경계선 2px solid red로 선언하고 "onMouseOver()"로 표시된 문자위에 마우스를 올려놓으면 mouseOver()함수가 호출되며 문자를 벗어나면 mouseOut()함수가 호출된다. 호출된 함수를 실행하면 문자와 색상이 변경된 결과를 확인할 수 있다.

```
<h3 id="mouse" style="text-align:center;border: 2px solid red;"
 onMouseOver="mouseOver()" onMouseOut="mouseOut()">onMouseOver()</h3>
```

예제 8-8 onMouseOver()/onMouseOut() 이벤트

```
<!DOCTYPE html>
<html>
<head>
<meta charset='utf-8'></meta>
<title>onMouseOver()/onMouseOut()</title>
<script>
    function mouseOver(){
      document.getElementById("mouse").innerHTML = "onMouseOut()";
      document.getElementById("mouse").style.border = " 2px solid blue" ;
    }
    function mouseOut(){
      document.getElementById("mouse").innerHTML = "onMouseOver()";
      document.getElementById("mouse").style.border = " 2px solid red" ;
    }
</script>
</head>
<body id='main'>
<h3 id = "bttn">마우스를 올려놓세요</h1>
<h3 id="mouse" style="text-align:center;border: 2px solid red;"
 onMouseOver="mouseOver()" onMouseOut="mouseOut()">onMouseOver()</h3>
</body>
</html>
```

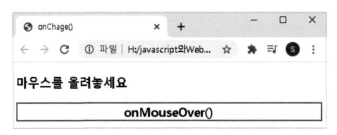

그림 8-10 onMouseOver()/onMouseOut()

8.4.5 onMouseDown()/onMousetUp()

onMouseDown 이벤트는 마우스를 클릭한 상태에서 발생되는 이벤트이며 onMouseUp 이벤트는 버튼을 클릭하고 놓았을 때 발생되는 이벤트이다. onClick 이벤트를 두 단계로 분리하였다고 생각하면 된다.

예제 8-9에서 마우스 버튼을 누른 상태에서 문자와 경계선 색상이 변경되고 버튼을 놓으면 다시 문자와 색상이 변경된다.

예제 8-9   onMouseDown()/onMouseUp() 이벤트

```
<!DOCTYPE html>
<html>
<head>
<meta charset='utf-8'></meta>
<title>onMouseOver()/onMouseOut()</title>
<script>
    function mouseOver(){
      document.getElementById("mouse").innerHTML = "onMouseOut()";
      document.getElementById("mouse").style.border = " 2px solid blue" ;
    }
    function mouseOut(){
      document.getElementById("mouse").innerHTML = "onMouseOver()";
      document.getElementById("mouse").style.border = " 2px solid red" ;
    }
</script>
</head>
<body id='main'>
<h3 id = "bttn">마우스를 올려놓세요</h1>
<h3 id="mouse" style="text-align:center;border: 2px solid red;"
 onMouseOver="mouseOver()" onMouseOut="mouseOut()">onMouseOver()</h3>
</body>
</html>
```

그림 8-11 onMouseDown()/Up()

8.4.6 onFocus()

onFocus 이벤트는 <input>의 입력 필드에 마우스 포인트를 위치시키면 발생되는 이벤트이다. 예제 8-10은 onFocus를 이용하여 문자 발생 이벤트를 발생시킨 내용을 포함하고 있으며 그림 8-12를 통해 결과를 확인 할 수 있다.

예제 8-10　　onFocus() 이벤트

```
<!DOCTYPE html>
<html>
<head>
<meta charset='utf-8'></meta>
<title>onFocus()</title>
<script>
    function mfocus() {
      document.getElementById("txt").value = "이미입력했습니다.";
    }
</script>
</head>
<body>
<h3>문자를  입력하세요</h3>
<input id="txt" type="text" onFocus="mfocus()">
</body>
</html>
```

그림 8-12 onFucus

8.5 BOM(Browser Object Model)

BOM이란 브라우저 객체 모델의 축약형으로 웹브라우저를 구성하고 있는 모든 객체를 의미한다. 브라우저 객체 모델은 Window 객체가 최상위 객체이며 자식 객체로 navigator, screen, location, history, document 객체가 있다. BOM은 국제적 공식 표준은 아니지만 브라우저의 특성을 이용하기 위해서는 BOM의 특성에 대해 이해하여야 한다.

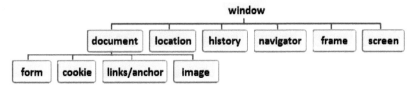

그림 8-13 BOM 객체모델

8.5.1 Window 객체

Window 객체는 브라우저의 Window를 의미하며 모든 브라우저는 Window 객체를 지원하고 있다. 자바스크립트의 객체, 함수 그리고 변수들은 window 객체의 멤버가 된다.

사용하는 브라우저의 Window의 크기는 window.innerWidth와 window.innerHeight 객체를 통해 구할 수 있다. 또한 Window 객체의 메소드로 open(), close(), moveTo(), resizeTo() 함수를 지원한다.

표 8-1 Window 객체

속성	내용
innerWidth	브라우저 화면 너비
innderHeight	브라우저 화면 높이
open()	새로운 브라우저 창 열기("url","name","spec",replace)
closc()	브라우저 창 닫기
moveTo(x,y)	브라우저 창의 x,y 위치로 이동
resizeTo(x,y)	브라우저 창의 x,y 크기로 변화

예제 8-11은 Window 객체의 속성을 알아보기 위한 예제로 실행결과를 그림 8-14에 나타내었다. 브라우저 Window 객체의 넓이와 높이를 얻기 위하여 innerWidth와 innerHeigt를 사용한다.

```
var w = window.innerWidth
var h = window.innerHeight
```

Window 객체의 자식 객체를 알아보기 위하여 for/in 반복문을 사용하여 윈도우 객체를 표시하였다. Window 객체는 현재 브라우저의 모든 객체, 변수, 이벤트 등을 포함하고 있다. 심지어 넓이와 높이 값을 얻기 위해 선언한 변수 w, h, x 그리고 i까지 window 객체에 포함된다.

예제 8-11 Window 객체

```
<!DOCTYPE html>
<html>
<head>
<meta charset='utf-8'></meta>
<title>Window 객체</title>
</head>
<body>
<p id="target"></p>
<h3>윈도우 객체</h3>
<p id="win"></p>
<script>
```

```
    var w = window.innerWidth
    var h = window.innerHeight
    var x = document.getElementById("target");
    x.innerHTML = "브라우저 윈도우 크기 넓이: " + w + ", 높이: " + h + ".";
    for (var i in window ){
        document.write(i+"</br>");
    }
</script>
</body>
</html>
```

그림 8-14 윈도우 객체

예제 8-12는 Window 객체의 open(), moveTo(), resizeTo(), close() 메소드를 사용하여 새 창을 열기, 이동, 크기변동, 닫기 한 결과를 그림 8-15에 나타내었다.

window.open("URL","새창이름","윈도우크기") 함수의 매개 변수에서 첫 번째 매개 변수는 새 창 열기할 사이트 "URL"을 입력하며 두 번째 인수는 새 창의 이름 "mWindow"이 된다. 이름이 없다면 _blank 또는 _self를 사용한다. 세 번째 인수는 새 창의 넓이와 높이 값을 입력하면 된다. 한 가지 주의할 점은 첫 번째 매개 변수에 "URL" 값을 입력하면 close() 메소드가 작동하지 않는다. close() 메소드를 사용하기 위해선 예제처럼 "" 공란으로 처리해야 한다.

```
function openWin() {
  myWindow = window.open("", "myWindow", "width=250,height=100");
  myWindow.document.write("공지사항");
}
function moveWin() {  myWindow.moveTo(600,600); }
function resizeWin() { myWindow.resizeTo(600,600); }
function closeWin() {   myWindow.close();  }
```

그림 8-15 Window 메소드

예제 8-12   Window 메소드

```
<!DOCTYPE html>
<html>
<head>
<meta charset='utf-8'></meta>
<title>Window 메소드</title>
</head>
<body>
<p id="target"></p>
<h3>윈도우 메소드</h3>
<button  value="창열기" onclick="openWin()">새창열기</button>
<button  value="창이동" onclick="moveWin()">창이동</button>
<button  value="창크기" onclick="resizeWin()">창크게 보기</button>
<button  value="창닫기" onclick="closeWin()">창닫기</button>
<script>
```

```
    var myWindow;
    function openWin() {
      myWindow = window.open("", "myWindow", "width=250,height=100");
      myWindow.document.write("공지사항");
    }
    function moveWin() {  myWindow.moveTo(600,600); }
    function resizeWin() { myWindow.resizeTo(600,600); }
    function closeWin() {   myWindow.close();  }
  </script>
  </body>
  </html>
```

8.5.2 Screen 객체

window.screen 객체는 사용자 화면에 대한 정보를 제공한다.

screen 객체의 속성에는 width, height, availWidth, availHeight, colorDepth 그리고 pixelDepth 가 있다. width, height와 availWidth, availHeight의 차이점은 width와 height는 사용자 모니터의 전체 크기(픽셀의 수)를 의미하며 availWidth와 availHeight는 브라우저의 인터페이스(interface) 부분 등을 제외한 크기를 나타낸다. colorDepth와 pixelDepth는 색상을 표현하기 위해 사용된 비트 수와 장치의 색상 표현 가능 비트를 나타낸다.

표 8-2 Screen 객체의 속성

속성	내용
width	화면 너비
height	화면 높이
availWidth	사용자 인터페이스 부분을 제외한 너비
availHeight	사용자 인터페이스 부분을 제외한 높이
colorDepth	색상 표현에 사용된 비트의 수
pixelDepth	장치의 해상도

screen 객체는 반응형 웹 페이지를 제작하기 위해서 반드시 필요한 기능이다. 일반적으로 모니터의 크기는 가로의 크기가 세로보다 큰 반면 스마트폰(Smart phone)의 경우는 세로의 크기가 가로의 크기보다 크다. 따라서 모니터를 기준으로 웹 페이지를 제작하면 스마트폰에서는 웹 페이지가 정상적으로 보이지 않게 된다. 과거에는 모니터용 웹 페이지와 스마트폰 웹 페이지를 따로 제작하였으나 screen 객체의 width와 height 값을 이용하여 사용자의 디바이스 크기를 알아내고 각 디바이스에 따라 반응하여 웹 페이지를 능동적으로 보여주면 웹 페이지를 따로 만드는 불편함을 제거할 수 있다.

반응형 웹페이지를 만들기 위해서는 <meta> 태그를 이용하여 다음과 같이 <head> 태그 사이에 입력하여 장치의 width 값과 height 값을 얻어야한다.

```
<meta name="viewport"
    content="width=device-width,height=device-height, initial-scale=1">
```

또한 css를 이용하여 장치의 크기에 따라 사용자에게 보여주는 화면의 비율을 따로 적용하면 된다. 다음은 화면의 최대 폭이 380px 인 스마트폰의 경우 마진과 패딩 등을 따로 정의한 css 파일의 예이다.

```
@media only screen and (max-width:380px){
    a:link {padding-left:1px; padding-right:1px; font-size:18px; margin-left:10px;}
```

예제 8-13은 screen 객체의 속성을 나타낸 것으로 그림 8-16에 스크린의 속성에 대한 값을 나타내었다.

```
function wH() {
    var w = screen.width ; var h=screen.height;  // screen 크기
    document.getElementById("wh").innerHTML ="w:"+w+" h:"+h ; }
function aWh() {
    var w = screen.availWidth ; var h=screen.availHeight; // 가용크기
    document.getElementById("awh").innerHTML ="w:"+w+" h:"+h ;}
```

```
function cD() {
    var c = screen.colorDepth; // 칼라 깊이
    document.getElementById("cd").innerHTML ="color:"+c ; }
function pD() {
    var p = screen.pixelDepth ;  // 픽셀 깊이
    document.getElementById("pd").innerHTML ="pixel:"+p ; }
```

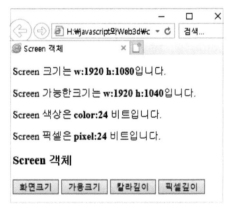

그림 3-16 screen 객체

예제 8-13 screen 객체의 속성

```
<!DOCTYPE html>
<html>
<head>
<meta charset='utf-8'></meta>
<title>Screen 객체</title>
</head>
<body>
<p>Screen 크기는 <b id="wh"></b>입니다.</p>
<p>Screen 가능한크기는 <b id="awh"></b>입니다.</p>
<p>Screen 색상은 <b id="cd"></b> 비트입니다.</p>
<p>Screen 픽셀은 <b id="pd"></b> 비트입니다.</p>
<h3>Screen 객체</h3>
<button  value="widthHight" onclick="wH()">화면크기</button>
<button  value="availWh" onclick="aWh()">가용크기</button>
```

```
<button  value="colorDepth" onclick="cD()">칼라깊이</button>
<button  value="pixelDepth" onclick="pD()">픽셀깊이</button>
<script>
    function wH() {
        var w = screen.width ; var h=screen.height;
        document.getElementById("wh").innerHTML ="w:"+w+" h:"+h ;
    }
    function aWh() {
        var w = screen.availWidth ; var h=screen.availHeight;
        document.getElementById("awh").innerHTML ="w:"+w+" h:"+h ;
    }
    function cD() {
        var c = screen.colorDepth;
        document.getElementById("cd").innerHTML ="color:"+c ;
    }
    function pD() {
        var p = screen.pixelDepth ;
        document.getElementById("pd").innerHTML ="pixel:"+p ;
    }
</script>
</body>
</html>
```

8.5.3 Location 객체

location 객체는 현재 웹 페이지의 현재 주소(URL)를 얻거나 브라우저가 새로운 페이지로 재설정하기 위해 필요한 객체이다.

location 객체의 속성 중 일부는 다음 표와 같다.

표 8-3 location 객체의 속성

속성	내용
hash	앵커 부분 반환
host	hostname 과 port 를 반환
hostname	hostname 반환
href	전체 url을 반환
pathname	경로(pathname)를 반환
port	port 반환
protocol	protocol 반환
search	쿼리(query) 반환
assign()	새로운 웹문서 할당

예제 8-14는 현재 페이지의 location 객체의 속성을 얻기 위한 구현한 프로그램으로서 그림 8-17에 실행 결과를 나타내었다. 클라이언트에서 실행한 결과라 hostname과 port의 값은 출력되지 않고 나머지 속성 값들을 확인할 수 있다.

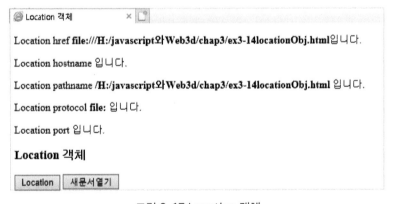

그림 8-17 Location 객체

예제 8-14 | **location 객체의 속성**

```
<!DOCTYPE html>
<html>
<head>
<meta charset='utf-8'></meta>
<title>Location 객체</title>
</head>
<body>
<p>Location href <b id="wh"></b>입니다.</p>
<p>Location hostname <b id="awh"></b>입니다.</p>
<p>Location pathname <b id="cd"></b> 입니다.</p>
<p>Location protocol <b id="pd"></b> 입니다.</p>
<p>Location port <b id="prt"></b> 입니다.</p>
<h3>Location 객체</h3>
<button  value="location" onclick="lct()">Location</button>
<button  value="assn" onclick="assgn()">새문서열기</button>
<script>
    function lct() {
        var hf = location.href ; var hn=location.hostname;
        var pn = location.pathname; var pt = location.protocol ;
        var prt = location.port ;
        document.getElementById("wh").innerHTML = hf;
        document.getElementById("awh").innerHTML = hn;
        document.getElementById("cd").innerHTML = pn;
        document.getElementById("pd").innerHTML = pt;
        document.getElementById("prt").innerHTML = prt;
    }
    function assgn(){
        location.assign("https://w3schools.com/js/");
    }
</script>
</body>
</html>
```

8.5.4 navigator 객체

navigator 객체는 사용자 브라우저에 대한 정보를 포함하고 있으며 표 8-4에 navigator 객체의 속성을 표현하였다.

표 8-4 navigator 객체의 속성

속성	내용
appCodeName	브라우저 코드이름
appName	브라우저 이름
appVersion	브라우저 버전
cookieEnabled	쿠키 활성화 여부
onLine	브라우저의 인터넷 연결 여부
platform	브라우저가 컴파일 된 플랫폼
userAgent	브라우저에서 서버로 가는 user-agent 헤더

예제 8-15는 navigator 객체의 속성을 얻기 위해 구현된 프로그램으로 현재 브라우저에 대한 정보를 그림 8-17에 나타내었다.

```
navigator appCodeName Mozilla
navigator appName 5.0 (Windows NT 10.0; WOW64; Trident/7.0; .NET4.0C; .NET4.0E; .NET
CLR 2.0.50727; .NET CLR 3.0.30729; .NET CLR 3.5.30729; Zoom 3.6.0; rv:11.0) like
Gecko.
navigator appVersion Netscape .
navigator cookieEnabled true
navigator onLine true.
navigator platform Win32
navigator userAgent
```

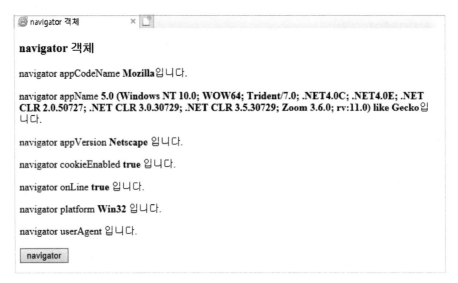

그림 8-17 navigator 객체

예제 8-15   location 객체의 속성

```html
<!DOCTYPE html>
<html>
<head>
<meta charset='utf-8'></meta>
<title>navigator 객체</title>
</head>
<body>
<h3>navigator 객체</h3>
<p>navigator appCodeName <b id="wh"></b>입니다.</p>
<p>navigator appName <b id="awh"></b>입니다.</p>
<p>navigator appVersion <b id="cd"></b> 입니다.</p>
<p>navigator cookieEnabled <b id="pd"></b> 입니다.</p>
<p>navigator onLine <b id="prt"></b> 입니다.</p>
<p>navigator platform <b id="pltf"></b> 입니다.</p>
<p>navigator userAgent <b id="userA"></b> 입니다.</p>
<button  value="navigator" onclick="lct()">navigator</button>
<script>
    function lct() {
        var hf = navigator.appCodeName ; var hn=navigator.appVersion;
```

```
        var pn = navigator.appName; var pt = navigator.cookieEnabled ;
        var prt = navigator.onLine ;var pltf = navigator.platform ;
        var userA = navigator.usrAgent ;
        document.getElementById("wh").innerHTML = hf;
        document.getElementById("awh").innerHTML = hn;
        document.getElementById("cd").innerHTML = pn;
        document.getElementById("pd").innerHTML = pt;
        document.getElementById("prt").innerHTML = prt;
        document.getElementById("pltf").innerHTML = pltf;
        document.getElementById("userA").innerHTML = usrA;
    }
</script>
</body>
</html>
```

8.6 addEventListener()

이벤트 리스너(listener) 혹은 이벤트 핸들러(handler)란 이벤트가 발생했을 때 이벤트의 처리를 담당하는 함수를 의미한다. HTML DOM 요소에 이벤트 리스너를 추가하는 방법은 addEventListener()를 이용한다. addEventListener를 이용하면 특정요소에 이벤트 핸들러를 추가할 수 있으며 다수의 이벤트 핸들러를 중복 없이 사용할 수 있다.

특정 요소(element)에 addEventListener() 사용하는 방법은 다음과 같다.

```
element("idName").addEventListener("eventType()", function, boolean );
eventType : click,  mousedown과 같은 DOM 이벤트 (on 없이 사용함)
function : 이벤트 발생시에 실행되는 함수
boolean : 중복된 요소의 이벤트 발생시 전파 방법. option으로 사용하지 않아도 됨.
```

예제 8-16　　addEventListener()

```
<!DOCTYPE html>
<html>
<head>
<meta charset='utf-8'></meta>
<title>addEventListener()</title>
<script>
    function addE(){
        var x = document.getElementById("txt");
        x.addEventListener("click", add2);
        x.addEventListener("click", add3);
    }
    function add2() {   alert ("두번째 이벤트 호출"); }
    function add3() {   alert ("세번째 이벤트 호출!"); }
</script>
</script>
</head>
<body>
<h3>버튼을 클릭하세요</h3>
<h3 id="target"></h3>
<input id="txt" type="button" value="클릭" onClick="addE()">
</body>
</html>
```

그림 8-18 addEventListner()

과제

1. HTML DOM과 BOM에 대해 설명하시오.

2. getElementById와 getElementsById를 사용하여 요소를 찾는 프로그램을 코딩하시오.

3. 다음 그림과 같이 onMouseOver()와 onMouseDown()을 구현하시오.

4. 다음 그림과 같이 요소의 속성을 변경하시오.

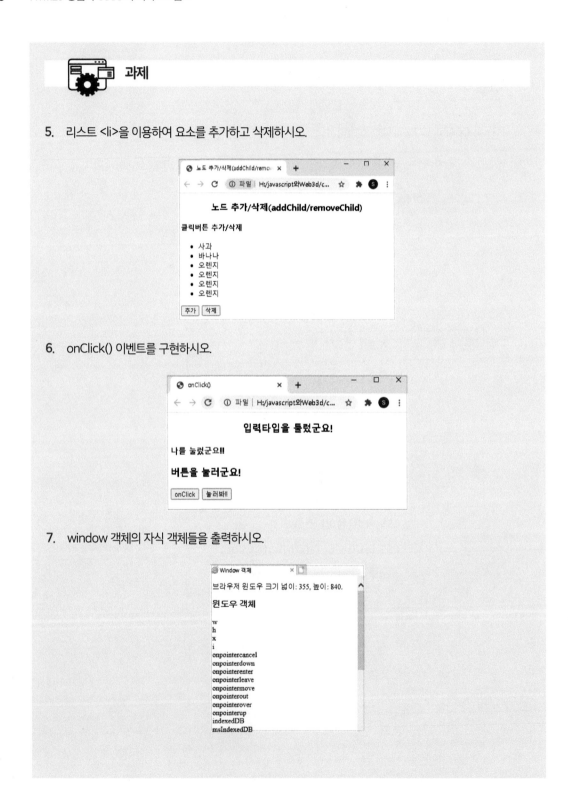

과제

5. 리스트 <li>을 이용하여 요소를 추가하고 삭제하시오.

6. onClick() 이벤트를 구현하시오.

7. window 객체의 자식 객체들을 출력하시오.

과제

8. 스크린 객체를 이용하여 속성을 알아내시오.

참고 사이트

1. https://www.w3schools.com/js/js_htmldom.asp
2. https://www.w3schools.com/js/js_window.asp
3. https://www.w3schools.com/js/js_object_definition.asp
4. https://www.w3schools.com/js/js_scope.asp
5. https://www.w3schools.com/js/js_events.asp
6. https://www.w3.org/TR/2008/WD-html5-20080610/dom.html
7. https://developer.mozilla.org/en-US/docs/Web/API/Document_Object_Model

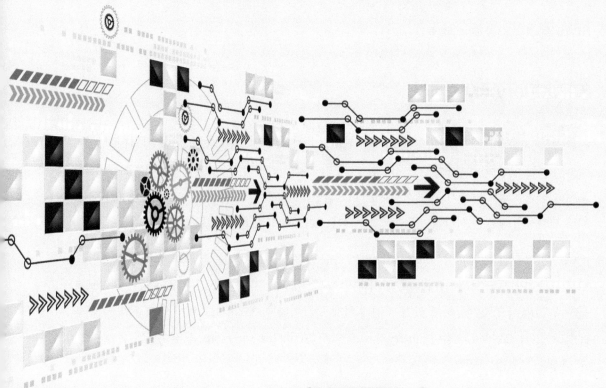

CHAPTER 9

JQuery

9.1 JQuery 라이브러리

지금까지 javsscript를 이용하여 html 문서를 능동적으로 만드는 방법에 대해 알아보았다. javascript를 사용하다보면 특정한 기능을 하는 함수를 개발자마다 만들어 이용해야 한다. html 문서를 능동적으로 만들기 위해 사용하는 기능들은 각 웹 사이트마다 유사하며 이를 개발하기 위해 개발자마다 많은 시간을 투자하고 노력하는 것은 다소 비효율적일 수 있다.

jQuery는 이처럼 자주 사용되고 javascript의 유용한 기능들을 라이브러리(library)로 제공함으로써 단순하면서도 보다 쉽게 html 문서를 만들 수 있도록 지원하고 있다. jQuery는 javscript를 매우 효율적으로 제공하고 있기 때문에 현재 구글이나 마이크로소프트사 역시 jQuery를 사용하고 있다. 그림 9-1과 같이 jQuery의 로고 역시 "write less, do more"과 같이 코드를 줄이면서 더 많은 기능을 제공하고 있다.

그림 9-1 jQuery 로고

jQuery를 사용하기 위해선 html, css, javascript를 이해한 후 사용할 수 있으며 jQuery 라이브러리는 다음과 같은 특징을 제공한다.

- HTML/DOM 처리
- CSS 처리
- HTML 이벤트 메소드
- 다양한 효과와 애니메이션
- AJAX
- 다양한 기능들

jQuery는 2006년 존 레식이 소개하였으며 MIT 라이선스(licence)의 오픈 소프트웨어이기 때문에 누구나 무료로 사용할 수 있다.

jQuery를 사용하기 위해서는 다음과 같이 jQuery.com 사이트로부터 jQuery 라이브러리를 다운로드 받아 설치하거나 스크립트를 이용하여 jquery.min.js 의 위치를 링크하여 포함하여야 한다.

```
• <script src="jquery-3.5.1.min.js"></script>
• <script src="https://ajax.googleapis.com/ajax/libs/jquery/3.5.1/jquery.min.js"></script>
```

jQuery의 현재 버전은 3.5.1이며 압축된 버전과 압축되지 않은 버전이 있다. jQuery.com 사이트에서 두 파일 중 하나를 다운로드 받아 개발하고자 하는 폴더에 저장하면 된다. 그러나 jQuery는 지속적으로 업그레이드가 되고 웹사이트의 빠른 속도를 얻기 위해선 jquery 파일을 다운로드 받아 설치하는 것보다 두 번째 방법처럼 CDN(Content Delivery Network)을 이용하여 구글과 같은 사이트의 jquery.min.js를 링크하는 것을 권장한다.

9.2 jQuery 문법

jQuery의 문법은 CSS의 문법과 매우 유사하며 다음과 같다.

```
$(selector).action()
```

$표시는 jQuery를 정의하기 위한 표시자이며 (selector)는 html 요소나 css에서 정의된 모든 선택자가 올 수 있다. action()은 다음과 같이 선택되어진 selector 요소의 동작 방식을 정의한다.

```
$("h1").hide() : 모든 <h1>요소를 숨김.
$("#css").show() : id=css인 요소를 보임.
```

jQuery는 현재 페이지의 웹 문서가 로딩중일 때 jQuery가 실행되는 것을 방지하기 위해서 다음과 같이 ready 이벤트를 사용한다. 즉 현재 페이지의 로딩이 완료되어야만 jQuery의 코드가 실행된다.

```
$(document).ready(function() {
    // jQuery 코드
} ) ;
```

html 문서의 요소들 선택하고 처리하는 부분으로 jQuery에서 가장 중요한 부분은 selector이다. selector는 css의 선택자 타입(type), 클래스(class), 아이디(id), 속성(attribute) 그리고 속성 값 등을 이용하여 html 요소를 찾거나 선택한다.

예제 9-1은 css 선택자를 이용한 jQuery 선택자를 나타낸 것으로 그림 9-2와 같이 각 요소를 클릭하면 해당 요소들은 보이지 않는다.

먼저 jQuery 라이브러리를 사용하기 위해 다음과 같이 구글 CDN을 사용한다.

```
<script src="https://ajax.googleapis.com/ajax/libs/jquery/3.5.1/jquery.min.js"></script>
```

예제에서는 document, button 타입 선택자와 .cls 클래스 선택자 그리고 #ids 아이디 선택자를 사용하였다. ready() 메소드는 document가 완전히 로딩 될 때까지 기다리는 명령이며 click() 메소드는 버튼 클릭 이벤트를 나타낸다. 만약 button이 클릭되면 .cls와 #ids selector에 의해 선택되어진 요소들은 hide() 메소드에 의해 숨겨지게 된다.

```
$(document).ready(function(){         // document 선택자  ready 이벤트
    $("button").click(function(){     // 타입 button 선택자
      $(".cls").hide();               // 클래스 .cls 선택자
      $("#ids").hide();               // 아이디  #ids 선택자
    });                               // hide() 메소드
});
```

예제 9-1 **다양한 selector**

```
<!DOCTYPE html>
<html>
<head>
<title>jQuery selector</title>
<script src="https://ajax.googleapis.com/ajax/libs/jquery/3.5.1/jquery.min.js"></script>
<script>
    $(document).ready(function(){          //document 선택자  ready 이벤트
        $("button").click(function(){     // 타입 button 선택자
            $(".cls").hide();             //클래스 .cls 선택자
            $("#ids").hide();             //아이디  #ids 선택자
        });                               // hide() 메소드
    });
</script>
</head>
<body>
<h4>jQuery selector</h4>
<h3 class="cls">클래스로 선택됨</h3>
<p id="ids">아이디로 선택됨</p>
<p>P 타입은 선택되지 않아 사라지지 않는다.</p>
<button>누르기</button>
</body>
</html>
```

그림 9-2 다양한 selector

9.3 jQuery 이벤트(event)

jQuery의 이벤트는 javascript의 이벤트와 같이 html DOM 요소들에 대해 마우스를 이동하거나 요소를 클릭할 경우와 같이 어떤 변화가 발생하는 것을 일컫는다.

일반적인 DOM 이벤트는 표 9-1과 같다.

표 9-1 DOM 이벤트

마우스	키보드	폼(form)	윈도우(window)
click	keypress	submit	load
hover	keydown	change	resize
mouseup	keyup	focus	scroll
mousedown		blur	unload

9.3.1 click()/dbclick()

click() 이벤트와 dbClick() 이벤트는 마우스를 이용한 가장 자주 사용되는 이벤트의 하나이다. 예제 9-2에서는 id="oneC" 요소의 문자를 클릭하면 $(this).hide() 메소드에 의해 문자가 사라지며 id="twoC" 요소의 문자를 더블 클릭하면 문자가 사라진다. 그림 9-3을 통해 문자가 click() 이벤트에 의해 사라지는 효과를 볼 수 있다.

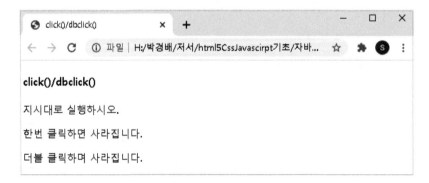

그림 9-3 click()/dbClick()

```
$(document).ready(function(){
      $("#oneC").click(function(){
      $(this).hide();  // 한번 클릭하면 사라짐
   });
   $("#twoC").dbClick(function(){
      $(this).hide();   //더블 클릭하면 사라짐
   });
});
```

예제 9-2　　click()/dbclick()

```html
<!DOCTYPE html>
<html>
<head>
<title>click()/dbclick()</title>
<script src="https://ajax.googleapis.com/ajax/libs/jquery/3.5.1/jquery.min.js"></script>
<script>
    $(document).ready(function(){
        $("#oneC").click(function(){
            $(this).hide();  // 한번 클릭
        });
        $("#twoC").dbclick(function(){
            $(this).hide();   //두번 클릭
        });
    });
</script>
</head>
<body>
<h4>click()/dbclick()</h4>
<p>지시대로 실행하시오.</p>
<p id="oneC">한번 클릭하면 사라집니다.</p>
<p id="twoC">더블 클릭하며 사라집니다.</p>
</body>
</html>
```

9.3.2 mouseDown()/mouseUp()

mouseDown()과 mouseUp() 이벤트는 click() 이벤트와 매우 유사하다. click() 이벤트는 마우스의 왼쪽 버튼을 클릭하였을 경우에만 이벤트가 발생하지만 mouseDown()과 mouseUp()은 마우스의 왼쪽, 오른쪽, 휠 모두 이벤트에 적용된다. mouseDown()과 mouseUp()의 차이점은 mouseDown()은 마우스를 눌렀을 때 이벤트가 발생하고 mouseUp()은 마우스를 클릭한 후에 이벤트가 발생한다.

예제 9-3은 마우스를 누른 상태와 클릭한 상태에 따라 문자 색상을 변경한 예제로서 그림 9-4에 실행한 결과를 나타내었다.

```
$("#down").mousedown(function(){      // 마우스 왼쪽 혹은 오른쪽 버튼을 누른 상태
    $(this).css("color","red");       // 색상을 변경
});
$("#up").mouseup(function(){          // 마우스 왼쪽 혹은 오른쪽 버튼을 클릭한 상태
    $(this).css("color","blue");      // 색상 변경
});
```

예제 9-3   mousedown()/mouseup()

```html
<!DOCTYPE html>
<html>
<head>
<title>mousedown/mouseup</title>
<script src="https://ajax.googleapis.com/ajax/libs/jquery/3.5.1/jquery.min.js"></script>
<script>
    $(document).ready(function(){
        $("#down").mousedown(function(){
            $(this).css("color","red");
        });
        $("#up").mouseup(function(){
            $(this).css("color","blue");
        });
```

```
        });
</script>
</head>
<body>
<h4>mousedown/mouseup</h4>
<p id="down">마우스의 왼쪽 혹은 오른쪽 버튼을 누른 상태에서 멈춤</p>
<p id="up">마우스의 왼쪽 혹은 오른쪽 버튼을 클릭하세요!!</p>
</body>
</html>
```

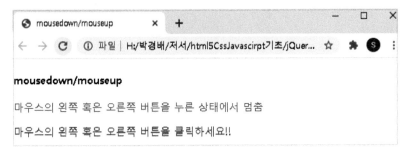

그림 9-4 mousedown/mouseup

9.3.3 mouseenter()/mouseleave()

mouseenter()와 mouseleave() 이벤트는 마우스가 html 요소에 위치했을 때와 해당 요소를 벗어난 순간에 발생하는 이벤트이다. 예제 9-4에서 mouseenter()와 mouseleave() 메소드의 기능을 구현하였으며 그림 9-5에서 결과를 확인할 수 있다.

```
$("#eLeave").mouseenter(function(){   // 마우스가 #eLeave 요소에 위치
$("#eLeave").mouseleave(function(){   //마우스가 #eLeave 요소를 벗어남
```

예제 9-4 mouseenter()/mouseleave()

```
<!DOCTYPE html>
<html>
<head>
<title>mouseenter/mouseleave</title>
<script src="https://ajax.googleapis.com/ajax/libs/jquery/3.5.1/jquery.min.js"></script>
<script>
    $(document).ready(function(){
        $("#eLeave").mouseenter(function(){  // 마우스가 #eLeave 요소에 위치
            $(this).css("color","red");
        });
        $("#eLeave").mouseleave(function(){  //마우스가 #eLeave 요소를 벗어남
            $(this).css("color","black");
        });
    });
</script>
</head>
<body>
<h4>mouseenter/mouseleave</h4>
<p id="eLeave">마우스가 위치하면 빨간문자, 벗어나면 다시 검정색</p>
</body>
</html>
```

그림 9-5 mouseenter()/mouseleave()

9.3.4 focus()/blur()

focus()와 blur() 이벤트는 form 요소에 마우스를 클릭하는 포커스(focus)가 되었을 경우 발생하며 blur() 이벤트는 form 요소가 아닌 다른 위치를 클릭했을 경우인 포커스(focus)를 잃었을 경우 발생한다.

예제 9-5에서는 form요소의 input 필드에 포커스가 발생했을 경우 alert() 함수를 통해 문자입력 창을 생성하고 포커스를 잃을 경우 입력확인 창을 생성하도록 구현하였으며 그림 9-6을 통하여 확인할 수 있다.

```
$("input").focus(function(){
    alert("이름과 주소를 입력하세요"); });
$("input").blur(function(){
    alert("모두 입력했나요?"); });
```

예제 9-5   focus()/blur()

```
<!DOCTYPE html>
<html>
<head>
<title>focus()/blur()</title>
<script src="https://ajax.googleapis.com/ajax/libs/jquery/3.5.1/jquery.min.js"></script>
<script>
    $(document).ready(function(){
        $("input").focus(function(){
            alert("이름과 주소를 입력하세요");
        });
        $("input").blur(function(){
            alert("모두 입력했나요?");
        });
    });
</script>
```

```
</head>
<body>
<h4>focus()/blur()</h4>
<form>
이름: <input type="text" name="name"><br>
Email: <input type="text" name="email">
</form>
</body>
</html>
```

그림 9-6 focus()/blur()

9.3.5 on()

on() 메소드를 사용하면 하나 이상의 이벤트를 동시에 구현할 수가 있다. 예제 9-6은 click(), mousedown() 그리고 mouseup() 이벤트를 on() 메소드를 통해 동시에 구현한 것이다. 그림 9-7 을 보면 왼쪽 마우스 버튼은 클릭 이벤트를 나타내며 배경색을 회색으로 변화시키고 오른쪽 버튼은 mouseUp() 이벤트를 나타내며 배경색을 청녹색으로 변화시킨다.

```
click : function() {$(this).css("background-color","gray"); },        //왼쪽 마우스버튼
mousedown : function() {$(this).css("background-color","yellow"); },  //오른쪽 마우스버튼
mouseup : function() {$(this).css("background-color","cyan"); }       //오른쪽 마우스버튼
```

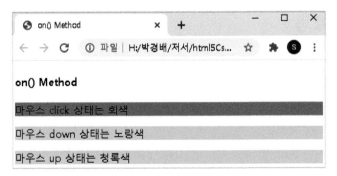

그림 9-7 on 메소드

---

　　on() 메소드

```
<!DOCTYPE html>
<html>
<head>
<title>on() Method</title>
<script src="https://ajax.googleapis.com/ajax/libs/jquery/3.5.1/jquery.min.js"></script>
<script>
$(document).ready(function(){
  $("p").on ( {
    click : function() {$(this).css("background-color","gray"); },        //왼쪽 마우스버튼
    mousedown : function() {$(this).css("background-color","yellow"); },   //오른쪽
    mouseup : function() {$(this).css("background-color","cyan"); }   //오른쪽
    });
});
</script>
</head>
<body>
<h4>on() Method</h4>
<p>마우스 click 상태는 회색</p>
<p>마우스 down 상태는 노랑색</p>
<p>마우스 up 상태는 청록색</p>
</body>
</html>
```

9.4 jQuery 효과

9.4.1 hide()/show()

hide()와 show() 메소드는 html 요소의 숨김 효과와 보이기 효과를 나타낼 수 있다. 예제 9-7에서는 jQuery 이미지가 hide 버튼을 누르면 사라지고 show 버튼을 누르면 다시 나타나는 것을 그림 9-8에서 확인할 수 있다.

예제 9-7	hide()/show()

```html
<!DOCTYPE html>
<html>
<head>
<title>show()/hide()</title>
<script src="https://ajax.googleapis.com/ajax/libs/jquery/3.5.1/jquery.min.js"></script>
<script>
    $(document).ready(function(){
        $("#hide").click(function(){
            $("#img").hide();
        });
        $("#show").click(function(){
            $("#img").show();
        });
    });
</script>
</head>
<body>
<h4>show()/hide()</h4>
<img src="img/jquery.png" id="img" alt="이미지" width="150px" height="100px">
<button id="hide">숨김</button>
<button id="show">보임</button>
</body>
</html>
```

show()/hide()

그림 9-8 show()/hide()

show()와 hide() 메소드를 한 번에 구현하려면 toggle() 메소드를 사용한다. toggle()은 한 번 클릭할 때마다 true와 false 값이 번갈아 지정되는 반전 기능이다. 예제 9-8에서는 toggle()을 사용하여 show()와 hide() 기능을 한 번에 구현하였다.

javascript는 html과 마찬가지로 라인 단위로 실행되는 인터프리터 언어이다. 이벤트를 라인 단위로 실행할 경우에 이전의 이벤트의 실행이 끝나지 않았음에도 불구하고 다음 라인을 실행하는 에러를 유발할 수 있다. 이러한 에러를 방지하기 위하여 다음과 같은 callback 함수를 사용한다. callback 함수는 현재의 이벤트 효과가 끝나야지만 다음 라인을 실행하게 되며 다음과 같은 문법 형식을 취한다.

```
$(selector).hide(speed,callback); $(selector).show(speed,callback);
```

예제 9-8   toggle()

```
<!DOCTYPE html>
<html>
<head>
<title>show()/hide()</title>
<script src="https://ajax.googleapis.com/ajax/libs/jquery/3.5.1/jquery.min.js"></script>
<script>
    $(document).ready(function(){
        $("#hide").click(function(){
            $("#img").toggle();
        });
```

```
        });
    </script>
    </head>
    <body>
    <h4>show()/hide()</h4>
    <img src="img/jquery.png" id="img" alt="이미지" width="150px" height="100px">
    <button id="hide">숨김</button>
    <button id="show">보임</button>
    </body>
    </html>
```

9.4.2 fade()

html 요소에 대한 사라짐이나 나타내기를 할 때 그 동작의 속도를 페이드(fade) 효과를 이용하여 표현할 수 있다.

- fadeln()

html 태그 요소가 나타나도록 할 때 그 속도를 조절할 수 있다. 예제 9-9에서는 fadeln(), fadeln("fast"), fadeln(5000)을 사용하여 각기 다른 id를 갖는 이미지가 각각 다른 속도로 나타나도록 할 수 있다. fadeln()을 구현하기 위하여 초기 이미지는 display:none으로 설정하여 보이지 않게 해야 한다.

```
<style> img { display : none ;}</style>
```

예제 9-9　　fadeln()

```
<!DOCTYPE html>
<html>
<head>
```

```
<title>show()/hide()</title>
<script src="https://ajax.googleapis.com/ajax/libs/jquery/3.5.1/jquery.min.js"></script>
<style> img { display : none ;}</style>
<script>
    $(document).ready(function(){
        $("#fadeIn").click(function(){
            $("#fadein").fadeIn();
            $("#fadeslow").fadeIn("slow");
            $("#fadedelay").fadeIn(5000);
        });
    });
</script>
</head>
<body>
<h4>show()/hide()</h4>
<img src="img/jquery.png" id="fadein" alt="이미지" width="150px" height="100px">
<img src="img/jquery.png" id="fadeslow" alt="이미지" width="150px" height="100px">
<img src="img/jquery.png" id="fadedelay" alt="이미지" width="150px" height="100px">
<button id="fadeIn">fadeIn</button>
</body>
</html>
```

그림 9-9 fadeIn 효과

- fadeOut()

fadeOut()은 html 요소의 사라지는 속도를 조절할 수 있다. 예제 9-10은 fadeOut의 효과를 보통, 빠르게 그리고 5초의 간격으로 나타나도록 구현하였으며 그림 9-10은 마지막 이미지 (5000ms)가 사라지기 전의 모습이다.

그림 9-10 fadeOut() 효과

예제 9-10 fadeOut()

```
<!DOCTYPE html>
<html>
<head>
<title>fadeOut()</title>
<script src="https://ajax.googleapis.com/ajax/libs/jquery/3.5.1/jquery.min.js"></script>
<script>
    $(document).ready(function(){
        $("#fadeOut").click(function(){
            $("#fadeout").fadeOut();
            $("#fadefast").fadeOut("fast");
            $("#fadedelay").fadeOut(5000);
        });
    });
</script>
</head>
<body>
<h4>fadeOut()</h4>
<img src="img/jquery.png" id="fadeout" alt="이미지" width="150px" height="100px">
```

```
<img src="img/jquery.png" id="fadefast" alt="이미지" width="150px" height="100px">
<img src="img/jquery.png" id="fadedelay" alt="이미지" width="150px" height="100px">
<button id="fadeOut">fadeOut</button>
</body>
</html>
```

- fadeTo()

fadeOut()은 html 요소를 완전히 보이지 않게 하지만 fadeTo()는 투명도를 적용하여 해당 요소가 일정한 투명도가 되도록 한다. fadeTo()의 문법은 다음과 같이 속도(speed), 투명도(opacity) 그리고 callback을 매개변수로 한다.

```
$(selector).fadeTo(speed,opacity,callback);
```

예제 9-11에서는 fadeTo 버튼을 누르면 투명도 0.1, 0.4, 0.6으로 주어진 속도로 변하게 되며 그림 9-11에서 확인할 수 있다.

예제 9-11　fadeTo()

```
<!DOCTYPE html>
<html>
<head>
<title>fadeTo()</title>
<script src="https://ajax.googleapis.com/ajax/libs/jquery/3.5.1/jquery.min.js"></script>
<script>
$(document).ready(function(){
  $("#fadeTo").click(function(){
    $("#fadeto").fadeTo("fast",0.1);
    $("#fadefast").fadeTo("fast",0.4);
    $("#fadedelay").fadeTo(3000,0.6);
  });
});
```

```
</script>
</head>
<body>
<h4>fadeTo()</h4>
<img src="img/jquery.png" id="fadeto" alt="이미지" width="150px" height="100px">
<img src="img/jquery.png" id="fadefast" alt="이미지" width="150px" height="100px">
<img src="img/jquery.png" id="fadedelay" alt="이미지" width="150px" height="100px">
<button id="fadeTo">fadeTo</button>
</body>
</html>
```

그림 9-11 fadeTo()

9.4.3 slide()

슬라이딩(sliding)은 html 요소에 대해 미끄러지듯이 사라지거나 나타나도록 할 수 있다. slideUp()과 slideDown() 메소드를 통해 html 요소를 접거나 펼칠 수 있으며 slideToggle()은 slide 요소에 대해 반전 효과를 나타낸다. 예제 9-12는 두 개의 이미지에 대한 슬라이딩 효과를 구현한 것으로 첫 번째 이미지는 slideUP 단추를 누르면 위로 접어 화면에서 사라진다. slideDown 버튼을 누르면 slideUp에 의해 접혀진 이미지는 다시 펼쳐지게 된다. slideToggle 단추는 한번 누를 때마다 slideUP과 slideDown 기능이 교대로 적용되어 이미지가 접히거나 펼쳐지게 된다. 예제에 대한 프로그램 동작을 그림 9-12에서 확인할 수 있다.

예제 9-12   요소의 sliding

```html
<!DOCTYPE html>
<html>
<head>
<title>slide()</title>
<script src="https://ajax.googleapis.com/ajax/libs/jquery/3.5.1/jquery.min.js"></script>
<script>
    $(document).ready(function(){
        $("#slideUp").click(function(){
            $("#slide").slideUp("fast");
        });
        $("#slideDown").click(function(){
            $("#slide").slideDown("fast");
        });
        $("#slideT").click(function(){
            $("#toggle").slideToggle("slow");
        });
    });
</script>
</head>
<body>
<h4>slide()</h4>
<img src="img/jquery.png" id="slide" alt="이미지" width="150px" height="100px">
<img src="img/jquery.png" id="toggle" alt="이미지" width="150px" height="100px">
<button id="slideUp">slideUp</button>
<button id="slideDown">slideDown</button>
<button id="slideT">slideToggle</button>
</body>
</html>
```

그림 9-12 요소의 sliding

9.4.4 animate()

animate()의 문법은 다음과 같이 params, speed, callback 매개 변수를 사용하여 애니메이션을 발생한다.

```
$(selector).animate({params},speed,callback);
```

* **params** : css의 속성을 정의.
* **speed** : 애니메이션 지속시간으로 "slow", "fast", 밀리초(milliseconds) 사용

animate()를 적용하기 위해선 애니메이션 대상의 position을 반드시 relative, absolute, fixed 중 하나로 설정해야 한다. 만약 static으로 선언되면 애니메이션이 일어나지 않는다.

예제 9-13은 4가지 애니메이션 효과를 표현한 것으로 그림 9-13에서 결과를 확인할 수 있다.

고속 버튼을 클릭하면 #ani 이미지는 왼쪽으로 500px에 위치로 빠르게 이동한다.

```
$("#ani").animate({left: '500px'}, "fast");
```

저속 버튼을 클릭하면 왼쪽 0px 위치로 천천히 이동한다.

```
$("#ani").animate({left: '0px'},"slow");
```

multi animate 버튼을 클릭하면 투명도는 0.5, 이미지의 높이는 200px로 변화하며 왼쪽 500px 로 천천히 움직인다.

```
$("#ani").animate({left: '500px', opacity:'0.5', height:'200px'},"slow");
```

만약 애니메이션을 여러 단계에 걸쳐 발생시키길 원한다면 다음과 같이 대상 요소를 변수로 선

언하고 애니메이션을 단계별로 분리시킨다. 이것은 애니메이션을 큐(que) 형태로 정의한 것으로 각 애니메이션이 종료된 후 다음 애니메이션이 실행된다.

```
var ani = $("#ani");
    ani.animate({left: '250px'},"slow");
    ani.animate({opacity:'0.5', height:'50px'},"slow");
```

만약 애니메이션을 강제로 종료하고 싶다면 다음과 같이 stop() 메소드를 사용한다.

```
$(selector).stop(stopAll,goToEnd);
```

그림 9-13 animate()효과

예제 9-13　요소의 animate

```
<!DOCTYPE html>
<html>
<head>
<title>animate()</title>
<script src="https://ajax.googleapis.com/ajax/libs/jquery/3.5.1/jquery.min.js"></script>
<style> img { position : relative ; }</style>
<script>
    $(document).ready(function(){
        $("#animateUp").click(function(){
            $("#ani").animate({left: '500px'}, "fast");    });
        $("#animateDown").click(function(){
            $("#ani").animate({left: '0px'},"slow");    });
        $("#animateT").click(function(){
```

```
            $("#ani").animate({left: '500px', opacity:'0.5', height:'200px'},"slow");});
            $("#animateQ").click(function(){
            var ani = $("#ani");
            ani.animate({left: '250px'},"slow");
            ani.animate({opacity:'0.5', height:'50px'},"slow");        });
        });
</script>
</head>
<body>
<h4>animate()</h4>
<button id="animateUp">고속</button>
<button id="animateDown">저속</button>
<button id="animateT">muti animate </button>
<button id="animateQ">Que animate</button><br>
<img src="img/jquery.png" id="ani" alt="이미지" width="150px" height="100px"><br>
</body>
</html>
```

9.5 jQuery와 DOM

jQuery는 DOM구조를 가진 html 요소와 속성을 text(), html() 그리고 val() 메소드를 이용하여 처리할 수 있다.

- **text()** : 선택된 요소의 문자(text) 콘텐츠 값을 처리하여 반환한다.
- **html()** : 선택된 요소의 html 태그를 포함하여 처리된 값을 반환한다.
- **val()** :   폼(form) 필드의 값을 처리하여 반환한다.

9.5.1 html 요소의 처리

▪ get

html 요소에 대해 text(), html(), val() 메소드를 사용하여 값을 요소의 값을 알아낼 수 있으며 attr()을 사용하여 속성 값을 얻을 수 있다. 예제 9-14에서는 <p> 태그안에 "DOM" 문자와 입력 타입 <input>을 정의하였다.

p 요소의 값과 input 요소의 값을 얻기 위하여 text(), html(), val() 함수를 사용하였다. 첫 번째 버튼을 클릭하면 text() 함수에 의해 p요소의 문자 DOM 문자가 출력된다. 두 번째 버튼 html() 을 클릭하면 그림 9-14와 같이 단순히 문자만 출력하는 것이 아니라 html 태그 요소도 출력된다. 세 번째 버튼을 클릭하면 input 요소의 type 속성 "text"가 출력된다.

```
$("#getText").click(function(){
    alert("text():"+ $("#test").text());      });   //DOM text 출력
$("#getHtml").click(function(){
    alert("html():"+ $("#test").html());      });   //p 요소의 html 태그요소 포함 출력 그림 참조
$("#getVal").click(function(){
    alert("val():"+ $("#get").val());      });      //input type 속성의 value 출력
$("#getAttr").click(function(){
    alert("Attr():"+ $("#get").attr("type"));      });   // 속성 출력
```

그림 9-14 DOM요소의 값 구하기

요소 값 구하기(get)

```
<!DOCTYPE html>
<html>
<head>
<title>get()</title>
<script src="https://ajax.googleapis.com/ajax/libs/jquery/3.5.1/jquery.min.js"></script>
<style> img { position : relative ; }</style>
<script>
$(document).ready(function(){
  $("#getText").click(function(){
    alert("text():"+ $("#test").text()); });  //DOM text 출력
  $("#getHtml").click(function(){
    alert("html():"+ $("#test").html()); }); //p 요소의 html 태그요소 포함 출력 그림 참조
  $("#getVal").click(function(){
   alert("val():"+ $("#get").val());      }); //input type 속성의 value 출력
  $("#getAttr").click(function(){
    alert("Attr():"+ $("#get").attr("type")); }); //속성 출력
 });
</script>
</head>
<body>
<h4>get()</h4>
<p id="test"> DOM : <input type="text" id="get" value="값 얻기"> </p>
<button id="getText">text()</button>
<button id="getHtml">html()</button>
<button id="getVal">val()</button>
<button id="getAttr">Attribute</button><br>
</body>
</html>
```

■ set

DOM 요소에 값을 설정하기 위한 방법 역시 text(), html(), val() 그리고 attr()을 사용한다. 예제 9-15와 같이 각 함수를 selector 뒤에 추가하면 된다. html() 함수는 html 태그 요소와 함께 설정한다. val() 함수는 form 요소의 속성을 설정한다. 그림 9-15에서 보는 바와 같이 각 버튼을 클릭하면 요소의 값을 변경된다.

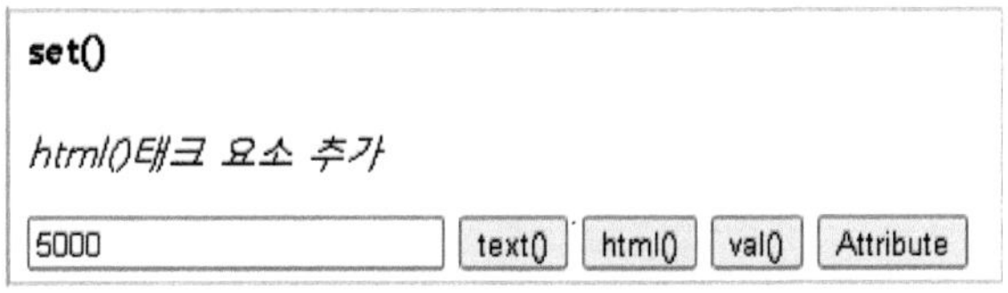

```
set()

html()태크 요소 추가

5000                              [ text() ] [ html() ] [ val() ] [ Attribute ]
```

그림 9-15 요소 값 설정(set)하기

예제 9-15 요소 값 설정하기(set)

```html
<!DOCTYPE html>
<html>
<head>
<title>set()</title>
<script src="https://ajax.googleapis.com/ajax/libs/jquery/3.5.1/jquery.min.js"></script>
<style> img { position : relative ; }</style>
<script>
    $(document).ready(function(){
        $("#setText").click(function(){
            $("#test").text("추가된 문자 set");      });
        $("#setHtml").click(function(){
            $("#test").html("<i>html()태크 요소 추가<i>");      });
        $("#setVal").click(function(){
            $("#set").val(5000);      });
        $("#setAttr").click(function(){
            $("#set").attr("name","jQuery");      });
    });
</script>
</head>
<body>
<h4>set()</h4>
<p id="test"> DOM :  </p>
<input type="text" id="set" value="값 얻기">
<button id="setText">text()</button>
<button id="setHtml">html()</button>
<button id="setVal">val()</button>
<button id="setAttr">Attribute</button><br>
```

```
    </body>
    </html>
```

9.5.2 html 요소의 추가 삭제

html 요소에 새로운 요소를 추가할 수도 있고 삭제할 수도 있다. 새로운 요소를 추가할 경우 그 위치를 다음과 같은 함수를 이용하여 선택할 수 있다.

* **append()** : 선택된 요소의 바로 뒤에 삽입
* **prepend()** : 선택된 요소의 바로 앞에 삽입
* **after()** : 선택된 요소의 마지막 뒤에 삽입
* **before()** : 선택된 요소의 맨 처음 앞에 삽입

예제 9-16은 요소의 추가와 삭제를 나타낸 것으로 그림 9-16에 실행 결과를 나타내었다.

예제에서는 <h4></h4>,<p id="test"></p> 요소만이 있으며 <p> 요소를 중심으로 요소의 새로운 추가를 나타내었다.

첫 번째 버튼 append를 클릭하면 p요소의 DOM 바로 뒤에 새로운 요소가 추가된다. prepend 버튼을 누르면 DOM과 append 된 요소 사이에 새로운 요소가 추가된다. after와 before 버튼을 클릭하면 DOM 요소의 앞에 새로운 요소들이 추가된다.

삭제(remove) 버튼을 클릭하면 <h4> 요소가 삭제된다.

```javascript
$("#append").click(function(){
    $("#test").append("<p>append</p>");        });
$("#prepend").click(function(){
    $("#test").prepend("<p>prepend</p>");       });
$("#after").click(function(){
```

```
    $("#test").after("<p>after</p>");        });
$("#before").click(function(){
    $("#test").before("<p>before</p>");        });
$("#remove").click(function(){
    $("h4").remove();                });
```

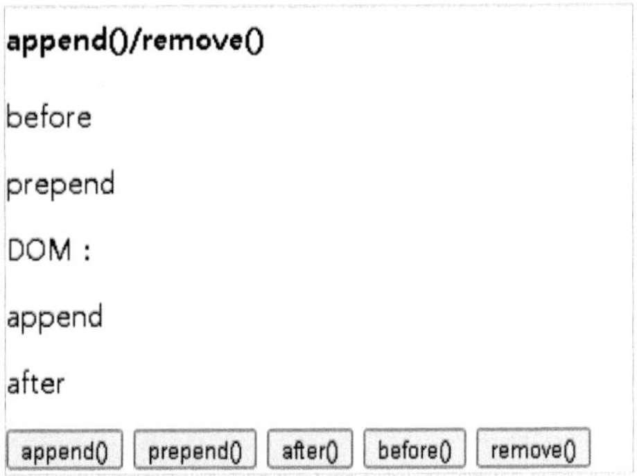

append()/remove()

before

prepend

DOM :

append

after

append() prepend() after() before() remove()

그림 9-16 요소 추가/삭제

예제 9-16   새로운 요소 추가하기

```
<!DOCTYPE html>
<html>
<head>
<title>append()/remove()</title>
<script src="https://ajax.googleapis.com/ajax/libs/jquery/3.5.1/jquery.min.js"></script>
<style> img { position : relative ; }</style>
<script>
    $(document).ready(function(){
        $("#append").click(function(){
            $("#test").append("<p>append</p>");        });
        $("#prepend").click(function(){
            $("#test").prepend("<p>prepend</p>");        });
        $("#after").click(function(){
            $("#test").after("<p>after</p>");        });
        $("#before").click(function(){
            $("#test").before("<p>before</p>");        });
```

```
            $("#remove").click(function(){
                $("h4").remove();                });
        });
    </script>
    </head>
    <body>
    <h4>append()/remove()</h4>
    <p id="test"> DOM :  </p>
    <button id="append">css()</button>
    <button id="prepend">prepend()</button>
    <button id="after">after()</button>
    <button id="before">before()</button>
    <button id="remove">remove()</button><br>
    </body>
    </html>
```

9.5.3 css()

jQuery의 css() 함수를 사용하여 html 요소의 스타일을 지정할 수 있다. 사용방법 역시 css의 사용방법과 유사하다. 다음과 같이 css() 함수의 매개 변수로 속성과 값을 지정하여 스타일을 적용한다.

```
css({"propertyname","value"});
```

예제 9-17은 css()를 이용하여 <p> 요소의 배경색(background-color)을 변경하는 프로그램이다. blue, green 버튼을 클릭하면 요소의 배경색이 그림 9-17과 같이 변경된다.

예제 9-17   css()

```
<!DOCTYPE html>
<html>
<head>
<title>css()</title>
<script src="https://ajax.googleapis.com/ajax/libs/jquery/3.5.1/jquery.min.js"></script>
<style> img { position : relative ; }</style>
<script>
    $(document).ready(function(){
        $("#blue").click(function(){
            $("#test").css({"background-color":"blue"});      });
        $("#green").click(function(){
            $("#test").css({"background-color":"green","font-size": "40px"});
        });
    });
</script>
</head>
<body>
<h4>css()</h4>
<p id="test" style="background-color:red;"> DOM :  </p>
<button id="blue">blue</button>
<button id="green">green</button><br>
</body>
</html>
```

css()

DOM :

[blue] [green]

그림 9-17 css()

과제

1. jQuery 문법에 대해 설명하시오.

2. jQuery Selector란 무엇인가?

3. hide()를 사용하여 <p> 태그 요소의 문자를 클릭하면 사라지도록 구현하시오.

4. show() 기능을 버튼을 만들어 <h1> 요소의 문자가 나타나도록 구현하시오.

5. fadeIn()과 fadeOut() 기능을 구현하시오.

6. <div> 요소로 이루어진 박스에 애니메이션을 부여하시오.

7. append()와 remove()를 사용하여 요소를 추가하고 삭제하시오.

8. 버튼을 클릭하여 <p>요소의 문자가 슬라이딩 업/다운 하도록 구현하시오.

```
$("#p1").css("color", "red").slideUp(1000).slideDown(1000);
```

9. set() 메소드를 이용하여 다음 그림의 각 요소 값을 구하시오.

10. 다음 그림과 같이 이미지에 대한 애니메이션 기능을 구현하시오.

참고 사이트

1. https://www.w3schools.com/jquery/jquery_syntax.asp
2. https://ko.wikipedia.org/wiki/JQuery
3. https://www.educba.com/uses-of-jquery/
4. https://jquery.com/
5. https://www.syncfusion.com/ebooks/jquery

박경배(gbpark@yit.ac.kr)

- 명지대학교 전자공학과 공학사
- 명지대학교 동대학원 공학석사
- 명지대학교 동대학원 공학박사
- 현대전자 멀티미디어 연구소 역임
- 현) 여주대학교 소프트웨어 융합과 교수
- 관심분야: 가상현실, Web3D, HTML

출판저서

· 2012.11 가상현실 증강현실과 VRML
· 2008.1 Web3D 디자인을 위한 예제 중심의 X3D
· 2007. 4 3D 가상홈페이지 만들기
· 2006. 7 가상현실을 위한 VRML&X3D

HTML5 중심의 CSS3와 자바스크립트

1판 1쇄 인쇄 2021년 02월 20일
1판 1쇄 발행 2021년 03월 02일
저   자 박경배
발 행 인 이범만
발 행 처 **21세기사** (제406-00015호)
경기도 파주시 산남로 72-16 (10882)
Tel. 031-942-7861   Fax. 031-942-7864
E-mail : 21cbook@naver.com
Home-page : www.21cbook.co.kr
ISBN 978-89-8468-905-3

정가 30,000원

이 책의 일부 혹은 전체 내용을 무단 복사, 복제, 전재하는 것은 저작권법에 저촉됩니다.
저작권법 제136조(권리의침해죄)1항에 따라 침해한 자는 5년 이하의 징역 또는 5천만 원 이하의 벌금에 처하거나 이를 병과(併科)할 수 있습니다. 파본이나 잘못된 책은 교환해 드립니다.